भारतीय साहित्य

स्थापनाएँ और प्रस्तावनाएँ

भारतीय साहित्य

स्थापनाएँ और प्रस्तावनाएँ

के. सच्चिदानन्दन

अनुवाद मंडल

अनामिका

द्वारिकाप्रसाद 'चारुमित्र'

राकेश रेणु

सम्पादन

अनामिका

राजकमल प्रकाशन

ISBN : 978-81-267-0707-2

मूल्य : ₹595

पहला संस्करण : 2003
दूसरा संस्करण : 2023
This book is printed on **Print on Demand** Technology : 2026

प्रकाशक : राजकमल प्रकाशन प्रा. लि.
1-बी, नेताजी सुभाष मार्ग, दरियागंज
नई दिल्ली-110 002

शाखाएँ : अशोक राजपथ, साइंस कॉलेज के सामने, पटना-800 006
पहली मंजिल, दरबारी बिल्डिंग, महात्मा गांधी मार्ग, प्रयागराज-211 001
1, अनमोल सोराबजी संतुक लेन, धोबी तलाव, मरीन लाइंस, मुम्बई-400 002
वेबसाइट : www.rajkamalprakashan.com
ई-मेल : info@rajkamalprakashan.com

BHARATIYA SAHITYA
STHAPANAYEN AUR PRASTAVANAYEN
by K. Satchidanandan

प्राक्कथन

यह पुस्तक विगत सात वर्षों के दौरान लिखे गए मेरे लेखों, आलेखों, वार्ताओं और सम्पादकीयों के संग्रह *इंडियन लिटरेचर : पोजिशंस एंड प्री पोजिशंस* का हिन्दी अनुवाद है। मूलतः ये सभी अँगरेज़ी में लिखे गए थे। मेरा समालोचनात्मक लेखन अधिकांशतः मेरी मातृभाषा मलयालम् में है और उसकी विषयवस्तु प्रायः केरल का समाज, वहाँ की संस्कृति और साहित्य है। यह मलयालम् में लिखित मेरी पंद्रह कृतियों में संकलित है। मैंने दिल्ली आने के बाद ही नियमित रूप से अँगरेज़ी में लिखना शुरू किया, क्योंकि मुझे एक वृहत्तर, अखिल भारतीय पाठक वर्ग तक अपने को संप्रेषित करना था। साहित्य अकादेमी की पत्रिका *इंडियन लिटरेचर* के संपादक के रूप में, और बाद में अकादेमी के मुखिया के रूप में, मुझे अवसर मिला कि मैं भारतीय साहित्य से सम्बन्धित मुद्दों को अत्यन्त निकट से देख सकूँ। इस संग्रह में संकलित बहुत-से निबंध तुलनात्मक भारतीय साहित्य के दायरे में आते हैं, जबकि कुछ, आजकल की साहित्यिक और सांस्कृतिक समालोचना के क्षेत्र में विवेचित हो रहे कुछ जीवन्त सैद्धांतिक मुद्दों से संबंधित हैं। इनमें मैंने मिर्ज़ा ग़ालिब, महाश्वेता देवी, ए.के. रामानुजन, वी.एस. खांडेकर,

कमला दास, चंद्रशेखर कंबार, केदारनाथ सिंह, सीताकांत महापात्र, आक्तेवियो पाज़ और पाब्लो नेरुदा जैसे लेखकों, आधुनिकतावाद, उत्तर आधुनिकतावाद, दलित लेखन और महिला लेखन जैसे आंदोलनों और अनुवाद, भारतीय आख्यान परंपरा, अवां-गार्द, संस्कृति उद्योग, लेखक की मृत्यु, भारत-विद्या (इंडोलॉजी) की स्थिति, पाठक की नई भूमिका, साहित्यिक इतिहास-लेखन, आधुनिक लेखक की दुविधाएँ, कविता का प्रकार्य, भारतीय समालोचना की पद्धतियाँ, लोक-साहित्य और पारिस्थितिकी और काव्य जैसे मुद्दों पर विचार किया है। यद्यपि ये निबंध एक अल्प अवधि के दौरान लिखे गए हैं, इनके पीछे पठन-पाठन, चिन्तन और सामाजिक सक्रियतावाद का एक पूरा जीवन है। मेरा मानना है कि भारतीय साहित्य की संकल्पना के लिए एकता और विविधता समान रूप से महत्त्वपूर्ण हैं। अपने विविध साहित्यों के अंध मानकीकरण के मैं ख़िलाफ़ हूँ। हमें अपनी भाषाओं की विविध प्रकार की प्रतिभाओं और अपने क्षेत्रों की सांस्कृतिक विशिष्टताओं को, उनके मध्य होनेवाले आदान-प्रदान को नज़रअन्दाज़ किए बगैर, स्वीकार करना चाहिए, जो भाषाओं के मध्य सदियों से होता आ रहा है। मैं साहित्य में प्रजातान्त्रिक आन्दोलनों का समर्थक हूँ और अपने धार्मिक साहित्य में भी धर्मनिरपेक्ष मूल्यों पर विश्वास करता हूँ।

अँगरेज़ी की मेरी मौलिक कृति से मेरे बहुत नए मित्र बने थे और मुझे विश्वास है कि इसके हिन्दी अनुवाद से भी ऐसा ही होगा। मैं अनामिका, चारुमित्र और राकेश रेणु के प्रति हार्दिक आभार प्रकट करता हूँ जिन्होंने इस पुस्तक का बड़े मनोयोग से अनुवाद किया है। मैं राजकमल प्रकाशन के प्रति भी आभारी हूँ, जिन्होंने गंभीर प्रकृति की इस समालोचनात्मक कृति को प्रकाशित किया।

—के. सच्चिदानन्दन

अनुक्रम

प्राक्कथन *v*

1. ग़ालिब की आधुनिकता पर एक टिप्पणी 9
2. कल्पित समुदाय : समकालीन भारतीय कविता की सामूहिक आकांक्षाएँ 14
3. अनुवाद की दशा 26
4. भारतीय साहित्य की रणनीतियाँ 32
5. दो संस्कृतियों के बीच 43
6. महाश्वेता देवी की 'स्तनदायिनी' : भाष्य की सीमाएँ 51
7. भारतीय साहित्य
   देशजवाद और उसकी अनेकार्थता/द्वैध वृत्तियाँ 60
8. काम, पाठ, राजनीति
   भारत में स्त्री-लेखन : पाठ की समस्याएँ 65
9. दैनंदिन और अवां-गार्द
   केरल में समाज और साहित्य का विकास 74
10. अस्तित्व-रक्षा की कहानियाँ
   भारतीय कथा-साहित्य में ग्रामीण विमर्श 86
11. प्रभावी तत्त्व की खोज
   आधुनिक मलयालम कविता की सत्ता-मीमांसा 91
12. देह का अतिक्रमण
   कमला दास की कविता के बारे में 104
13. चन्द्रशेखर कंबार की विलोम की कविता 115
14. धारा के विरुद्ध
   ए. के. रामानुजन की कविताओं में स्मृति की भूमिका 125

(अनुवाद : लेख संख्या 1-4 अनामिका; 6-12 द्वारिका प्रसाद 'चारुमित्र' तथा 13-14 राकेश रेणु)

ग़ालिब की आधुनिकता पर एक टिप्पणी

न गुल-ए-नग़मा हूँ न पर्द-ए-साज़
मैं हूँ अपनी शिकस्त की आवाज़

एजाज़ अहमद से शब्द उधार लेकर कहूँ तो इन पंक्तियों का 'गहन नैतिक एकान्त' किसी बॉदलेयर का हो सकता है, किसी मलार्मे, रिम्बो, टी. एस. एलिएट, नेली सैश, सिल्विया प्लाथ या भारत के ही किसी आधुनिक कवि का—विशेषकर अहंमात्रवादी साठवें दशक के किसी कवि का।

ग़ालिब का समय गहरे उथल-पुथल का था—विखण्डन और हताशा का यह दौर था जब सारे बुद्धिजीवी केन्द्रीय सत्य की पकड़ ढीली पड़ने, सभ्यता के इखर-बिखर जाने के तनाव और तद्जन्य सांस्कृतिक और आध्यात्मिक शून्य के दबाव में ऊभ-चूभ हो रहे थे। जीवन जो अब तक व्याख्येय था, अचानक अव्याख्येय लगने लगा था—पारम्परिक ढाँचों में वे अनुभव समा ही नहीं पा रहे थे। इस्लाम के कर्मकाण्डों का पालन तो ग़ालिब करते ही नहीं थे, पर धर्म का वृहत् प्रकाश-वृत्त संकट की घड़ियों में ईश्वरीय अनुभूति जैसा कुछ उनके लिए जुटा देता था। सामुदायिक जीवन का नेह-छोह, बंधु-भाव, संकट की भागीदारी और अन्य सहकारी उद्यम वैसे तो बरकरार थे पर उन्नीसवीं शती के आरम्भ तक उनके सूत्र ढीले जरूर पड़ने लगे थे और सभ्यता में आत्मसंशय का तत्त्व जड़ें जमाने लगा था। अँगरेजों के व्यावसायिक तकाज़े भी व्यवस्था की चूलें हिला रहे थे। उपमहाद्वीप के अवचेतन पर विश्वास का संकट मोह-भंग की स्थिति भी जगा रहा था। ऐसे समय में जिए थे मिर्ज़ा ग़ालिब (1797-1869) जब रिश्तों का संकट गहराने लगा था और 'अबौद्धिक', 'अराजक' आदि तत्त्व लगे थे सर उठाने। उमर खय्याम की कविता के मांसल विवेक और हफीज़ की कविता के नैतिक औदात्य से ग़ालिब की कविता अलग इसी अर्थ में है—बर्बादी का त्रास और खोए सम्बन्धों की ओर उठती हसरत-भरी निगाहें इसीलिए उसमें इतनी ज्यादा हैं।

बॉदलेयर के पेरिस, पुश्किन के सेण्ट पीटर्सबर्ग, लोर्का के न्यूयार्क, ब्रेष्ट के बर्लिन या एलियट के लन्दन की तरह ग़ालिब की दिल्ली संकट और हत्याकाण्डों, सांस्कृतिक टकराहटों, तरह-तरह के अनुभवों की सरहद का शहर थी। आधुनिकता-बोध का नगर-विकास की प्रक्रिया के साथ जुड़ाव टटोलते अनेक अध्ययन हुए हैं। शहर के गर्दो-गुबार और शोरोगुल से परेशान कवि-लेखक शहर छोड़ देने के सपने से आकंठ भरे होते हैं। उन्हें लगता है कि सांस्कृतिक स्थिरता नगर की सरहद के पार ही बसती है।

हालाँकि यह बात भी सच है कि संस्कृति के अजायबघर और नए परिवेश के केन्द्र, राजनीतिक गतिविधियों के केन्द्र, विस्थापन-केन्द्र, सामन्ती ताम-झाम के विलय और पूँजीवादी सम्बन्धों के स्थापन-केन्द्र के रूप में शहरी जीवन के अपने आकर्षण भी रहे हैं। पर 'विलगाव' और स्वतन्त्रता की विसंगतिमूलक स्थितियाँ, सामाजिक अनिर्णयात्मकता की स्थिति भी इसका ही दाय है। अलग-अलग मूलों, सामाजिक स्थितियों के व्यक्ति-समुच्चय का केन्द्र होने के कारण शहर केन्द्र हो जाते हैं—विरोधी मानसिकताओं के संघर्ष, परिवर्तन और नवोन्मेष के, जिनके कारण सांस्कृतिक प्रयोगधर्मिता के साथ वहाँ लहर लेने लगते हैं नैतिक और अभिव्यक्तिमूलक संकट! शोरोगुल, अनिश्चय, अनेकान्तवाद, बहुभाषिकता—सभ्यता के उथल-पुथल का ये केन्द्र आधुनिकतावाद की बहुसंयोजक और अतीन्द्रियमूलक इन शक्तियों के कारण ही पहचाने जाते हैं। निर्वासन, असम्बद्धता, खोया-खोयापन—शहर में 'बेघर' घूमते फिरने के ये तमाम भाव ग़ालिब में भरे पड़े हैं। प्रेमियों के बीच की दूरी से भी उन्हें इश्क है, और कुल मिलाकर वे इस अहसास से भरे हैं कि उनके पास घमंड करने लायक तो कुछ है ही नहीं।

दिल्ली और कलकत्ता—दोनों जगह ग़ालिब शब्द की पूरी सच्चाई के साथ 'बेघर' ही रहे। रहे किराये के घर में या आश्रयदाता के सौजन्य से मिले किसी डेरे में। उनके पास न अपनी किताबें थीं, न अपने बच्चे—सिवा उन दो के, जिन्हें 1852 में उन्होंने गोद लिया। उन्हें हमेशा एक निश्चित आमदनी की चाहत रही, जो कभी पूरी न हुई। उनका वैवाहिक जीवन राग-द्वेष से ऊपर था—ठंडा-ठंडा-सा। आर्थिक और नैतिक अनिश्चितताओं के दबाव में वे हमेशा अब टूटे कि तब टूटे की स्थिति में रहे। अँगरेजों के साथ उनके सम्बन्ध भी प्रीति-घृणा द्वैत से पीड़ित थे। उनकी क्रूरता उन्हें नागवार गुजरती थी, पर मन में कहीं पश्चिम के बुद्धिवाद और उसके जटिल तन्त्र के प्रति आकर्षण भी था। मुगल दरबारों का बौद्धिक दारिद्र्य और अतिरेक-बोध तो नहीं ही था वहाँ। अपने निजी पत्रों में उन्होंने ब्रिटिश नृशंसताओं पर गहरा क्षोभ व्यक्त किया लेकिन सार्वजनिक दस्तावेज़—1857 की अपनी डायरी—'दस्त-अम्बूह' में अतिरेकों की हल्की आलोचना के साथ अँगरेजों के प्रति प्रशस्तिमूलक भाव ही दिखाए। हाँ, 1857 की नृशंस हत्याएँ ब्रिटिश राज के प्रति इनके रवैये में एक क्रांतिकारी बदलाव ला पाने में सक्षम हुईं। स्वयं दिल्ली में 27,000 देशभक्त क्रांतिकारियों को सूली पर लटकते वे देख चुके थे। उसी साल 1826 से पागल उनका भाई युसूफ भी गुजर गया। अँगरेजों के हाथ सूली चढ़ जानेवालों में बहुतेरे ग़ालिब के अपने दोस्त भी थे। अब शुरू हुआ उनकी अमानवीयता और भारतीयों के अधिकार-हनन की सांकेतिक आलोचना का सिलसिला—

बस के दुश्वार है हर काम का आसां होना
आदमी को भी मयस्सर नहीं इंसां होना
वाए दीवानगी-ए-शौक कि हरदम मुझको
आप जाना उधर और आप ही हैरां होना!

ग़ालिब मूलतः दार्शनिक चिन्तन-प्रक्रिया के कवि हैं। उनकी कोशिश होती है एक अनुभव-वृत्त या अनुभूति और दूसरे अनुभव-वृत्त और अनुभूति के बीच का बारीक अन्तर पहचानना। जो प्रश्न ग़ालिब पूछते हैं, तत्त्वतः वे प्रश्न पारम्परिक उर्दू-फारसी कविता में पूछे गए अस्तित्वगत प्रश्नों से अलग नहीं हैं—प्रेम क्या है? और ईश्वर क्या? इस ब्रह्माण्ड में आदमी की जगह क्या है? फिर भी ग़ालिब रहस्यवादी नहीं—उनकी अधिभौतिकता का भी एक पार्थिव-सा रंग है बॉदलेयर की तरह 'आधिभौतिक' और 'नश्वर' को संगति-सिद्धान्त के तहत सूत्रबद्ध करना एक नए तरह का काव्यशास्त्र गढ़ता है जहाँ साधारण आकृतियों का सहज प्रवाह क्षण-विशेष को एक खास तरह की आधिभौतिक चमक से भर देता है।

रोलां बार्थ की यह स्थापना है कि 1850 के लगभग क्लासिकल लेखन-पद्धति ढह चली और पूरा साहित्य मूलतः भाषिक उलझावों का विस्तृत वितान बन गया। नए वर्गों और नए अभिव्यक्ति-सूत्रों के अभ्युदय के साथ विश्वदृष्टियों की जो बहुलता पनपी—उसका ही नतीजा यह था। ग़ालिब की कविता में हमें खिंची मिलती है एक विभाजक रेखा—अतीत और वर्तमान के बीच की जो चीजों की टूटन, अपचयन और विलयन से सहज जुड़ जाने वाले आधुनिकतावाद की छाया ही है। सभी आधुनिक कलाकारों की तरह ग़ालिब भी संस्कृति के संकट का सामना करते हैं और ऐतिहासिक तनाव में रहते हैं। कारण-कार्य सम्बन्ध और चारित्रिक पूर्णता की पारम्परिक धारणा के ह्रास के साथ ही उनकी सन्देहवादी कला का विकास हुआ। जब यथार्थ वैयक्तिक कथा-विन्यास बन जाए, तो भाषा की लोकोन्मुख धारणाएँ असंगत लगने ही लगेंगी। सामुदायिक यथार्थ का विलय ग़ालिब जैसे लेखक को खासा तकलीफदेह लगा होगा क्योंकि वृहत्तर समाज से सार्थक संवाद की उनकी ललक बराबर बनी रही। समय की दुनिया में आकस्मिकता एक दुर्घटना है—इस सत्य के प्रति वे सजग थे! व्यर्थता-बोध का एहसास उनके बड़े एहसासों में एक था!

वर्जीनिया वूल्फ सोचती थी कि आदमी का स्वभाव दिसम्बर, 1910 के आस-पास बदल गया। डी. एच. लॉरेन्स को लगता था कि पुरानी दुनिया 1915 में ध्वस्त हुई। रिचर्ड एल्मैन यह तिथि खींचकर 1900 तक ले गए। पर मिर्ज़ा ग़ालिब को दुनिया बिखरती-सी लगी थी उन्नीसवीं शती के आरम्भ में ही। बाज़ार का यथार्थ सम्बन्धों पर हावी होता हुआ उन्होंने तभी भाँप लिया था। नवम्बर 1888 में नीत्शे ने उद्घोषणा की थी : "मैं संकल्प लेता हूँ कि दो सालों के भीतर सारी दुनिया में भूकम्प आएगा, वैचारिक कँपकँपी छूटेगी। मैं हूँ इस दुनिया की नियति।" स्ट्रिण्डबर्ग को दिसम्बर में उसने चिट्ठी लिखी कि वह एक ऐसी शक्ति का विस्फोट अपने भीतर महसूस करता है जो "मानव-इतिहास को दो हिस्सों में फाड़ डाले। ग़ालिब नीत्शे के समकालीन थे और उसकी इस भविष्यभेदी दृष्टि के सहभोक्ता भी कि मानव-इतिहास सभ्यता के एक अजब मोड़ पर खड़ा है, एक ऐसे नियतिवादी मुकाम पर कि सारे मानव-मूल्य वहाँ पुनर्परीक्षण की माँग करते हैं। ग़ालिब में कहीं-कहीं उस परा-भाषा का प्रयोग है जहाँ दैनन्दिन जीवन के द्विपद विलोम

एक नए विश्व के विमर्श में संलग्न है। कभी-कभी तो यह भी लगता है कि ग़ालिब का मुख्य कथ्य भाषा है। भाषिक बिखराव में वहाँ प्रतिच्छायित है सम्बन्धों की टूट-फूट! उसकी आन्तरिकता रूमानी आत्मनिष्ठा से अलग है, यह उत्पन्न होती है व्यावसायिक शोरोगुल से नहाये शहर में कवि के अलग-थलग पड़ जाने से! यह एक आत्यन्तिक तलाश है किसी के हो रहने की, स्थिति और आस-पास बिखरे सांस्कृतिक दस्तावेज सी डालने की स्थिति की जिससे कि अपंग और नपुंसक होने, उत्क्रममापी अराजकता का अंग होने के एहसास से मुक्ति मिले!

आधुनिकतावाद के निकट जो एक तत्त्व और उन्हें ले आता है—वह है गीत की प्रकृति में उनके हाथों गठित आमूल-चूल परिवर्तन ! प्रेमी, दरबारी, देशभक्त और सन्त—कवि के इन चार पारम्परिक बिम्बों का घेरा वे साफ तोड़ते हैं। एक अगम्य व्यवस्था-क्रम की तलाश, आत्मसंशय, ईश्वर तक में संशय, भूलों की संभाव्यता, पाप-प्रसंग, संकीर्णता और दुर्भाग्य के क्षणों की आत्मस्वीकृति, आधुनिक गीति-काव्य के ये सारे लक्षण ग़ालिब की कविता में भरे पड़े हैं। कवि किसी संस्कृति से तादात्म्य रख रहा है या उसका जयघोष कर रहा है, ऐसा उनके यहाँ नहीं होता—बॉदलेयर की तरह वे भी नागरिक जीवन की चख-चुख को ओछापन समझते हैं और रिम्बो की तरह लिखते हैं अपारम्परिक स्रोतों से आनन्दलाभ और अप्रत्याशित प्रभुप्रकाशों की कविता।

यह भी आधुनिक युग के स्पन्दन के अनुकूल ही है कि महाकाव्यात्मक क्षण के चुनाव वाले महाकाव्य या सघन बौद्धिक विन्यासों वाली अन्य लम्बी कविताओं की अपेक्षा उन्होंने अनित्य भाव-विमर्शों और क्षणिक भ्रमजालों का ताना-बाना रचती छोटी कविताएँ चुनीं। ग़ालिब की कविता एक तरह की आध्यात्मिक डायरी है जो उनके वैयक्तिक अनुभवों के उतार-चढ़ाव ऐसे दर्ज करती है कि हर उठान एक नई शुरुआत लगे। इसी प्रक्रिया में कवि भाषा की अपर्याप्तता, नीरसता और प्राचुर्य से भी दो-चार होता है। संवेदना मूलधारा से जैसे-जैसे कटती जाती है—भाषा की सतह भी वैसे-वैसे अधिकाधिक पारभासक होती जाती है। ब्रेष्ट की तरह वे भी यह मानकर चलते थे कि जिसके माथे पर चिन्ता की लकीरें नहीं, कुन्द बुद्धि ही होगा वह।

प्रेम भी अन्ततः उन्हें मोहभंग की स्थिति में ही छोड़ गया—शराब से जैसे सुरूर ही जाता रहा हो। सर्जनात्मकता विफलता का ही आर्त्तनाद है उनके यहाँ! यहाँ फिर से एजाज़ अहमद की पंक्तियाँ उद्धृत करने का जी होता है कि "सामूहिक विफलता के बिम्ब ग़ालिब के यहाँ अपने वजूद या अपनी सर्जनात्मकता में कम से कमतर होती जाती ग़ालिब की आस्था से पूरी तरह घुल-मिल जाते हैं।" ज्ञान का राशीकरण हीगेल के अर्थों में ग़ालिब के यहाँ समुदाय का राशीकरण हो जाता है। अपनी चिन्ताएँ दूसरों से मिल-बाँटने की साध ग़ालिब को लगातार रही, पर वे ऐसे युग में जी रहे थे जब 'दूसरे' तर्क का अग्निकुण्ड माने जाने लगे थे—एक शताब्दी के बाद पल्लवित अस्तित्ववाद इनके प्रश्नों में पहले से प्रतिच्छायित है :

'न लाए ताब जो ग़म की वो मेरा राजदां क्यों हो'

उन्हें हमेशा लगता था कि वे सींखचों के पीछे खड़े हैं पर औरों को वे बताना भी नहीं चाहते थे कि यह उनका आशियाँ ही है जिस पर बिजली गिरी है। जीना दुश्वार था इस एहसास के साथ कि एक खास तरह की नपुंसकता उनकी हर गतिविधि पर हावी है, कहीं कुछ ठहरने वाला नहीं। प्यार से दीवानगी गायब है, दिमाग घटनाओं का मर्म नहीं आँक पाता! सब-कुछ सूना-सपाट दिखता है। मिठास के बाद का फीकापन और 'जन्नत की हकीकत' उन्हें खूब पता थे। हर समय ऐसे रेगिस्तान में दौड़ते चले जाने का एहसास उन्हें परेशान रखता था जिसकी सरहदें आगे से आगे बढ़ती जाती हैं :

हर कदम दुरिए मंज़िल हैं नुमायाँ मुझसे
मेरी रफ्तार से भागे हैं बयाबाँ मुझसे
वहशते आतिशेदिल से शबेतनहाई में
सूरते दूद रहा साया गुरेजां मुझसे!

तलवों के जख़्म पूरे रेगिस्तान में खून की एक धार छोड़ते जा रहे हैं :

आसरे आब्ला से जादाए सहरा जुनूँ
सूरते रिश्ताए गौहर है चिरागां मुझसे!

आग-धुआँ-धूल और मायूसी से ग़ालिब की कविता भरी पड़ी है :

साया मेरा मुझसे मिस्लेदूद भागे हैं असद
पास मुझ आतिशबज़ां के किससे ठहरा जाए है

आस्था भी ताकत नहीं देती, क्योंकि संशय से मन भरा है।

कुल मिलाकर देखा जाए तो ग़ालिब की कविता चिन्ताजीर्ण युग की वैयक्तिक व्याख्याएँ हैं। भाषा और सम्बन्ध टूट-बिखर रहे हों जहाँ—ऐसे अनास्थापूर्ण समय के आध्यात्मिक ऊहापोह का धड़कता हुआ ऐतिहासिक दस्तावेज़ है ग़ालिब की कविता। ग़ालिब संकट के कवि थे और यही बात उन्हें हमारा समकालीन बनाती है। हम जितना उन्हें समझते हैं, उससे ज्यादा वे हमें समझते हैं।

कल्पित समुदाय

समकालीन भारतीय कविता की सामूहिक आकांक्षाएँ

अतीत से संपृक्त होता हुआ भी समकालीन साहित्य समकालीन अनुभव-वृत्त तो प्रकाशित करता ही है : अनुभव-वृत्त एक ऐसी दुनिया का जो सत्य-संधान से जा रही है कला के पण्यीकरण की तरफ़, दबंग मुखिया वाले परिवारों के राजसी दायित्व-मण्डल से बाज़ारों की दूषित धूप-धूल की ओर, महाप्रमेयों के ध्वंस के भीषण उद्घोष की तरफ़। तीसरी दुनिया के सारे मुक्ति-आन्दोलन रातोंरात मुरझा गए हैं, क्योंकि बाज़ार-व्यवस्था की प्रतिबद्धता अब 'सामान्य प्रज्ञा' बन गई है—सिर्फ़ राजनीतिक मसविदा नहीं। व्यापार-जगत् के बाहर की हर मूल्य-व्यवस्था विलुप्त हो चुकी है और 'ध्येय' का कोई विवेचन अभिशाप बन गया है। बौद्धिक वर्ग एक अजब आनन्दातिरेक में 'इतिहास के अंत' की घोषणा करता है और इस तरह खुद 'वाक्-स्वातंत्र्य' और 'खुला चुनाव' आदि अपने मूल्यों की प्राप्ति को असम्भव बनाता हुआ स्वतन्त्रता के उस बड़े पुरोहित—अमरीका के आगे हाथ फैलाता है जो अपने फ़ायदे के लिए इसको मूँड़ रहा है—दुनिया-भर में अपना बचाव-व्यवस्था अभियान जारी करके, सस्ते में राष्ट्रीयकृत उद्योग-धंधे और मज़दूर ख़रीदकर। राष्ट्र-राज्यों की लाश पर ही तो इसकी बहुराष्ट्रीय कंपनियाँ टिकी हैं और इसी के मारे तो 'दूसरी दुनिया' तीसरी दुनिया का दर्जा पा गई है।

उद्दण्ड, नृशंस पूँजीवाद के नवोत्थान ने दक्षिणेशिया-समेत समूचे तीसरे विश्व का स्वायत्त विकास तो बाधित किया ही है—उसकी जनता की भी दो विचित्र श्रेणियाँ बना दी हैं—आधी जनता लालची उपभोक्ता, आधी विदेशी पूँजी की निष्प्रभ मज़दूर। समाजवादी अभियंता-दृष्टि विलीनप्राय हो गई है, बेहतर समाज की बातें लोगों को परी-कथा का वाग्जाल लगने लगी हैं या फिर गौण प्रसंग। वैकल्पिक विन्यास साधनों की अपर्याप्तता के आधार पर ख़ारिज कर दिए जाते हैं। एक स्पर्द्धाकुल समाज में आत्मोन्मेषी मूल्यों की डफली बजाते हुए मग्न हो लेना जीने का एकमात्र नैतिक सम्बल दिखाई देता है। 'अपने लिए सोचो' ही एकमात्र मंत्र सुनाई देता है। सर्वसुलभता की विचारधारा के प्रवर्त्तकों की तो चाँदी है। भ्रष्टजन मस्त हैं क्योंकि विकास के सब 'स्रोतों' पर उनका कब्जा है—स्पर्द्धा की अंधी दौड़ में उनकी जीत प्रायः निश्चित है। शोषितों का हाल यह कि उनको तो रोटी के लाले पड़े हैं। स्वतन्त्रता का अर्थ उपभोग-सामग्रियों के चयन की स्वतन्त्रता-भर होकर रह गया है। सम्पन्नों का अन्ध जयघोष करनेवाले समाज

में विपन्नों का तो बिस्तर गोल ही होगा न!

सामाजिक बुराइयों के उपायों का निजीकरण हो गया है। पूँजीवाद के विरोधाभासों में एक है, ख़तरों की सामाजिक प्रकृति और उनकी संतुष्टि के निजीकृत साधनों का टकराव। यह सच है कि राज्यपोषण वाले दिन गए—प्रजातांत्रिक विरोधों और वैयक्तिक स्वतन्त्रता के दबाव में और आवश्यकता-संतुष्टि और सामाजिक रोबदाब के अपने एकाधिकार के चलते भी। लेकिन क्या इसका एकमात्र विकल्प खुले बाज़ार वाला उपभोक्ता समाज ही है? क्या यह ज़रूरी है कि स्तालिनवादी समाजवाद की प्रकट विफलताएँ हमें व्यापारी समाज के उसूलों के प्रति मौन समर्पण के लिए बाध्य करें ही? क्या हमें एक नई मनःस्थिति, एक नई प्रविधि और एक आत्मान्वेषी द्विधा की ज़रूरत नहीं जहाँ व्यक्ति और व्यवस्था के बीच का सम्बन्ध तरल और लुप्तप्राय ही दीखे? क्या हमें अपने बहुमत के वस्तुगत अनुभवों से आलोकित और समतावादी देशी विचारों और प्रयोगों से उत्प्रेरित ताज़ा सामाजिक क्रांतिदर्शन की आवश्यकता नहीं? और ऐसे राजनीतिक सौन्दर्यबोध की आवश्यकता भी, जो वर्तमान की प्राथमिकता समझे—संघर्ष और तकलीफ़ उभारनेवाले और वैचारिक न्यूनीकरण की उस मायावी समग्रता से लोहा लेनेवाले वर्तमान की प्राथमिकता, जिसने अतीत के कलात्मक आन्दोलनों का दम घोंट डाला? याद रखिए कि सर्वाधिकारवादी व्यवस्थाएँ विरोधी कलाकारों को कारावास, देशनिकाला, मृत्युदण्ड आदि से दण्डित करती हैं, मगर बाज़ारवादी व्यवस्था तो उन्हें सोखकर आत्मसात् कर लेती है और उन्हें बदल देती है सजावट की सामग्री में और इस तरह उनके संपूर्ण विद्रोह के हाथ-पाँव ही छाँट देती है या यों कहें कि विद्रोह को तब तक ही तरजीह देती है जब तक वह बाज़ार में बिकने-लायक हो।

हमारे देश के लेखक इस स्थिति पर प्रतिक्रिया व्यक्त करते हैं जहाँ उनकी अस्मिता या तो घिस चली है या बदल गई है एक विशुद्ध निजी, विक्रय-योग्य बाज़ार की चीज़ में? भारतीय कविता की बात करें। पाँचवें और छठे दशक के आरम्भिक आधुनिकतावादियों की आधारभूत प्रतिबद्धता थी व्यक्ति-स्वातंत्र्य और इसकी पृष्ठभूमि में थे उत्तर-औद्योगिक नगर-नर्क जहाँ मनुष्य बस भेड़-बकरियों का जीवन जीने को अभिशप्त थे। मैं यह नहीं कहता कि समस्याओं की आधुनिकतावादी अवधारणाएँ बासी पड़ गई हैं—अभी भी कई सन्दर्भ ऐसे हो सकते हैं जहाँ 'निजी' और 'वैयक्तिक' की स्वायत्तता बनाए रखना जरूरी हो और 'सार्वजनिक' के बहुविध आक्रमण और आधुनिक राज्य के अतिरेकों से उसे बचाए रखना भी, जो व्यक्तियों को निष्प्राण-निस्तेज प्रजा में तब्दील कर देती है और उसे प्राधान्य-प्रमुख दुरभिसंधियों का निष्क्रिय शिकार बना देती है। सातवें दशक के मध्य के अँधेरे दिन जितने आसन्न भूत के यथार्थ को निवेदित हैं, उतने आसन्न भविष्य की संभावना को भी। फिर भी, आधुनिक राज्य वाममार्गी या दक्षिणमार्गी निरंकुश व्यवस्था से इसी मायने में अलग हैं कि ये विरोधी स्वरों का सार्वजनीकरण करते हुए उसकी क्रांतिकारी विस्फोटक ऊर्जा का समां तैयार करने के स्थान पर उनका निजीकरण कर लेते हैं। ये लेखकों को मजबूर करते हैं कि वे प्रतिगामी रणनीतियाँ तय करें—विरोधी स्वर

एकजुट करने की दिशा में। अपने भारतीय स्वरूप में साहित्य की आधुनिकतावाद का अर्थ था क्लान्ति और अपवर्त्तन की अभिव्यक्ति, अभिव्यक्ति विभक्त मनीषा वाले उस भारतीय की जो औपनिवेशिक अतीत के चमकीले बिम्ब और उत्तर-औद्योगिक महानगरों के भीड़-भरे रास्तों के गर्हित वर्तमान के बीच कहीं फँसकर रह गया है। अस्तित्ववादी धरातल पर इसका अर्थ था व्यक्ति की खोई अस्मिता की तलाश जो कभी-कभी आधिभौतिक की सरहद भी छू लेती है। बी. एस. मर्ढेकर, दिलीप चित्रे, जी. एम. मुक्तिबोध, हरिभजन सिंह, सितांशु यशश्चन्द्र, गोपालकृष्ण अडिग, का. ना. सुब्रह्मण्यम्, एन.एन. कक्कड़, अय्यप्प पणिक्कर, नवकांत बरुआ, सच्चिदानंद राउतराय और भारत में आधुनिकतावाद के दूसरे पुरोधा इस प्रकार ही आधुनिकतावादी प्रतिवेश के रू-ब-रू खड़े हुए दिखाई देते हैं। उनके अनुभूति-वृत्त के सामाजिक आयाम हैं, पर उनकी केन्द्रीय चिन्ता है आधुनिक बहुजन समाज में 'व्यक्ति' की नियति पर विचार, न कि शोषणधर्मी आधुनिकीकरण की आँधी में उखड़े समुदायों की नियति। सत्तर के दशक के अंत तक आते-आते भारतीय कविता सामुदायिक नियति पर अपना ध्यान केन्द्रित करने लगी है। वर्तमान भारतीय कविता पर एक दृष्टि कुछ मूलबद्ध धारणाओं पर प्रकाश डालेगी, जिनकी सरहदें अक्सर एक-दूसरे को लाँघ जाती हैं।

इनमें सबसे अधिक प्रभावी धारा 'प्रगतिवादी आधुनिकतावाद' के नाम से जानी जा सकती है। इस धारा के अन्तर्गत आनेवाले कवियों की काव्य-प्रवृत्तियाँ बहुधा एक नहीं हैं। इस सप्तवर्णी पट के एक ओर हैं बंगाल और आंध्र प्रदेश के नक्सलवादी कवि (किसान आन्दोलन के कर्ता-धर्ता) जिनकी गतिज कविता जीवन्त आधुनिक मुहावरों और ईमानदार नैतिक आवेग से अपनी ऊर्जा ग्रहण करती है। दूसरे सिरे पर खड़े हैं गांधी और लोहिया और दूसरे उदार मानवतावादी चिंतकों के अनुयायी, मौजूदा शासन-व्यवस्था से जिनका असंतोष उतना ही गहरा है, जितना नक्सलवादियों का—फ़र्क़ सिर्फ़ इतना कि सामाजिक बदलाव के शांतिवादी देशी तरीके वे आज़माना चाहते हैं। इन लेखकों को एक करनेवाले बिन्दुओं में प्रमुख है वर्ग-वैषम्य, जिस पर सहमति व्यक्त होती है इस धारा के सर्वोत्तम प्रतिनिधियों में, जहाँ वे मानवीय अनुभूतियों के क्लिष्ट वितान की गहरी पड़ताल करते हैं और बाहरी यथार्थ की दुनिया के बनिस्बत आत्मान्वेषण के भी सन्दर्भ ढूँढ़ने में तृप्ति पाते हैं। संरचना और मुहावरे की नई और सूक्ष्मतम पकड़ और इन प्रवृत्तियों के कारण ही शुरुआती दौर के प्रगतिवादियों की नारेबाजी और भाषणबाजी से ये कवि बच जाते हैं। नागार्जुन, कुँवर नारायण, केदारनाथ सिंह, विनोद कुमार शुक्ल, असद ज़ैदी, विष्णु नागर, ऋतुराज, मंगलेश डबराल, सुरजीत पातर, यू. आर. अनन्तमूर्ति, पी. लंकेश, चंद्रशेखर पाटिल, एच.एस. शिवप्रकाश, निदा फ़ाजली और के. जी. शंकर पिल्लै मोटे तौर पर इसी धारा के कवि माने जा सकते हैं। इनमें से कुछ, जैसे चन्द्रशेखर कम्बार और कटम्मनिट्टा रामकृष्णन ने लोकतत्त्व को भी वर्तमान कथ्यों में मिलाया है, जिससे ग्रामीणों और हाशिए पर पड़े दूसरे लोगों के मुद्दे और अनुभव की संरचनाएँ सामने आई हैं। माओ और उसके सहचरों की राजद्रोहात्मक कविताएँ उच्च आधुनिकतावाद

की अहंमात्रवादी कविताओं और पूववर्ती दशकों की भाववादी रूमानी कविताओं की धारा पलटने का यत्न थीं। बंगाल के मुरारि मुखोपाध्याय की कविता 'प्रेम' देखें :

"हो जाए प्यार तो
चाँद मत बन जाना,
हो सके तो बनकर
आ जाना सूरज।
मैं उसकी गर्मी ले लूँगा
और प्रकाशित करूँगा अँधेरे जंगल।

हो जाए प्यार
तो नदी नहीं बन जाना।
आ सके तो आना
बाढ़ की तरह।
मैं उसका आवेग लेकर
तोड़ूँगा बाँध निराशा के।

हो जाए प्यार तो
फूल मत बन जाना।
चमक सको तो चमकना
बिजली की मानिंद,
मैं उसकी दहाड़ भरकर छाती में
भेजूँगा हर कोने में युद्ध-घोषणा।

हो जाए प्यार तो
बन मत जाना चिड़िया।
आना तो आँधी की तरह।
मैं उसकी ताक़त लेकर उधार
पाप का महल तोड़ दूँगा।
चाँद,
नदी,
फूल,
तारे,
चिड़िया—
ढूँढ़ हम इन्हें लेंगे बाद में,
अभी अँधेरे में

लड़ा जाना है
युद्ध आख़िरी
और अभी हमें मड़ैया में
बस आग
चाहिए।"

रूमानी कविता में प्रेम के लिए आम तौर पर प्रयुक्त प्रतीक—चाँद, नदी, फूल, तारे और चिड़िया कवि ख़ारिज करता है और उन्हें स्थानापन्न करता है (अ) उष्ण सूर्य से जो अँधेरे जंगल प्रकाशित करे, (आ) बाढ़ से जो क्रांतिकारी आवेग से निराशा के बाँध तोड़ दे, (इ) बिजली से जो अपनी कड़क कवि को उधार देकर उसे युद्ध घोषित करने में मदद दे, (ई) आँधी से जो उसे 'पाप के महल' ध्वस्त करने की ताकत दे और (उ) मड़ैया की आग से जो पुराना, ह्रासोन्मुख, जर्जर विश्व जला डाले। यह कहना तो मुश्किल है कि यह कविता ग़ैर-रूमानी है—बल्कि यह कहना चाहिए कि रूमानी कविता का ही नया क्रांतिकारी तेवर यह है जो ऊर्जा के पारम्परिक प्रतीकों—सूर्य, बाढ़, आग और बिजली को नए सन्दर्भ देता है। यही तेवर पंजाबी कवि पाश का भी है जब वे कहते हैं : "नहीं, अब मत सोचो लालिमा के प्यारेपन पर जब गाँव में दीखे सूर्यास्त। अब तो मैं भी नहीं चिंता करता कि उसे कैसा लगता होगा जब चाँद उसके ओसारे से होकर गुज़रता हो।" ('नहीं, अब मैं अपनी नींद उड़ने नहीं देता इन पर...')। बुलबुल से अपना आरामगाह छोड़कर शहर आ जाने को वे कहते हैं क्योंकि यहाँ उसका गाना इस गर्हित समय में किसी का सुर नहीं जगाता और स्मृतियों से ऐसे उड़ जाता है जैसे ओस। ('अरी मेरी प्यारी बुलबुल') नक्सलवादी आन्दोलन ने गाँव के लोगों से उनके अपने मुहावरों में संवाद कायम करने और अभिजात, परिष्कृत भाषा और लोकभाषा के बीच की दूरी पाटने की ख़ातिर भी मौखिक साहित्य पुनरुज्जीवित किया। शहीद सुब्बाराव पाणिग्रही और गद्दर आंध्र प्रदेश के ऐसे ही कवि थे जो सचमुच गाँवों में गए—उनकी भाषा सीखने—हालाँकि उनके शहरी सहकर्मी वरवर राव को लगता रहा कि श्रमिकों का मन वे फिर भी समझ नहीं पाएँगे : "जो सचमुच मज़दूरों का पसीना कभी बोलेगा नहीं...क्या कवि की क़लम की बस एक बूँद स्याही उसे व्यक्त कर लेगी?" हिन्दी में धूमिल-जैसे कवियों ने ग़ैर-रूमानी बिम्बबहुल, धारदार भाषा यही नया अनुभव व्यक्त कर सकने के लिहाज़ से गढ़ी। बहुत सारी कविताएँ हास्य, आत्मभर्त्सना और आत्मरक्षा के मिले-जुले तेवर में इसी भाव से लिखी गईं। और भी जटिल तेवर विडम्बना की तरह-तरह की भावमुद्रा में व्यक्त हुए : कुछ कड़वे, कुछ खिलंदड़े, कुछ अतिरेकवादी, कुछ त्रासद, कुछ आत्मघाती।

इस कोटि की बाद की कुछ कविताएँ आत्मस्वीकृतिपरक, निराश आहें बनकर रह गईं। तेलुगू कवि चेराबन्दुराजू मानते हैं : "आज पतवार मेरे हाथ में नहीं, मैं उसके हाथ में हूँ।" मलयालम के सिविक चन्द्रन भी उनके स्वर में स्वर मिलाते हुए कहते हैं : "हमारे पाँव थे छोटे और रास्ते अपरिचित।" बचे हुए लोगों की मनःस्थिति सुरजीत पातर भी अच्छे ढंग से सामने रखते हैं :

"घर लौटना अब तो मुश्किल है।
हमें पहचानेगा कौन ?
मौत के हमारे माथे पर निशान हैं,
चेहरे पर हैं दोस्तों के
पाँव के निशान।
एक दूसरा चेहरा झाँकता है मेरा आईने से..."

आगे फिर वे लिखते हैं : "मरी-सी चमक से चमकती हैं मेरी आंखें, जैसे कि रोशनी घर के टूटे छज्जे से।" यह मानना भी गलत ही होगा कि साम्यवादी क्रांति में आस्था रखनेवाले कविता में बचे ही नहीं—तेलुगू, बांग्ला और हिन्दी में कई कवि ऐसे हैं जो अभी निराश नहीं हुए। और सामाजिक समालोचना का अपना दायित्व उन कवियों ने भी नहीं छोड़ा जो क्रांति के सपने से उन अर्थों में प्रतिबद्ध नहीं रहे।

मराठी, गुजराती, हिन्दी, पंजाबी और तेलुगू की दलित कविता और कन्नड़ की बंडाय कविता एक अन्य विरोधी काव्य-समुदाय की सृष्टि करती है। यहाँ पिछली तीस शताब्दियों से जाति-व्यवस्था के निचले पायदान पर खड़े अछूतों का मौन और मुखर प्रतिरोध ध्वनित होता है। इन कवियों के लिए 'वर्ग' की आर्थिक श्रेणी से ज्यादा बड़ा यथार्थ है 'जाति' की सामाजिक-सांस्कृतिक श्रेणी। (हालाँकि निकोल पाउलाण्टा के अर्थ में 'जाति' भी एक सामाजिक 'वर्ग' मानी जा सकती है।) बुद्ध, मार्क्स और अम्बेडकर से अपने द्विअर्थी सम्बन्धों के अनुसार दलित कवियों के भी अलग-अलग स्वर हैं। कुछ अम्बेडकर को 'देवता' की श्रेणी देते हैं तो कुछ उनके भी आगे जाना चाहते हैं। अरुण काम्बले, यशवंत मनोहर, अर्जुन डांगले, जे. वी. पवार, नामदेव ढसाल, दया पवार, प्रकाश जाधव, भुजंग मेशराम और मीना गजभिए मराठी के, योसेफ मैकवान, जयंत परमार, मंगल राठौड़, किसन सोसा, प्रवीण गदवी और राजू सोलंकी गुजराती के और सिद्धलिंगय्या कन्नड़ के प्रमुख दलित कवि माने जा सकते हैं। दलित साहित्य ने अपना वैकल्पिक सौन्दर्यशास्त्र गढ़ा है—एक नए तरह का अनुभव-वृत्त ढूँढ़कर जो अब तक अँधेरी चुप्पियों में गुम था, साहित्य को एक नई प्रक्षालक दृष्टि देकर, प्रभावी सामाजिक वृत्तों की आत्मतुष्टि, यथार्थ को देखने की उसकी रूढ़ पद्धतियाँ और प्रणालियाँ और स्थापित साहित्यिक अभिमत को झकझोरकर, उपेक्षित, दमित और हाशिए पर पड़े अनुभव-वृत्त, भाषा-समूह और यथार्थ को केन्द्र में लाकर, समुदाय को उत्प्रेरित करके कि वह अपने हथियारों को नए और भिन्न कोणों की धार दें। ब्राह्मणवादी काव्यशास्त्र को दलित कविता अस्वीकार करती है और औचित्य, सन्तुलन, संयम और अल्पकथन आदि शास्त्रीय मूल्यों को धता बताती है। भाषागत शालीनता के मध्यवर्गीय आदर्श ध्वस्त करने के लिहाज़ से ये कवि जान-बूझकर अपना वाक्य-विधान उच्छेदक-सा रखते हैं।

कभी-कभी देशभक्ति-जैसी धारणाओं का भी दलित कवि मज़ाक़ उड़ाते हैं। दलित कविता के मराठी प्रतिनिधि बाबूराव बागुल का कहना है : "तुमसे जो भूल हुई इस देश में पैदा होने की/उसका परिमार्जन तो ऐसे ही होगा कि देश छोड़ो या युद्ध करो।" वह

विद्रोही को ईसा मसीह की व्यवस्था तक जाने की सलाह देते हैं और तथागत तक—क्योंकि "हरिजन वहीं रहता है—हरिजन, जो क्रांति की सन्तान है।" चोकला कामले खुद को परामर्श देते हैं : "मेरे लिए कोई न बादल है, न बरसात, न खुला आकाश, न धूप—फिर भी, ऐ मेरे मूरख मन, सुस्ती की राह न पकड़।" नामदेव ढसाल की बिम्बबहुल कविताएँ 'मन्दाकिनी पाटिल' और 'भूख' हिंसक बिम्बों का सान्द्र अनुभव-वृत्तों से संयोग घटित करती हैं। असंख्य सूर्य जिनसे उनका रक्त दमकता है—शहर-शहर मार्च करें और हर शहर में लपट सुलगा दें—ऐसा वे कहते हैं। गुजराती दलित कवि यशवंत वघेला कहते हैं : "शताब्दियों के पत्थर एक ढेर में हम पर पड़े रहे/आँसुओं के पिरामिड के नीचे ममियाँ हैं हम आज/चीत्कारों से हैं ठुँसे पड़े/भट्ठियों में नियति गढ़ती है हमको।" दूसरे गुजराती दलित जयंत परमार वर्ण-व्यवस्था को वैधानिकता देने वाले मनु को चुनौती देते हैं : "एक दिन अपने घर के सामने की नीम पर/तुमको मैं टाँगूँगा नंगा/फाड़ूँगा नसें तुम्हारी ये देखने को/कि मेरे पूर्वजों का कितना खून पिया तुमने।" कन्नड़ दलित कवि सिद्धलिंगय्या कहते हैं : "किसने रोका है समय पर बरसात का आना? इन्द्रधनुष से किसने काटे हैं तारे? किसने छुपा रखा है सूरज कि अँधियारा बह निकले हर ओर?... ऐ दुनिया, तुम्हें जानना है अभी, करनी है तुमसे कुछ बात।" मल्लिका अमरशेख़, हीरा बन्सोदे और मीना गजभिए ने दलित कविता को एक स्त्रीवादी तराश दी है और उनकी कविताएँ चिन्तनपरक हैं—नारेबाज़ी और गालियों से प्रायः मुक्त। मराठी कवि हीरा बन्सोदे की 'यशोधरा' का उदाहरण लें :

"ओ यशोधरा,
तीखी पीड़ा, आजीवन दुख का
सपना हो तुम तो
तुम्हारी तरफ़ देखने की
धृष्टता भी मैं नहीं कर सकती।
बुद्ध के प्रकाश से प्रकाशित हैं हम
लेकिन अँधियारा तुमने लिया सोख—
इस हद तक कि तुम्हारा जीवन
खुद हो गया काला-नीला—
जला-कटा जीवन—
यशोधरा—
कोमल आकाश शरण लेता है तुममें—
चमकीले, लेकिन निष्फल जीवनवाले
—तारे ये आँसू बहाते हैं।
टूटता है दिल मेरा—
यह तुम्हारा अनुपम सौन्दर्य देखकर—
प्रिय से वियुक्त, गोधूलि-सा धूसर।

तुम्हारी ये मौन आहें सुनकर
लगता है मुझे व्यर्थ
स्वर्ग-सुख भी।"

अद्यतन दलित-लेखन अधिक परिपक्व, संयत, व्यापक और शिल्प-सजग है—क्रोध और कच्चे आवेग से ऊबकर नई पीढ़ी के कवि दलित अस्मिता में एक ख़ास तरह का आनंदातिरेक भी महसूस करते दिखाई देते हैं।

सामूहिक काव्य-प्रतिरोध का तीसरा रूप है भारत की महिला-कवि। अक्क महादेवी से मीरां तक, महादेवी वर्मा से बालमणिअम्मा तक कई महान महिला कवि भारत में हुई हैं। उनका काव्य स्त्रीवादी दृष्टिकोण से जाँचना-परखना सम्भव भी है और जायज़ भी। फिर भी प्रतिबद्ध ढंग का स्त्रीवादी लेखक जो लिंग-विभेद स्थापित करता है और शिश्नकेन्द्रित पितृसत्तात्मक विमर्श ध्वस्त करता हुआ उसका पुनर्लेखन सम्भव बनाता है—भारतीय सौन्दर्यशास्त्र का नया प्रकरण है। आधुनिक महिला कवि नए मिथक रच रही हैं और महिला-शरीर के आसपास केन्द्रित एक समानान्तर भाषिक विमर्श भी। अमृता प्रीतम, कमला दास, गौरी देशपाण्डे और नवनीता देवसेन स्त्रियों के लिए नया आकाश काढ़ने वालों में पहली थीं और अब प्रायः हर भारतीय भाषा में उनके साथ खड़ी होने वाली महिला कवयित्रियाँ मिलेंगी—मलयालम में सावित्री राजीवन और विजयलक्ष्मी, कन्नड़ में एम. आर. कमला और एस. उषा, तेलुगू में ए. जयप्रभा और काण्डेपुली निर्मला, तमिल में चन्द्रकान्ति और इन्दिरा भवानी, कविता सिन्हा और मल्लिका सेनगुप्त बाड्ला में, ओड़िया में प्रवासिनी महाकुड़ और रंजिता नाइक, पंजाबी में मनजीत टिवाणा, गगन गिल और कात्यायनी हिन्दी में, गुजराती में पन्ना नाइक और संस्कृतिनी देसाई, अनुराधा पाटिल और अरुणा ढेरे मराठी में, अँगरेजी में मीना अलेक्ज़ेण्डर और यूनिस डिसूजा—एक साथ मिलकर वे आकांक्षा की नई राजनीति का संधान करती हैं जो पुरुषप्रधान समाज को प्रेम, स्वातंत्र्य और समता के आधार पर पुनर्गठित कर सके।

कमलादास और उसके बाद की महिला कवयित्रियों ने स्त्री-विषयक और स्त्रीवादी कविता को वैविध्य के नए आयाम दिए हैं—उनकी अलग-अलग क्षेत्रीय परम्पराएँ, भिन्न सामाजिक परिस्थितियाँ और विभिन्न शिल्पगत प्रयोग देखने को मिलते हैं। यूनिस डिसूजा की तरह वे मानती हैं कि "छपने के लायक तो है ही नहीं वह इतिहास जिसको वे जानती हैं" और "आदर्श पुस्तक एक लम्बी चीख़ है—अँधेरे में"। ओड़िया कवि, ममता दास हत्यारे से कहती हैं कि वह उनका जीवन ही ले ले—ऐसी थकान से भरा और क्षत-विक्षत है यह जीवन : "आओ, हत्यारे, मेरे पवित्र आँगन में तुम मेरे अंतिम अतिथि हो, हो कि नहीं? आओ, यह लगता है मुझे आज, तुम मेरे अंतिम हो प्रेमी।" नवनीता देवसेन प्रेम की तुलना एक ऐसी चिड़िया से करती है जिसके तय मुहावरे कानों में मधु घोलते हैं और उसके बाद वह 'निजी जंगल' में अट्टहास के बीच ऐसा बँध जाती है कि उसके सारे पंख ही झड़ जाते हैं। कन्नड़ कवि, कमला हेमिंग उस वर्ग-चेतना से भी भरी हुई हैं जो औरतों को और अधिक टुकड़ों में बाँट डालती हैं : "तुम औरतें जो गमलों में

कैक्टस उगाती और बालों में लगाती हो गुलाब—क्या जानती हो उन विवस्त्र स्त्रियों को जो चन्द्रघुण्टी में पूजती हैं अपने देवता? लिपस्टिक बिगाड़े बिना चाय पी लेनेवालियो, क्या जानती हो उस लड़की की कथा—भूख के जुर्म में जिसके कपड़े उतार डाले गए?" तमिल की इन्दिरा भवानी दशावतारों की पुरुषोचित विकृतियों पर कटाक्ष करती हुई कहती हैं : "अश्लील पुस्तकों पर मछली की तरह जीभ चटपटाता हुआ/आक्रमण के आह्वान पर कछुए की तरह अपने खोल में छिप जाता हुआ/मदिरा के महासागर में सुअर की तरह मुँह के बल गिर जाता हुआ/नरसिंह की तरह फाइल पंजे में दाबे श्रमिकों को नाच नचाता हुआ/वामन की तरह प्रच्छन्न रिश्वत स्वीकारता हुआ/जो भी पसंद नहीं हो—उसे परशुराम की तरह नेस्तनाबूद कर डालता हुआ/राम की तरह बिस्तर में एक पत्नीव्रत की कसम खाकर/कृष्ण की तरह 'हर घर का सुख' भोग जाता हुआ।" सावित्री राजीवन अपनी तुलना एक प्रतीक के रूप में चौके के उपकरण से करती हैं। ए. जयाप्रभा वासना-भरी आँखों से स्त्री को देखने वालों को धमकाती हैं : "एक दिन ऐसा आएगा जब इस देश की स्त्रियों की आँखों में ही नहीं, उनके पूरे शरीर में काँटे उग आएँगे।" महिला कवयित्रियाँ जब अपनी तुलना कृष्ण द्वारा छली गई राधा से करती हैं—(सन्दर्भ : सुगत कुमारी की 'राधा कहाँ है?') और राजदरबार में अपमानित द्रौपदी से (सन्दर्भ : लक्ष्मी कण्ण की 'द्रौपदी') या संत कवि अक्क महादेवी से जो नंगी घूमती हुई पुरुषोचित्त वाग्विलास को लगातार चुनौती देती फिरी (सन्दर्भ : भाग्य जयासुदर्शन का 'अक्क के लिए') तो अपनी परम्परा से उनके एक नए तरह के सम्बन्ध का सूत्रपात होता है।

भारतीय कविता में इतनी ही महत्त्वपूर्ण क्षेत्रीय और भाषिक अस्मिता की तलाश है। भारत की राजनीतिक स्वतन्त्रता के संघर्ष के समानान्तर ही चल रही उसकी सांस्कृतिक दासता से मुक्ति की लड़ाई की स्वाभाविक परिणति यह मानी जा सकती है। एक तरह से यह जयघोष है उस बहुलतावाद का जो भारतीय संस्कृति की आत्मा है और श्रेणीबद्धता की पोषक उन विमर्शों पर एक बड़ा प्रश्नचिन्ह भी जिन्हें बुर्जुआ बाज़ार और पुनरुत्थानवादी हिन्दू साम्प्रदायिकता ने ऐसे बढ़ावा दिया है जैसे भारतीयता की पौर्वात्यवादी अवधारणाओं ने 'गौरवशाली अतीत' की पुनर्रचना का भुलावा देते हुए कई तरह के गलत नज़रिये लोकमनीषा में उत्कीर्ण कर डाले थे। इन ग़लत नज़रियों में कुछ है—उच्च पाठधर्मिता को अनावश्यक तरजीह, मुख्यधारा से अलग रखनेवाले लोकसाहित्य या अन्य मंचीय, श्रेणीमुक्त सांस्कृतिक उपक्रमों को हाशिए पर फेंक देने की साज़िश, सौन्दर्यशास्त्रीय न्यूनीकरण और पुनरुत्थानवादी अतीत मोह। बहुत सारे लेखकों की यह मान्यता है कि हमारी भौगोलिक, राजनीतिक और भाषिक संघबद्धता का मूल जनतान्त्रिक आदर्श हमारी सरकारों की आए दिन की गतिविधियाँ लगातार ध्वस्त कर रही हैं और संस्कृति-बाज़ार द्वारा उपस्थापित मानकीकरण के दबाव और जातिवादी अतीत की पूर्वजानुरागी पुनर्प्राप्ति के यत्नों के खिलाफ़ लड़ा जा सकता है तो बस बहुसंस्कृतिवाद की रचनात्मक अवधारणा द्वारा। यह लड़ाई एकतावाद और विच्छेदवाद के बीच नहीं—बल्कि एकतावाद की दो धारणाओं के बीच है—एक अवधारणा है कि बलाधिकृत सांस्कृतिक

यौगिक और सतही, तुनुक कोलाज़ द्वारा बेस्वाद एकरूपता ऊपर से थोप डाली जाए और दूसरी अवधारणा यह कि भिन्न सांस्कृतिक और भाषिक अस्मिताएँ लोकप्रिय सर्जनात्मकता के पूर्ण विकास का पूरा प्रोत्साहन पाती हुई भी अपनी संघ-शक्ति बनाए रखें।

यह केन्द्रापसारी प्रवृत्ति बहुत सारे रूपों में प्रकट होती हैं। दक्षिण की भाषाओं में यह प्रकट होती हैं तमिल 'संगम कवियों और कन्नड़ वाकराकरों के द्रविड़ काव्यशास्त्रीय संधान में। तमिल कविता में सुब्रह्मण्यम् भारती के बाद की कविता, जिसके प्रतिनिधि कवि हैं भारतीदासन और न. पिच्चमूर्ति, पूर्ववर्ती अखिल भारतीय देशभक्ति से अलग एक क्षेत्रीय चेतना प्रज्वलित कर गई है। अडिगा के बाद की कन्नड़ कविता उँगली रखती है सूरदास और दूसरे जाति-बहिष्कृतों और हाशिए में फेंक दिए जाने के वर्तमान राजनीतिक अनुभव के बीच की दरार पर, और इसके प्रतिनिधि कवि हैं पी. लंकेश, चन्द्रशेखर कम्बार, चन्द्रशेखर पाटिल या सिद्धलिंगय्या। कन्नड़ संत कवि माधवाचार्य और बसवन्ना की प्रगतिशील कविता की देशी परम्परा में खुद को नए मुहावरों के साथ स्थापित करने का श्रेय जाता है एस. आर. एकुण्डी और एच. एस. शिवप्रकाश-जैसे कवियों को। मलयालम में यह ध्वनित होती है क्षेत्रीयता के मिथकों के जयघोष में जो कई बार भारत-भर में प्रचारित मिथकों से एकदम अलग पड़ती है। इसका एक उदाहरण तो ओणम् ही है जो गीतों में लगातार सराहे गए उस दैत्यराज बाहुबली की पूजा की परम्परा स्थापित करता है, जिसे विष्णु के शातिर अवतार 'वामन' ने छल से पाताल में धकेल दिया था। स्व. एम. गोविन्दन, एन. एन. कक्कड़ (बाद की अवस्था में) और आट्टूर रवि वर्मा ने (इधर की कविता में) काव्य भाषा को संस्कृत के प्रभाव से मुक्त करने के भी यत्न किए हैं। जातीय पारम्परिक छंद, परिचित लयें, प्रान्तीय आदिबिम्ब, क्षेत्रीय कर्मकाण्ड, सांस्कृतिक प्रतीक और स्थानीय वनस्पति और पशु-जगत् फिर से कविता में लौटते हुए जातीय सिंहावलोकन और अन्तर्दर्शन का स्थानीय सौन्दर्यशास्त्र गढ़ रहे हैं।

अय्यप्प पणिक्कर की लम्बी कविता 'गोत्रयानम्' मिथक के धरातल पर क्षेत्रीय इतिहास की पुनर्रचना का यत्न है। अपने लोक-छंदों के साथ कटम्मनिट्टा रामकृष्णन की कविताएँ भी गंभीर रूप से क्षेत्रीय हैं। मराठी और गुजराती के दलित कवियों और आंध्र प्रदेश के क्रांतिकारी कवियों ने भी क्षेत्रीय शिल्पों, ग्रामीण और आदिवासी बोलियों के खुले प्रयोग से कविता को प्रगाढ़ ढंग से 'देशी' मुहावरे दिए हैं। उत्तर-पूरब की नगमीज़ और काकबोरोक बोलियों में भी पहली पीढ़ी के कवि तत्परता से काम कर रहे हैं और मणिपुरी के कवियों की तरह ही आदिवासी मिथकों और स्थानीय परम्पराओं और विश्वासों का भरपूर उपयोग भी। स्थानीय इतिहास और क्षेत्रिय नायकों और सन्तों के प्रसंग पुनरुज्जीवित करने की और ठेठ पंजाबी मुहावरों को काव्य-भाषा में जगह देने का भास्वर यत्न किया है सुरजीत पातर, गुल चौहान, स्वर्गबीर, मोहनजीत, जसवन्त दीद आदि पंजाबी कवियों ने। इसी तरह का यत्न बांग्ला के अमिताभ गुप्त, अनिन्ध चाकी, बिपुल चक्रवर्ती, एकराम अली, गौतम बसु, गीता चट्टोपाध्याय आदि उत्तर-आधुनिक

कवियों में मिलता है। वे बार-बार स्थानीय कथावस्तुओं, कर्मकाण्डों, उत्सवों और नाटकों तक लौटते हैं और उनका अर्थपूर्ण यत्न लोक-छंदों और लोक-लयों को नया तेवर देने का रहता है। वीरेन्द्र चट्टोपाध्याय किताबी शिक्षा की परम्परा को धता बताते हुए ग्रामीण किसान से सीखने की वकालत करते हैं—जड़ें मिट्टी में दूर तक दबी हैं, धमाकेदार कुतर्क ही व्याकुल आह्वान हैं। भाषा के बारे में अमिताभ गुप्त कहते हैं :

“भ्रूण
यही है और अग्नि भी
सुबह-सुबह, जब जगा भी नहीं था कोई—
शादी की घंटियाँ छू-सी गईं
बच्चों की किलकारियाँ—
मैं उसकी ज्योति का हूँ सिन्दूर
और उसके गर्भ की दीप्ति।”

हालाँकि ‘उत्तर-आधुनिक’ आन्दोलन की कोई एक धारा भारतीय कविता में स्थापित करने का यत्न व्यर्थ है, यह साफ़-साफ़ कहा जा सकता है कि सत्तर के दशक के बाद की कोई भी काव्यात्मक पहल प्रकृति और समाज से एक गहरा और अर्थपूर्ण सम्बन्ध स्थापित करती है—आधुनिक कविता द्वारा लाई गई निर्णयात्मक शिल्पगत क्रांति की ओर से आँखें मूँदे बिना। सामान्यीकरण के कुछ ख़तरे उठाते हुए भी देशी उत्तर-आधुनिकताओं के कुछ सामान्य सन्दर्भों के रूप में हम निम्नांकित बिन्दुओं पर विमर्श कर सकते हैं : (1) आरम्भिक आधुनिकतावाद की अहंमात्रवादी प्रवृत्तियों से विद्रोह और उस जनसामान्य से भी संवाद स्थापित करने की कोशिश जो पवित्र काव्य-कुंज से बाहर ही छोड़ दिया जाता था, (2) पूर्वजानुरूपता की प्रवृत्ति से अलग ढंग का अतीत-पुनर्जागरण जो एक तरह के ब्राकोलेज (अलग-अलग शिल्प और काल-खंडों के उद्धरण-संयोजन में) प्रतिफलित होती है, जो वर्तमान स्थिति से उसकी तुलना और मित्रता रेखांकित करे और इस प्रकार आधुनिकतावादी सांस्कृतिक-विस्मरण को रोके भी, (3) इस बात की सजग पहचान कि प्रगति की यथास्थितिवादी अवधारणाएँ सांस्कृतिक विभेदन और विश्व-दृष्टियों के अलग-अलग प्रकारों का ख़याल नहीं करतीं, (4) विशिष्टताएँ छुपाकर विचारधाराओं की एकपक्षता ही उजागर करने वाले सार्वभौमीकरण के सब प्रयत्नों पर सन्देह, (5) इस आधुनिकतावादी आत्मविश्वास का ह्रास कि उच्च या अवां-गार्द कला नैसर्गिक रूप से निम्न या लोकप्रिय कला से ज़्यादा महत्त्वपूर्ण है, (6) उस आधुनिक व्यवस्था में बढ़ता अविश्वास जो कभी पूरी मनुष्य जाति के लिए प्रासंगिक माना जाता था, पर मनुष्यता को जिसने दो शिविरों (वर्गों) में बाँटकर रख डाला—एक वह शिविर जो जटिलता की चुनौती के रू-ब-रू था और दूसरा वह जिसे सिर्फ़ जिए चले जाने का प्राचीन कर्तव्य निभाना था, (7) वर्ग-संघर्ष के पार की समस्याओं (जाति, लिंग, युद्ध और पर्यावरण) के प्रति प्रकट सजगता, (8) उत्तर-चिन्तन और अस्तित्ववादी प्रश्नों

के प्रति पर्याप्त उन्मुख रहने की प्रवृत्ति (प्रश्न, जैसे "यह कौन-सी दुनिया है? यहाँ करना क्या है? विश्व बनते कैसे हैं? जब अलग-अलग तरह के विश्व एक-दूसरे के विपक्ष में खड़े हों या उनके बीच की चारदीवारियाँ ढह जाएँ तब पाठ और दुनिया बनाए रखने के तरीके क्या हैं?") और (9) काव्य-परिदृश्य के अन्तर्गत एक बहुदैशिक आन्दोलन और विशिष्ट काव्य-पाठों के भीतर की बहुध्वन्यात्मकता जो उन अवधारणाओं का प्रतिफल हो, जो उपभोक्ता समाजों में सहज फलित मानकीकरण के सभी रूपों के विपक्ष में पड़ते हैं।

अनुवाद की दशा

भारत जैसे बहुजातीय, बहुभाषिक देश में जहाँ दस हजार बोलियाँ, अठारह राज्य-सम्पोषित भाषाएँ और पन्द्रह अन्य लिपियाँ हैं—अनुवाद की महत्ता स्वयंसिद्ध है। यह कहते हुए मेरे ध्यान में अनुवाद के खिलाफ उठने वाले सारे तर्क हैं : डॉक्टर जॉन्सन का कथन कि 'कविता का अनुवाद असम्भव है', रॉबर्ट फ्रास्ट की टिप्पणी कि 'कविता अनुवाद में खो जाती है', हम्बोल्ट की मान्यता कि 'हर अनुवाद समाधान के परे जानेवाली समस्या सुलझाने का यत्न है', वर्जीनिया वूल्फ की चेतावनी कि 'अनुवाद हमें एक अस्पष्ट समावर्त्त ही दे सकते हैं', और अन्ततः वह भयावह इतालवी मुहावरा कि 'अनुवादक विश्वासघाती हैं'।

ऐसे में हम एलेन टेट के श्लिष्ट वक्तव्य में ही अपनी शरण ढूँढ़ने की कोशिश करते हैं कि 'अनुवाद सतत असम्भव, सतत अनिवार्य' प्रपत्ति है।

'अनुसूचक' और 'अनुसूचित' के अनुवर्ती सम्बन्ध पर आधारित भाषावैज्ञानिक सिद्धान्त ध्वस्त हो चुके हैं, सामने आए हैं विमर्श को यथार्थ की सतत परिवर्तनशील स्वयंसिद्धियाँ गाँठनेवाले सिद्धान्त जो विषयवस्तु की एकात्मता के नाश की बात करते हैं और अनुवाद को गहरे आत्मीय पाठ के रूप में पुनर्परिभाषित करते हुए अनुवाद की असम्भवता की पुरानी मान्यताओं पर प्रश्नचिन्ह भी लगाते हैं। पाठ अब आत्म-परावर्ती माने ही नहीं जाते। उनका एक तय ब्रह्मविज्ञानी अर्थग्राम हो—ऐसा भी नहीं माना जाता है, माना जाता है कि ये बहुआयामी विस्तार है जहाँ तरह-तरह के लेखन मिलते और टकराते हैं। तयशुदा अर्थों वाले 'मानक, मूल पाठ' और 'विशिष्ट लेखकीय स्वर' की धारणा ध्वस्त हो चुकी है। यदि सभी पाठ बहुध्वन्यात्मक और हस्तक्षेपवादी हैं तो अनुवाद भी पाठों की तरह एक ताजा पाठ, एक नई संरचना है। कोई भी एक अनूठा अनुवाद नहीं होता, हर अनुवाद केवल एक अनुवाद है। एकलौता 'विशिष्ट' अनुवाद जैसी कोई अवधारणा नहीं रही क्योंकि किसी रचना का पूर्वनिर्धारित अर्थ तो कोई होता नहीं, हर पाठ एक दखल है और एक नए अर्थ की सृष्टि! हर पाठक अपने एक नए पाठ की रचना करता/करती है।

अनुवादक को सर्वप्रथम एक अभिन्न पाठक बनना पड़ता है ताकि वह पाठ की विशिष्ट पुकार के आगे आत्मसमर्पण कर सके। गायत्री चक्रवर्ती स्पिवैक के शब्दों में : "अनुवादक पहले अनुमति लेता है—स्मृति के समक्ष—'अन्य' के अवशिष्ट के पार खुद अपने भीतर के अन्यतम विस्तारों में उतर आने की! इस प्रकार अनुवाद अपने भीतर

किसी 'अन्य' के दाय के सन्धान की सरल अनुकृति है।"

भारत में हम अपने कामकाजी जीवन का प्राप्ति फल हर क्षण अनूदित करते चलते हैं : यदि बहुभाषिक नहीं तो द्विभाषिक हम लगातार रहते हैं, और अचेतन स्तर पर भी लगातार बोलचाल की भाषा भी किसी अन्य भाषा के शब्द अन्तरंग भाव से घालमेल देते हैं। हमारा साहित्य भी अनुवादों पर अवलम्बित है—'रामायण', 'महाभारत' और 'भगवद्गीता' विभिन्न भाषाओं में हैं और उनके जनजातीय और लोकमंचीय संस्करण भी हमारे समृद्ध साहित्यों की आधारभूमि हैं। भारत के प्राक्-औपनिवेशिक विमर्श में 'मौलिक' और 'अनुवाद' के बीच किसी फर्क का चलन भी नहीं था। पम्प, कम्बन, एचुथायन, मोल्ला, प्रेमनन्द, एकान्त, बलराम दास, तुलसी, कृतिवास और माधव कुण्डली के रामायण—न अनुवाद गिने जाते थे, न संस्करण—अपनी-अपनी भाषिक परम्परा के भास्वर उदाहरण वे थे। उन्नीसवीं शती तक का भारतीय साहित्य मुख्यतः शास्त्रीय ग्रन्थों का रचनात्मक अनुवाद/परिवर्धन/पुनर्कथन/व्याख्या/टीका-टिप्पणी-सार ही था। संस्कृत, फारसी, अरबी और आधुनिक भारतीय भाषाओं के दोतरफा अनुवाद समुदायों, भाषाओं, धर्मों और संस्कृतियों के आपसी गठबन्धन में लगातार सहायक रहे। ब्रिटिश शासन के दौरान अनुवाद चुनिन्दा विनियोग और सतर्क पाठ्यक्रमीकरण की नीति से बँधे तो थे, फिर भी गठबन्धन की यह प्रक्रिया बाधित नहीं हुई। हमारा यत्न यह होना चाहिए कि हम प्राक्-औपनिवेशिक गतिविधियों का खुलापन ग्रहण कर उसे अनुवाद के उस उत्तर-औपनिवेशिक सन्दर्भ से जोड़ें जिसने अनुवाद के समस्या-क्षेत्र को प्रतिनिधित्व, शक्ति और ऐतिहासिकता के सार्थक प्रश्नों से जोड़ा है। इसके लिए हमें औपनिवेशिक प्रयासों की उन सीमाओं का ज्ञान होना चाहिए जिन्होंने आत्मपरकता के औपनिवेशिक स्वरूप उजागर करने चाहे—तकनीकियों और शक्ति/अभिज्ञान की शिरकत से। हमारा यत्न यह होना चाहिए कि हम शक्ति-विसंगति का वह तन्त्र पलटें जिसके चलते औपनिवेशिक युग में अनुवाद ('प्राप्ति' की रणनीति के तहत) शासितों को इतिहासहीन घोषित करने का यन्त्र बन जाता था। अनुवाद आज हमारे लिए अस्त्र है—अपने लोगों के इतिहास की भूलें सुधारकर उनका अतीत और वर्तमान दर्ज करने का साधन।

खास कर भारत जैसे बहुभाषिक राष्ट्र में अनुवाद की गहरी सांस्कृतिक व्याप्ति है।

एक तरह से देखा जाए तो वह किसी भाषा के विकास और अन्य भाषाओं पर उसके प्रभुत्व का मापदण्ड भी है। दूसरी भाषा में अनुवाद की छन्नी-भाषा के रूप में कुछ भाषाओं का उपयोग भी प्रभुत्व के प्रश्न उठाता है। किसी भारतीय भाषा की कृति का अनुवाद अँगरेजी में होने का अर्थ है—क्षेत्रीय संस्कृति का (अधिक ताकतवर) राष्ट्रीय/भारतीय संस्कृति के रूप में प्रतिनिधित्व। और जब यह अनूदित कृति भारत के बाहर भी उपलब्ध हो जाती है—राष्ट्रीय संस्कृति का प्रतिनिधित्व और अधिक ताकतवर अन्तर्राष्ट्रीय संस्कृति के सामने होता है, जो अभी के सन्दर्भ में पश्चिमी संस्कृति ही है। यहाँ सांस्कृतिक गरिमा और पूर्वग्रह का एक विशिष्ट मिश्र-रूप खुलता-खिलता दीखता है जिसमें एक दुनिया दूसरी दुनिया के सामने अनुवाद के जरिये प्रतिनिधित्व पाती है।

उत्तर-आधुनिक सन्दर्भों में अनुवाद न सिर्फ प्रभुत्व का बल्कि प्रतिरोध का विमर्श भी बनता है। अभी तक अनुवाद-सिद्धान्त पश्चिमी संस्कृति के आलोक में हुए अनुवादों के हिसाब से ही गढ़े गए हैं और अब यह जरूरी हो गया है कि अनुवाद के सिद्धान्त और व्यवहार-पक्ष पौर्वात्य सांस्कृतिक सन्दर्भ में नए सिरे से गढ़े जाएँ। यह जरूरी है कि उत्तर-औपनिवेशिक सन्दर्भ में अनुवाद-कृत्य नीति, प्राथमिकता, शक्ति-संचयन, समृद्धिकरण और सांस्कृतिक अध्ययन के रूप में पुनर्व्याख्यायित हो क्योंकि देशों के सांस्कृतिक अभिबन्ध सौन्दर्य के अरूप परासांस्कृतिक सम्बन्धों पर नहीं बनते, बल्कि अन्य सांस्कृतिक प्रारूपों की तात्कालिक टकराहट से बनते हैं। अनुवाद अन्तरों का जयघोष है और सांस्कृतिक अस्मिताओं का पुनरान्वेषण। भाषा का चुनाव सामाजिक यथार्थ में आदमी की स्थिति का सूचकांक बन जाता है, और भाषिक संकेतों की टकराहट बन जाती है—भाषिक वैविध्य की प्रतिनिधि! अनुवाद सांस्कृतिक अस्मिता विरचित करता है—कथनीय की सीमाएँ पुनर्गठित करके और सम्बन्धन की शर्तें बदल के।

अनुवाद के सभी कृत्य संस्कृतियों, पाठों और राष्ट्रीयताओं की मध्यस्थता के यत्न हैं। हालाँकि इन शब्दों के अर्थ के बारे में हम कभी निश्चित नहीं हो सकते—भारतीय संस्कृति और संवेदना जैसी धारणाओं के बारे में कोई सहमतिमूलक मंतव्य आज हमें उपलब्ध नहीं हैं। हममें से अधिकांश समझते हैं : अनुवादों, उपनिवेशवाद और औपनिवेशिक शासन का अन्तर्पाठीय सम्बन्ध, इतिहास-लेखन, नृशास्त्र लेखन और अन्तर्विष्टि की राजनीति में मिशनरी गतिविधियों का महत्त्व! साहित्य ऐसे शब्द इस्तेमाल करता है जिसमें उसके भाषिक समुदाय के लोग अपने बहुरंगी सांस्कृतिक अतीत के अनुभव प्रतिच्छायित देख सकें। शब्द अनिवार्यतः सांस्कृतिक स्मृति है जिसमें समाज के ऐतिहासिक अनुभव खुदे होते हैं। जब शब्द किसी सन्दर्भ में अनुस्यूत कर दिए जाते हैं—समाज उस पूरे अनुभव-वृत्त को पुनर्सृजित करता हुआ उसे नए सिरे से याद करता है।

अनुवादक की मुख्य भूमिका यह होती है कि वह स्रोत भाषा की संस्कृति का 'सहयोगी अनुभव' वाला तत्त्व अनूदित भाषा की संस्कृति में नए सिरे से जगाता है ताकि उस भाषा के संस्कार उसे अपने सन्दर्भ में पढ़ते हुए पाठक वही सुख उठाए। सांस्कृतिक प्रतिनिधित्व के रूप में अनुवाद एक जटिल राजनीतिक कृत्य है जो बहुत सारे महत्त्वपूर्ण प्रश्न के जिम्मेदार उत्तर माँगता है। अनुवाद करता कौन है? किसका अनुभव अनूदित हो रहा है? पाठ का लेखक कौन है? अनुवाद निवेदित किसको है? इस प्रक्रिया में संलग्न लोगों की ऐतिहासिक पृष्ठभूमि क्या है? और उनकी वर्ग, लिंग, जाति क्या है? जिसे नीत्शे 'कारगर इतिहास' कहते हैं—अनुवाद-कृत्य का अन्तर्भुक्त और अनिवार्य हिस्सा बन जाता है।

अनुवाद-कृत्य पर बात करते हुए, हमें पश्चिमी और भारतीय नज़रिये के फर्क पर विचार कर लेना चाहिए। बाइबिल की स्वर्ग-बहिष्कृति की कथा का सन्दर्भ पुनर्ध्वनित करते हुए जे. हिल्स मिलर अनुवाद को 'सतत निर्वासन की भटकती अवस्था' कहते हैं। यहाँ अनुवाद ही निर्वासन है। उसके बाद वे अकबक-मीनार (टॉवर ऑफ बैबेल) का

मिथक जगाते हुए मनुष्य की बहुभाषिकता के अभिशाप का जिक्र करते हैं। एक मौलिक भाषा खो जाने के दर्द का भी। भारत ने तो बहुभाषिकता की स्थिति से सदियों पहले समझौता कर लिया था, और हमारे लिए भाषान्तरण पुनर्जन्म की प्रक्रिया में नया शरीर अख्तियार करने जैसा है। कबीर, मीरा, नानक और विद्यापति-जैसे हमारे कई कवि खुद भी बहुभाषिक रहे हैं और इसकी शायद उन्हें चेतना भी न थी। स्वर्ग-बहिष्कृति का भय हमें कभी नहीं सताता, अनुवाद हममें शर्मिन्दगी नहीं जगाता, यह हमारी दिनचर्या का अंग है—उतना ही दैहिक और आत्मीय जितना प्रणय-निवेदन।

पारम्परिक रूप से भी हमारी चेतना अनुवादक चेतना रही है—यूरोप की एकभाषीय साहित्यिक संस्कृति की तरह हम अनुवाद के बारे में बहुत सतर्क भी नहीं रहते। फिर, हमने 'मूल' से प्रयाण को कभी पाप नहीं माना। इसके विपरीत रामायण के उन विविधि अनुवादकों की काल्पनिक स्वतन्त्रता की हमने हमेशा सराहना की है जिनकी असमानताएँ समानताओं से कहीं ज्यादा रही हैं—क्योंकि उन असमानताओं ने ही तो उन्हें अपनी-अपनी भाषा का मौलिक कवि सिद्ध किया है और उस भाषा का आधार पुरुष भी। पश्चिम अनुवाद की प्रामाणिकता के प्रश्न पर हमेशा से उद्विग्न रहा है क्योंकि अनुवाद उसके लिए प्लेटो के अनुकरण-सिद्धान्त के करीब पड़ने वाली धारणा रही है जहाँ हम आत्मीय अनुकरण द्वारा मौलिक का पुनर्स्थापन सम्भव करते हैं। प्लेटो के अनुवाद में छूट लेने के जुर्म में सोलहवीं शताब्दी का फ्रांसीसी अनुवादक रटिन डोलेट फाँसी चढ़ा दिया गया था—अनुवाद के नाम की शहादत की यह परम्परा भारत में होती तो महाकाव्य के सब रचयिता और भक्त कवि—हमारे कवियों में महानतम—फाँसी चढ़ गए होते—अपने 'मूल' पाठ से इतने अधिक प्रयाण उन्होंने किए हैं; बल्कि हमारे यहाँ तो मौखिक साहित्य की धारा इतनी बलवती है कि हमारे पाठ लगातार ही बदलते रहे हैं और 'मौलिक' की धारणा ही हमारे लिए कुछ अजनबी-सी है। औपनिवेशिक यूरोप ने अद्‌भुत पौर्वात्य पाठों के अनुवाद को उनके दमन का माध्यम बनाया लेकिन भारत ने इसी अनुवाद से न सिर्फ अपने सांस्कृतिक अतीत और वर्त्तमान में, बल्कि अपनी और विदेशी संस्कृतियों में जीवन्त संवाद घटित किए। हमारे लिए अनुवाद दूसरे स्थान और काल की लेखकीय कल्पना के सहारे 'मूल' का सुदृढ़ीकरण है। यह एक तरह का अन्तर्पाठीय उपक्रम है। 'मूल' कभी भी 'विशिष्टतर' होने का दावा नहीं करता क्योंकि वह दोहराया तो जा सकता ही नहीं। और किसी पाठ की तरह—अनुवाद भी अन्तर्पाठीयता की अनिश्चितताओं से घिरा हुआ होता है। भारत में अनुवादक की स्थिति कभी दोयम दर्जे की नहीं रही। हमारे महत्तम कवि अनुवादक रहे हैं और महत्तम अनुवादक कवि। देरिदा से शताब्दियों पहले—भारती के बाद से लगातार हम यह मानते रहे हैं कि भाषा में अर्थ एक साकार उपस्थिति के रूप में नहीं बल्कि एक अनुपस्थिति के रूप में रहता है—यह बात अर्थ के स्वतन्त्र अस्तित्व की भी गवाह है। स्फीत-सिद्धान्त के समय से ही भारतीय भाषाशास्त्र 'मूल' के खो जाने की चिन्ता से आक्रान्त कभी नहीं रहा। विचलन भारत में बर्दाश्त नहीं किए गए—उनका स्वागत हुआ, उन्हें प्रोत्साहन मिला।

संस्कृत में अनुवाद के पर्यायों पर विचार करें—वेदान्त में 'विवार्त्ता' का मतलब होता है परिवर्तन या बदली परिस्थिति—जैसे कि यह दुनिया ब्रह्मा की 'विवार्त्ता' है; दूसरे पर्याय 'परिभाषा' का मतलब 'भाषा' और 'विमर्श' से लेकर 'भर्त्सना' और 'सामान्य नियम' तक कुछ भी हो सकता है। तीसरे पर्याय 'भाषान्तरम्' का मतलब है दूसरी बोली में विस्थापन या दूसरी भाषा में जन्म; और चौथे पर्याय 'अनुवाद' का अर्थ तो बार-बार दोहराई व्याख्या है ही। जैसा कि अयप्पा पणिक्कर अपनी एक विवेचना में बताते हैं : मध्य युग में अनुवाद के समानार्थी जितने भी पर्याय प्रयुक्त होते थे—'अनुकृति', 'अर्थक्रिया' या 'व्यक्तिविवेकम्' या 'उल्लरी'—उनमें से कोई अँगरेजी के 'ट्रांसलेशन' के निकट नहीं पड़ता, वे सब स्रोत और ध्येय की अरूप प्रकृति की ओर इशारा करते हैं। महाकाव्यों के भारतीय अनुवादों में भाष्य या व्याख्या या स्थानीकरण महत्त्वपूर्ण थे। प्राक्-औपनिवेशिक भारत में एक ही संस्कृति के घेरों के भीतर पाठों के अनुवाद शब्दान्तरण नहीं होकर अन्तर्पाठीय अर्थान्वय होते थे, जिनमें अनेकता की खासी गुंजाइश होती थी। तथाकथित मूल पाठ के अर्थ से प्रयाण को लेकर संकोच और पाप-बोध उपनिवेशवाद के साथ जगा। हमारा कर्त्तव्य यह है कि हम अनुवादक को उसकी प्राक्-औपनिवेशिक हैसियत दिलाएँ—सजग पाठक की, सहृदय की और स्रोत पाठ के रचयिता के समकक्ष दूसरे रचयिता की।

हालाँकि अभी हमें लम्बा रास्ता तय करना है—फिर भी कुछ तो प्रगति जरूर हुई है और धीरे-धीरे अनुवाद फिर से एक महत्त्वपूर्ण और प्रतिष्ठापूर्ण साहित्यिक गतिविधि माना जाने लगा है। साहित्य अकादेमी और नेशनल बुक ट्रस्ट ने अँगरेजी समेत सभी भारतीय भाषाओं में अनुवाद को हरदम ही प्रोत्साहन दिया है। पेंग्विन, हार्पर कॉलिन्स, ओरिएण्ट लौंगमैन, अफिलिएटेड ईस्ट-वेस्ट, मैकमिलन, सीगल, रोली बुक्स और कथा आदि अग्रणी, निजी प्रकाशनों ने भी कई वैयक्तिक कृतियाँ, पुस्तक-शृंखलाएँ और संग्रह प्रकाशित किए हैं जिनमें विभिन्न भारतीय भाषाओं के अँगरेजी अनुवाद सम्मिलित हैं। साहित्य अकादेमी और नेशनल बुक ट्रस्ट सौ आधुनिक भारतीय क्लासिक की अनुवाद-योजना पर मिलकर काम कर रहे हैं। मैकमिलन ने आधुनिक भारतीय उपन्यास-शृंखला और सीगल ने भारतीय नाटक-शृंखला का प्रकाशन शुरू भी कर दिया है। चूँकि कविता का अनुवाद व्यावसायिक दृष्टि से बहुत मुनाफे का विषय नहीं है—सिर्फ साहित्य अकादेमी ही इस ओर पहल कर पाई है। बाकी प्रकाशकों ने सिर्फ उर्दू कवियों के कुछ क्लासिकल पाठ अनुवाद में प्रस्तुत किए हैं। अगर हम मानते हैं कि भारत में 22 साहित्यिक भाषाएँ हैं—यह आदर्श होगा कि इनमें से हर भाषा की उत्कृष्ट कृतियाँ दूसरी सभी भाषाओं में तत्काल ही अनूदित हो जाएँ और इसका अर्थ होगा चार सौ साठ भाषाओं का अन्तर्क्रियात्मक संयोग। कुछ संयोगों में तो अच्छे अनुवादक मिल भी जाते हैं, पर अधिकांश में नहीं मिलते। इस तरह साहित्यिक प्रतिदान में बहुत सारी गड़बड़ियाँ हैं। अगर मलयालम में बंगला की 250 कृतियाँ उपलब्ध हैं तो बांग्ला में मलयालम की दस कृतियाँ भी उपलब्ध नहीं होंगी। दक्षिण भारतीय भाषाओं की कृतियाँ हिन्दी में दक्षिण

भारतीय हिन्दी विद्वानों द्वारा अनूदित होती हैं—उनके द्वारा नहीं, जिनकी मातृभाषा हिन्दी है—अब यह कोई आदर्श स्थिति तो नहीं है। उड़िया और तमिल, पंजाबी और तेलुगू, गुजराती और मलयालम, राजस्थानी और कन्नड़ यानी पाली और मराठी के बीच अनुवाद कर पाने वाले नहीं के बराबर हैं। इसमें विश्वविद्यालयों और साहित्यिक संस्थाओं का सान्द्रीभूत सहयोग बेहद जरूरी है...क्योंकि इससे जो तत्त्व बाधित होता है—वह है एक सभ्यता के रूप में भारत का भावनात्मक और आध्यात्मिक एकत्व। भाषाओं और संस्कृतियों के बीच पुल अनुवादक बनाते हैं। हमें और ज्यादा, और-और अच्छे अनुवादकों की बेहद जरूरत है। यह बात भारतीय साहित्यिक क्लासिकों के अनुवाद दुनिया की दूसरी भाषाओं में करने वालों पर भी लागू है, बल्कि यह तो और भी जरूरी है इसलिए कि दूसरे देशों में हमारे साहित्य के बारे में लोग शायद ही कुछ जानते हैं—अँगरेजी के भारतीय लेखन के सिवा।

भारतीय साहित्य की रणनीतियाँ

क्या यू. आर. अनन्तमूर्ति एक 'क्षेत्रीय' कथाकार हैं? और निर्मल वर्मा, ओ. पी. विजयन, सुन्दर रामस्वामी, महाश्वेता देवी, कुर्तुल-एन-हैदर या अमृता प्रीतम? यदि ये लेखक क्षेत्रीय हैं—कम-से-कम अँगरेजी अनुवादों में पुनर्जन्म के पहले—सच्चे 'भारतीय' लेखक कौन हैं? कालिदास जो तथाकथित अखिल भारतीय भाषा संस्कृत में लिखते थे या विक्रम सेठ जो आज की अखिल भारतीय भाषा अँगरेजी में लिखते हैं—उस अँगरेजी में जिसने सत्ता की भाषा के रूप में चुपचाप संस्कृत और फारसी-अरबी की जगह ले ली है?

मुझे तो लगता है कि अँगरेजीदां समीक्षकों में अधिकांश के आलोचनात्मक औजार छोटे पड़ जाते हैं उन भारतीय भाषाओं की सैकड़ों बहुविधात्मक समृद्ध, जटिल और जीवन्त कृतियों का महत्त्व आँकने में जिन्हें वे औपनिवेशिक शासकों की शैली में 'वरनैकुलर' कहते हैं या फिर कुछ ऐसा जताते हुए कहते हैं 'क्षेत्रीय'; मानो भारत की केन्द्रीय भाषा तो अँगरेजी हो जो हर जगह समझी-बोली-लिखी जाती है। इस प्रकार चुपचाप वे अँगरेजी का वर्चस्व स्थापित करने की धृष्टता ही करते हैं।

मैं अँगरेजी के भारतीय लेखन के खिलाफ नहीं। इसे मैं अपने ऐतिहासिक और अस्तित्वगत संयोग का वैधानिक उत्पाद मानता हूँ। अपने जटिल उत्तर-औपनिवेशिक सभ्यता-संकट की ईमानदार अभिव्यक्ति! मैं असहमत हूँ तो सिर्फ इसकी केन्द्रीयता से जिसका यह दावा करता है। भारतीय साहित्य के हाशिए पर यह एक बड़ी खाई है—इसके प्रचार-प्रसार, इसकी साहित्यिक गुणवत्ता और हमारा सामाजिक और आध्यात्मिक जीवन अभिव्यक्त करने की उसकी क्षमता के बीच। सत्ता के केन्द्र में बने रहने की उसकी राजनीति ही दरअसल आलोचना का विषय है—भारतीय अँगरेजी लेखन अपने-आप में आलोचना का विषय नहीं।

उदाहरण के लिए उत्तर-औपनिवेशिक विमर्श पर विचार करें, अकादमिक जगत का सर्वाधिक फैशनेबल शब्द! समझा यह जाता है कि साहित्य के दूसरे सबऑल्टर्न सिद्धान्तों की तरह यह उनकी दृष्टि प्रकाशित करेगा जो इतिहास के हाथों दमन, निष्कासन, विस्थापन, विलोपन का शिकार हो गए और औपनिवेशिक ताकतों द्वारा दलित-दमित-कीलित स्वरों, विस्तारों और अस्मिताओं के सन्धान-संस्थापन द्वारा हाशिए पर पड़े हुए लोगों का शक्ति-संवर्द्धन करेगा। औपनिवेशिक आतंक से विस्तार मिलाते हुए चीजों को पुनर्परिभाषित करने और पाठ्यक्रम पुनर्संयोजित करने से बड़ा काम तो कोई हो ही नहीं सकता लेकिन व्यवहार में ढाक के तीन पात ! उसी 'कॉमन वेल्थ साहित्य' का चर्वित-चर्वण बनकर रह

गया है उत्तर-औपनिवेशिक विमर्श। और चर्चा के लिए इसके पास रह गया है राजा राव से लेकर सलमान रुश्दी तक टहलता भारत का अँगरेजी लेखन! उत्तर-औपनिवेशिक साहित्य के पाठ्यक्रम और पाठ्य-पुस्तकों में अँगरेजी के कुछ भारतीय लेखक हों—इससे किसी का विरोध नहीं, पर उनमें अन्य भारतीय भाषाओं के लेखकों की अनुपस्थिति हास्यास्पद है। औपनिवेशिक और प्राक्-औपनिवेशिक समय की जटिलताओं का दाय जो जटिलताएँ हैं—उन सबके साथ उत्तर-औपनिवेशिक स्थितियों का सबसे ईमानदार वर्णन जिन रचनाओं में है—उनमें से अधिकांश 'देशी' भाषाओं की हैं—गोपीनाथ मोहंथी की 'परजा', थाकुजी शिवशंकर पिल्ले की 'क्वैर', ओ. पी. विजयन का 'धर्मपुराणम्', यू. आर. अनन्तमूर्ति का 'संस्कार', बालचन्द्र नामाडे की 'कोसला', फणीश्वरनाथ रेणु का 'मैला आँचल', महाश्वेता देवी का 'अग्नि गर्भ', आनन्द का 'मरुभूमिकाल उन्दरेकुन्नथु' (मरुस्थल कैसे बनते हैं), श्रीलाल शुक्ल का 'राग दरबारी', मोहन राकेश का 'अँधेरे बन्द कमरे', निर्मल वर्मा का 'रात का रिपोर्टर', कृष्णा सोबती का 'जिन्दगीनामा' और सुन्दर रामस्वामी की 'इमली के पेड़ की कथा' या फिर मुक्तिबोध, रघुवीर सहाय, श्रीकान्त वर्मा (खासकर मगध-शृंखला), धूमिल, कुँवर नारायण, केदारनाथ सिंह, अख़्तर-उल-इमान, फैज़ अहमद फैज़, सुभाष मुखोपाध्याय, नामदेव ढसाल, दिलीप चित्रे, नारायण सुर्वे, गोपालकृष्ण अडिग, चन्द्रशेखर कम्बार, वैलोप्पी श्रीधर मेनन, एडास्सेरी गोविन्द नायर, श्री श्री, रावजी पटेल, हरभजन सिंह या दीनानाथ नदीम की कविताओं और गिरीश कर्नाड, विजय तेन्दुलकर, महेश एल्कुन्चवार, मोहन राकेश और अन्य कई ऐसों की नाट्यकृतियों में। हाशिए के लोग केवल संस्कृत बोलते हैं या अँगरेजी—यह मान्यता चुटकुला भर नहीं है, उसकी भयावह राजनीतिक अर्थवत्ता है। (नोट : 'द इनसाइक्लोपीडिया ऑफ पोस्ट-कोलोनियल लिटरेचर्स इन इण्डिया' में संस्कृत साहित्य पर तो एक लम्बी प्रविष्टि है, पर अल्प जीवित भारतीय भाषाओं पर नहीं)

औपनिवेशिक घुसपैठियाँ भारतीय भाषाओं के लिए बड़ा आघात सिद्ध हुईं—इस अर्थ में कि संस्कृत और फारसी-अरबी मूल की भाषाओं को इन्होंने आधुनिक भारतीय भाषाओं के ऊपर तरजीह दी। एक समय था जब कबीर जैसे कवि ने संस्कृत को राम के निजी कूप का ठहरा पानी बताया था और बोल-चाल की भाषा को 'बहता पानी निर्मला'। मध्ययुगीन सन्त कवि अपनी भाषिक काव्य-परम्पराओं के संस्थापक भी थे—उनकी मान्यताओं के खिलाफ अँगरेजों ने एक नई ही परम्परा खोज निकाली जिसमें वे 'आधुनिकता' का अपना अलग ताना-बाना चस्पां कर सकें। लॉर्ड मिण्टो ने आधुनिक भारतीय भाषाओं का सारा साहित्य 'पतनशील स्थिति का' घोषित करके उन्हें मजे से उपेक्षित रखा। 'द जेनरल काउंसिलिंग ऑफ इण्डिया' के अनुसार भारतीय भाषाओं का सारा साहित्य 'अश्लील', 'अनैतिक' और 'अशुद्ध' था, और सर रिनर्ड टेम्पल ने उन्हें 'विरल' और 'पुरातनपन्थी' भी माना! इस प्रकार नींव पड़ी 'राष्ट्रीय' साहित्य के निर्माण की, वृहत औपनिवेशिक योजना की—संस्कृत और अरबी गौरव-ग्रन्थों के अँगरेजी में और अँगरेजी के भारतीय भाषाओं में अनुवाद के जरिये। चार्ल्स ट्रिवेलियन ने भाषिक वैविध्य को भारत के विकास का प्रमुख

अवरोध माना। एकभाषिक, एकधर्मीय संस्कृति वाले अँगरेज बहुभाषिक, बहुधर्मीय भारतीय संस्कृति का सौन्दर्य समझ ही नहीं सके।

अपने अद्यतन आलेख 'लिटरेचर, हिस्ट्री, इण्डियन हिस्ट्री, वर्ल्ड हिस्ट्री" (सोशल साइंटिस्ट 6) में दिखाया है कि संस्कृत साहित्य का सम्बन्ध हेलेनवादी ग्रीक/रोमन सांस्कृतिक विधाओं से अच्छा-खासा अंतर्क्रियात्मक सम्बन्ध था। भाषा का इतिहास बताता है कि कन्नड़ जैसी भाषा भी प्रोटो द्रविड़ के वैयक्तिकरण के उदाहरणों और प्रक्रियाओं की श्रृंखला है—संस्कृतिकरण, अपसंस्कृतिकरण, आंग्लीकरण, यूरोपीयकरण और सावधान स्तर विश्वीकरण की सम्पूरक अनु-प्रक्रियाओं के साथ-साथ। 'सोशल साइंटिस्ट' के इसी अंक में तेलुगू भाषा के विकास का आकलन एस. नागार्जुन और वी. नारायण राव करते हैं और मराठी पर अँगरेजी के प्रभाव का आकलन मराठी कवि और कथाकार बालचन्द्र नामाडे। हमारी सब भाषाएँ और साहित्य इन प्रभावों की भास्वर मण्डल रही हैं। हाँ, जरूरी यह है कि हम फर्क करें बाहरी प्रभावों के ईमानदार तत्त्व ग्रहण (जिससे किसी भाषा की संवेदना और सम्भावना गहराती है) और उसमें जिसे जयदेव 'नकल की संस्कृति' कहते हैं (जयदेव के कुछ उदाहरणों से मेरा मतभेद है)।

अँगरेजों ने कोशिश तो भरपूर की—भारत की वैविध्यपूर्ण साहित्यिक संस्कृति के मान्यीकरण के बहाने उस पर बुलडोजर चलाने की—पश्चिमी रुचियों, आचार-संहिताओं और संवेदनाओं के अनुसार काम करनेवाले अँगरेजीदां भारतीयों और अँगरेजों की सख्त निगरानी में लगातार अनुवाद होते रहे। खास प्रकार और शैली के भारतीय भाषा-लेखन को पुरस्कृत-प्रोत्साहित भी किया गया। अपने आलेख 'द अरेन्जमेण्ट ऑफ ऐन अलायन्स' में सूज़ी थारू ने भारतीय भाषाओं के वैसे उपन्यासों के अनेक उदाहरण दिए हैं जिनमें एक विचारात्मक द्विधा प्रतिबिम्बित थी—लेखकों के नए दायित्व-बोध और साहित्य/साहित्यिक अध्ययनों की भूमिका के बारे में।

सौन्दर्यशास्त्र को एक नई दिशा मिल रही थी, नई राजनीति और नए अर्थशास्त्र के अनुसार वह भी नई करवट ले रहा था—अँगरेजों की रुचि के अनुकूल। सूज़ी थारू उदाहरण देकर बताती हैं कि औपनिवेशिक अनुवाद-नीति किस प्रकार चुने हुए पाठों का प्रोत्साहन करती हुई बाकी की हाशियाबन्दी किए जाती थी—शास्त्रीय भारतीय परम्परा का यह 'ओरिण्टल' सम्पादन ही बाद में हमें इतना महँगा पड़ा। रोमिला थापर ने भी ब्रिटिश सरकार द्वारा एक कल्पित समुदाय की चौहद्दी तय करने और औपनिवेशिक-उत्तर-औपनिवेशिक दिनों में उनके भरपूर सम्पीड़न की बात की है।

2

भारत में बहुतेरे लेखक और आलोचक हुए जो तर्क देते हैं कि चूँकि भारत की कोई एक भाषा नहीं है—भारतीय साहित्य-जैसी कोई एक चीज है ही नहीं! प्रसिद्ध विद्वान समीक्षक नीहाररंजन राय ने एक बार कहा था कि साहित्य भाषा में अवगुंठित होता है और भाषा

एक ऐसी सांस्कृतिक घटना है जो निर्धारित होती है किसी एक भूखण्ड और उसके सामाजिक-राजनीतिक निक्षेपों से! इसलिए हर भाषा का एक खास तेवर, शिल्प-शैली का एक अलग ढाँचा, अलग बिम्ब-प्रतीक-संकेतार्थ और अलग कथनादि तक होते हैं/होती हैं, साहित्य की भाषा-सापेक्ष विशेषताएँ होती तो हैं ही—भाषा साहित्य का एक निर्णायक तत्त्व है—पर साहित्य की अस्मिता सिर्फ भाषा ही तय नहीं करती। उसके और आयाम भी होते हैं—सौन्दर्यशास्त्रीय, नैतिक, सांस्कृतिक, सभ्यतामूलक और ऐतिहासिक! भाषिक निकष के अलावा भी बहुत-से निकष पाठक और समीक्षक साहित्य पर लागू करते हैं : वर्ग-लिंग, हाशियाबन्दी, मिथकीय ढाँचे, मूल्य-बोध, अवधारणात्मक निकाय, विमर्श और शक्ति के बीच का रिश्ता आदि! ये सारे तत्त्व जो साहित्यिक अनुवाद, संवाद और तुलनाएँ सम्भव बनाते हैं—साहित्य को अंतर्पाठीय और अन्तर्सांस्कृतिक घटना के रूप में भी स्थापित करते हैं यानी ऐसी घटना जहाँ पढ़ना और लिखना—दोनों ऐतिहासिक शक्तियों द्वारा निर्धारित हों! शब्द को आत्मसमर्थ शाब्दिक इकाई के रूप में पढ़ने वाले शुद्धतावादी सौन्दर्यशास्त्री इस बात का विरोध कर सकते हैं पर सतर्क संरचनात्मक और लाक्षणिक विश्लेषण भी (और सांस्कृतिक विश्लेषण तो जरूर) ये बताते हैं कि गैर-भाषिक सभ्यतामूलक तत्त्व साहित्य की बनावट में अच्छी तरह घुले होते हैं। 'हिस्ट्री ऑफ इण्डियन लिटरेचर', वाल्यूम-VIII; साहित्य अकादेमी, 1993 की भूमिका में शिशिर कुमार दास ने ठीक ही कहा कि यदि भाषा साहित्य का एकमात्र घटक होती तब तो अँगरेजी का सारा लेखन अँगरेजी साहित्य ही होता—उसे ब्रिटिश, अमरीकन, ऑस्ट्रेलियन, कैनेडियन के अलावा अफ्रीका, भारतीय, पाकिस्तानी और श्रीलंकन दिखाने की जरूरत नहीं पड़ती।

दूसरी तरफ हमारी एक श्रेणी 'यूरोपीय साहित्य' भी है जो जर्मन-फ्रेंच आदि कई भाषाएँ मिलाकर बनाती हैं और भौगोलिक, जनसांख्यिकीय और ऐतिहासिक कारणों द्वारा उद्दीप्त कई सांस्कृतिक लक्षण जिनके एक हैं। इसी प्रकार स्पेन का स्पैनिश साहित्य लातिनी अमरीका के स्पैनिश साहित्य से अलग तो है। ये सब बातें मिलाकर यही सिद्ध करती हैं कि खुद भाषा तो नहीं, पर उसकी राजनीतिक-आर्थिक-सामाजिक संस्थाएँ, कलात्मक अभिरुचियाँ और संवेदना-धरातल अलग-अलग भाषाओं का उपयोग करने वालों की उभयनिष्ठ सम्पदा हो सकती है। नीहाररंजन राय खुद कहते हैं कि बिम्ब और प्रतीक खुद भाषा से नहीं उपजते—उस भाषा के बोलनेवालों के जीवन से उगते हैं। और वह जीवन भाषा मात्र से निर्धारित नहीं होता। हमें भिन्नताएँ जरूर द्योतित करनी चाहिए पर हमें उन लक्षणों पर गौर जरूर करना चाहिए जो भारतीय भाषाओं के साहित्य की साझी विरासत है।

यह सिर्फ असम्भव एषणा नहीं, एक ऐतिहासिक जरूरत है। भाषिक समरूपता भारत की एकता का सिद्धान्त कभी नहीं रहा। पश्चिम यूरोपीय देशों में राष्ट्र-राज्य और राष्ट्रीय साहित्य एक ही ऐतिहासिक आन्दोलन की उपज थे, इसके विपरीत भारत के राष्ट्र का दर्जा अख्तियार करने के पहले भारतीय साहित्य ने अपनी सभ्यतागत और

ऐतिहासिक एकता अख्तियार कर ली थी। भारतीय साहित्य ने क्षेत्रीय और भाषिक सीमाएँ हमेशा ही लाँघी हैं। जैसा कि एजाज अहमद 'इण्डियन लिटरेचर' शीर्षक आलेख में 'इन थेलरी : क्लासेस, नेशन्स, लिटरेचर्स' (ओ. यू. पी., 1993) में लिखते हैं—बहुभाषिकता हमारी राष्ट्रीयता का मुख्य तत्त्व रहा है। भारत की जन साहित्यिक संस्कृतियाँ उन्नीसवीं शती तक तो अवश्य ही बहुभाषिक रहीं या शिक्षा के आधुनिक स्वरूप के प्रचार-प्रसार तक सांस्कृतिक इकाई के रूप में भारतवर्ष की अवधारणा 'विष्णुपुराण' और 'महाभारत' जितनी पुरानी है।

आसाम के शंकरदेव जैसे भक्त-कवि और अमीर खुसरो जैसे मुसलमान कवि एक ऐसी भौगोलिक इकाई और सभ्यता के रूप में भारत की चर्चा करते रहे हैं जिसमें कई नस्लें और भाषाएँ निवास करती हैं। कभी-कभी तो एक ही पाठ कई भाषाओं में रचा जाता है—कालिदास की 'शकुन्तला' में संस्कृत, सौराष्ट्री, महाराष्ट्री और मगधी—सब का विनियोग है। हमारे बौद्ध और जैन साहित्य पालि, अर्द्धमागधी और यदा-कदा संस्कृत में भी रचे गए।

दसवीं से उन्नीसवीं शती के बीच के ज्यादातर कवि तीन भाषाओं में लिखते थे—फारसी, संस्कृत, काफी और लाहोड़ी में गुरु नानक ने लिखा, मीराबाई ने हिन्दी-गुजराती और राजस्थानी में। नामदेव, कबीर, रैदास और दादू पंजाबी और हिन्दी में लिखते थे। मध्यकाल में विद्यापति ने संस्कृत, अवहट्ट और मैथिली में लिखा। क्लासिकल महाकाव्य, मध्यकालीन दोहा, बारहमासा और या मसनवी जैसी विधाएँ भी सर्वभाषिक हैं, जैसे कि उपन्यास, कहानी, गीत, सानेट, ड्रमैटिक मोनालॉग, एलिजी, एपिटाफ, हाइकू, ग़ज़ल और पदक्रम जैसी विधाएँ! बहुत सारे आधुनिक लेखक द्विभाषिक या त्रिभाषिक हैं, एक साथ दो या तीन भारतीय भाषाओं में या एक भारतीय भाषा और अँगरेजी में लिखने वाले। अडिल मन्सूरी उर्दू और गुजराती में लिखते हैं, आर. पार्थसारथी, ए. के. रामनुजम्, जयन्त महापात्र और कमलादास अँगरेजी के साथ तमिल/कन्नड़/ओडिया/मलयाली में। भारत की आधुनिक भाषाओं की अंतर्सम्बद्धता भी यूरोपीय भाषाओं में अंतर्सम्बद्धता से ज्यादा जटिल है। तमिल और मलयालम का, बांग्ला और उड़िया, हिन्दी और उर्दू या हिन्दी और दूसरी भाषाएँ जो ऐतिहासिक रूप से हिन्दी को बनाने में सहायक होकर भी अपनी अलग इयत्ता बनाए रहीं—अपने आपसी-सम्बन्धों में अधिक जटिल और अंतरंग हैं—जर्मन और फ्रेंच सम्बन्ध से कहीं अधिक। फिर से एजाज अहमद का मुहावरा इस्तेमाल करें कि 'बहुभाषिकता और बहुभाषिक तरलता' भारतीय साहित्य के अनूठे लक्षण हैं तो यह बात जाहिर-सी होगी कि भाषाओं के बारे में हमारी कम-से-कम जानकारी और जानकारी की भी उस चिर-तरलता के बावजूद अलग-अलग भाषाओं के इतिहास अलग-अलग इकाइयों के रूप में रच पाना मुश्किल बात है।

3

सदियों से 'भारत' और 'भारतीय साहित्य' भारत के सर्जनात्मक साहित्य एक बिम्ब, एक अवधारणा के रूप में जीवित रहे हैं, पर आलोचनात्मक अवधारणा और औजार के रूप में ये उभरे उन्नीसवीं शती में जब यूरोपीय और इण्डो-आर्यन भाषाओं की एकरूपता से प्रेरित पाश्चात्य विद्वानों ने 'भारतीय साहित्य' के रूप में संस्कृत, पालि और प्राकृत साहित्य का अध्ययन शुरू किया। यह जरूर है कि यह उनकी विकृत न्यूनीकरण का हिस्सा ही था कि उन्होंने 'भारतीय' भाषाओं के अन्तर्गत न तमिल और कन्नड़ के महान क्लासिक साहित्य को गिना, न इण्डो-आर्यन भाषाओं के साथ दूसरी भारतीय भाषाओं के समकालीन साहित्य को। ऐसा नहीं था कि उन्हें भारतीय साहित्य के इन रूपों का ज्ञान नहीं था, उन्होंने जानकर यह चाल चली। उनका नस्लीय, औपनिवेशिक आदर्श जिसे बाद में 'ओरिएण्टलिज्म' कहा गया—उन्हें यह मानने ही नहीं देता था कि भारत के प्राक्-आर्यन निवासी ऐसे बड़े साहित्य या सभ्यता के रचयिता थे—उनके समकालीन साहित्य से कहीं अधिक समृद्ध और वैविध्यपूर्ण। वे अपनी नस्लीय भाषिक श्रेष्ठता स्थापित करने पर आमादा थे जो दुनिया के अन्य हिस्सों पर पश्चिमी शासन का वैधानीकरण कर दे। 'ए हिस्ट्री ऑफ इण्डियन लिटरेचर इन जर्मन' लिखने वाले एल्ब्रेक्ट वेबर (1852) ने यह कहकर बात टाली कि उन्होंने 'भारतीय साहित्य' का नाम संक्षिप्तता के लिहाज से लिया। 1907 में मॉरिस विण्टरनिज ने दूसरा 'हिस्ट्री ऑफ इण्डियन लिटरेचर इन जर्मन' लिखा और फिर अपना दायरा संस्कृत, प्राकृत और पालि तक रखा। पर इतना उन्होंने अवश्य किया कि अपने काम के तीसरे और अन्तिम खण्ड के दूसरे भाग में एक आनुषंगिक सूची के रूप में समकालीन भारतीय भाषाओं के साहित्य का एक सर्वेक्षण दिया। विलियम जोन्स और जॉर्ज ग्रियर्सन जैसे दूसरे पश्चिमी विद्वानों और इतिहासकारों की तरह इन जर्मन विद्वानों ने भारतीय साहित्य की सेवा तो अवश्य की—संस्कृत पाठों पर अपने गवेषणात्मक आलेखों द्वारा। ये आलेख सिर्फ रचनात्मक साहित्य का नहीं, बल्कि काव्यशास्त्र (जैसे 'ध्वन्यालोक'), नाट्यशास्त्र (भरतमुनि का 'नाट्यशास्त्र'), कामशास्त्र ('कामसूत्र') और अर्थनीति ('अर्थशास्त्र') की पुस्तकों का भी उल्लेख करते थे—पर भारतीय साहित्य की सर्वांगीण गरिमा से उन्हें काटकर उनका संक्षिप्तीकरण और सरलीकरण करते हुए। इनके कुछ प्रमुख विरूपणों के उदाहरण हैं—ब्राह्मणवादिता के स्तर के उच्च पाठवाद का प्रश्रय, दूसरे महत्त्वपूर्ण पाठों की कीमत पर कुछ चुने हुए पाठों का पाठ्यक्रमीकरण, उच्चता-क्रम का निषेध करते प्राचीन और अर्वाचीन भारतीय साहित्य पर विराट मौन, लोक साहित्य और अभिनेय साहित्य की हाशियाबन्दी, हिन्दू-मुस्लिम-ब्रिटिश आदि गलत उपशीर्षकों में इतिहास का विभाजन जिससे संस्कृत, फारसी और अँगरेजी भाषाओं को तरजीह मिल सके और भौतिक/नास्तिक दार्शनिक निकायों के ऊपर भारत की आध्यात्मिक और हवाई स्वरूप का निक्षेप।

बावजूद इन विरूपणों के हम इस बात से इनकार नहीं कर सकते कि भारतीय

साहित्य की एकता में संस्कृत साहित्य का योगदान अमूल्य है। यह अपने फैलाव, विस्तार, प्रेरणा और प्रभाव में सचमुच अखिल भारतीय थी। मानवता के इतिहास के आदि-ग्रन्थ हैं वेद जो मध्येशिया से अट्ठारहवीं शती ईसापूर्व में इन्द्र, वरुण, मित्र, यम, शिव और विष्णु आदि के देव परिवारों के साथ भारत आई नस्ल की रचना मानी जाती है। सम्भवतः इण्डो-ईरानी भाषा से वेदों तक आई वैदिक द्विधात्मकता संस्कृत, प्राकृत और पालि की साझी विरासत थी। इनमें से संस्कृत सांस्कृतिक और राजनीतिक श्रेष्ठता की भाषा बनी रही—तब तक जब तक छठी ईसापूर्व में बुद्ध और महावीर ने इसको चुनौती दी और साधारण जनता तक अपने सिद्धान्त पहुँचाने की चिन्ता में प्राकृत और पालि को तरजीह दी। इसका अर्थ यह नहीं कि प्राचीन भारत का सारा वाङ्मय सम्भ्रान्तवादी था। चौथा वेद, अथर्ववेद, देसी, लोकप्रिय परम्परा और रिवाजों के बहुत सारे तत्त्व समाहित किए है। पंचतन्त्र, कथासरित्सागर, बृहत्कथा वासुदेव हिन्दी और जातक कथाओं में भी लोकप्रिय मौखिक परम्परा के सूत्र हैं। यहाँ तक कि रामायण और महाभारत भी लोकप्रिय किस्सों, पुरुओं, कौरवों, यादवों और नागों के समुदाय गल्पों पर पूरी तरह आश्रित हैं—जैसा कि डी. डी. कौशाम्बी और राधाकमल मुखर्जी के अन्वेषणों से भी स्पष्ट है। शूद्रक का 'मृच्छकटिकम्' और कवि योगेश्वर की कृतियाँ सामान्य जनता के जीवन के इर्द-गिर्द बुनी होने के कारण संस्कृत की एक वैकल्पिक परम्परा का सूत्र वहन करती हैं और कथा तथा चरित्रों के चुनाव में खास वर्ग की ओर झुकाव के बावजूद कालिदास, भास, भवभूति, विशाख दत्त और चौदहवीं शती के अन्तिम महान कवि जयदेव तक मानव-मात्र की मौलिक शाश्वत भावनाओं और आवेगों पर केन्द्रित हैं। संस्कृत भाषा का मान्यीकरण कर भारतीय काव्यशास्त्र का आधारस्तम्भ मजबूत करते हुए भारतीय साहित्य की एकता रेखांकित करने में वैयाकरण पाणिनि, भाषाविद् भर्तृहरि और भरत, आनन्दवर्द्धन, कुन्तक, मम्मट और क्षेमेन्द्र जैसे आचार्यों की भूमिका भी अविस्मरणीय है।

इस क्रम में बौद्ध और जैन साहित्य की समानान्तर धाराओं को भी नजरअन्दाज नहीं कर सकते जो पालि, प्राकृत और अपभ्रंश में थीं और जिसके पुरोधा थे अश्वघोष, नागार्जुन, शान्तिदेव, बसुबन्धु और हाला। दूसरी क्लासिक भाषा तमिल के संगम साहित्य का भी योगदान भुलाया नहीं जा सकता जिसमें 'मनिमेकालाई', 'सिलाप्पा टीकाराम' जैसे आख्यान 'थोलकप्पियम' जैसा व्याकरण-ग्रन्थ और जीवन-नीति की सूत्रात्मक कृतियाँ (जैसे तिरुक्कुरूल) की रचना हुई तो प्रेम और गार्हस्थ्य की 'अहम कविताओं' जैसी इन्द्रियसजग रचनाएँ और युद्ध और राजनीति की 'पुरम कविताओं' जैसी रचनाएँ भी सम्भव हुईं जो कई संग्रहों में संगृहीत हैं। तमिल ने 'तिनई' के रूप में अपना खास आर्थिक काव्यशास्त्र विकसित किया और काव्य-संकेत की अपनी अवधारणा 'उल्लूरई' भी विकसित की।

दूसरा समवेत आन्दोलन जिसने भारतीय साहित्य को एक नया आधार दिया—मध्यकाल में उभरा जब तमिल के अतिरिक्त भी जितनी आधुनिक भारतीय भाषाएँ थीं—

सबकी बड़ी सर्जक प्रतिभाएँ उभरकर सामने आईं। भक्ति-आन्दोलन के रूप में एक नया समन्वयकारी तत्त्व उभरकर सामने आने लगा। भक्ति आन्दोलन हाशियाबन्द लोगों का अखिल भारतीय आन्दोलन तो था ही, उसके बहुत सारे कवि बहुभाषिक भी थे। कबीर बुनकर, नामदेव दर्जी, चोक्कामेला ईंट बनाने वाले, तुकाराम फेरी वाले, रैदास चर्मकार, गोरल कुम्हार, आखो सुनार और लाल देड, मीरांबाई, महादेवी अक्का स्त्रियाँ होकर भी इसमें शामिल थीं। कुछ इसमें मुसलमान थे (जैसे कबीर, दादू, रहीम और रसखान) और बहुत-से तथाकथित निचली जातियों के प्रतिनिधि। दक्षिण में भक्ति आन्दोलन की तरंग आठवीं शती के 'नयम्भार' और 'अल्वर' आदि तमिल काव्य-सम्प्रदायों के साथ ही उठी थीं जिन्होंने इन्द्र, वरुण, अग्नि आदि वैदिक देवताओं की उपासना शिव और विष्णु की उपासना से उपस्थापित की! इनमें से बहुतेरे तमिल कवि शिकारी, धोबी, हज्जाम और गरीब किसान थे। यह आन्दोलन तीन-चार शताब्दियों तक फैला रहा और इसकी प्रगतिशील आध्यात्मिकता ने दुनियावी ताकतों और आदमी की बनाई ऊँच-नीच की दीवारों में अपनी घोर अनास्था व्यक्त की। ज्यादातर भक्त कवि पण्डित, पुराण और 'गीता' का निषेध करते रहे और उन्होंने संस्कृत के इस्तेमाल से भी गुरेज किया। उन्होंने भाषा इस्तेमाल की सामान्य जनता की और बहुतेरी आधुनिक भारतीय भाषाओं के प्रथम कवि वे ही थे—बासवेश्वर, निन्गैय्या, कम्बार या एजउत्ताचन दक्षिण में, सरला दास, चण्डीदास, कृतिबास, शंकरदेव और तुलसीदास उत्तर में और नरसिंह मेहता, मीरा, ज्ञानेश्वर, नामदेव और तुकाराम पश्चिम में इसके पुरोधा थे। 'भक्ति' हिन्दू-मुस्लिम एकता की भी भूमि बनी। बहुतेरे हिन्दू कवियों ने उर्दू और इस्लामी दर्शन पढ़ा। कबीर ने अपने व्यक्ति में दोनों धर्मों का संश्लेषण किया और 'गुरु ग्रन्थ साहेब' में गुरु नानक ने विभिन्न धर्मों के धर्मग्रन्थों से पद लिए। इसी काल में 'महाभारत' और 'रामायण' सभी महत्त्वपूर्ण भारतीय भाषाओं में अनूदित और पुनर्सृजित हुए और ज्यादातर भारतीय भाषाओं का आधार-ग्रन्थ बन गए। भक्ति-सन्देश के लिए मौलिक परम्पराएँ और लोक-नाट्य प्रमुख माध्यम बने। इस तरह यह आन्दोलन लोगों को धर्मों, भाषाओं और साहित्यिक कृतियों के पास ले आया और इस प्रकार भारतीय साहित्य की ठोस बहुभाषिक स्थापना की।

भारतीय साहित्य का तीसरा महत्त्वपूर्ण चरण उन्नीसवीं शती के प्राक्-औपनिवेशिक और सुधार-सम्बन्धी आन्दोलनों के साथ शुरू हुआ। एक ओर तो परम्परा को आधार स्तम्भ घोषित करना था क्योंकि अँगरेजों से एक सम्मिलित लड़ाई लड़नी थी, दूसरी ओर परम्परा का पुनर्परीक्षण होना था क्योंकि उसमें बहुत सारी प्रतिगामी शक्तियाँ, परम्पराएँ और रूढ़ियाँ आ जुड़ी थीं, जैसे—छुआ-छूत, वर्ण-विभेद, विधवा-विवाह का निषेध, पितृसत्तात्मक दोहन जो 'सती' के नाम पर औरतों को जिन्दा जला डालता था। यह दोहरी लड़ाई ही इस युग की रचनाओं के प्रमुख द्वन्द्व के रूप में लगातार प्रतिच्छायित दीखती है। प्रतिक्रिया और अभिव्यक्ति की उभयनिष्ठ रीतियाँ विभिन्न भारतीय भाषाओं में हम फिर से प्रकट देखते हैं : एक ही तरह की चिन्ताएँ वल्लतोल, कुमारल आसान,

भाई वीर सिंह, केशवसुत, जयशंकर प्रसाद, सुमित्रानन्दन पन्त, के. वी. पुटप्पा, डे. आर. बेन्द्रे, वीरशालिंघम, गुलाम अहमद महजूर, टैगोर और नजरूल इस्लाम की हैं। भारतीय सांस्कृतिक विरासत और भारतीय मूल्यों के प्रति सच्ची निष्ठा, उपनिवेशवाद का विरोध और सामाजिक सुधारों की चिन्ता सभी कवियों में उभयनिष्ठ है। आधुनिक मूल्यों और पारम्परिक संस्कृति का समागम टैगोर के निदर्शनात्मक उपन्यास 'गोरा' में बहुत स्पष्ट दीखता है। ज्यादातर लेखकों ने कहानी, उपन्यास, जीवनी, आत्मकथा और आलोचना जैसी पश्चिमी विधाओं का देसीकरण कर उसे भारत की अपनी आख्यायिका और समीक्षात्मक परम्परा में ढाला। इसी तरह इनमें से बहुतेरे गांधीवाद या मार्क्सवाद से किसी-न-किसी तरह प्रभावित रहे जो तीसवें दशक में अपना प्रभामण्डल प्रखर किए साथ-साथ खड़े थे क्योंकि दोनों की दिलचस्पी सामन्तवाद के विरोध और वंचितों को न्याय दिलाने में थी। प्रगतिशील लेखक संघ जो मुल्कराज आनन्द जैसे 'आप्रवासी लेखकों' द्वारा लंदन में स्थापित किया गया था—गांधीवादी और मार्क्सवादी अंतर्दृष्टियों के साहित्य और समाज में भरपूर समन्वय के कारण अखिल भारतीय महत्त्व की घटना के रूप में उभरा। इसकी पहली राष्ट्रीय महासभा 1936 में लखनऊ में आयोजित हुई—प्रेमचन्द जहाँ इसके अध्यक्ष थे और दूसरी 1939 में कलकत्ता में जहाँ बीज भाषण दिया रवीन्द्रनाथ ठाकुर ने। वैसे तो भारत-भर पर इसका प्रभाव था, पर उर्दू, हिन्दी, पंजाबी, बंगाली, तेलुगू और मलयालम पर इसका असर विशेष कहा जाएगा।

पाँचवें और छठे दशक में भारतीय भाषाओं को शहरीकरण के त्रास और तद्जन्य एकान्त-बोध और अस्मिता के संकट से गुजरना पड़ा—तब संवेदना और काव्य-मुहावरे का स्पष्ट फर्क आधुनिकतावाद के आश्रय आया और यह भी एक अखिल भारतीय घटना थी। अब मूल चिन्ताएँ समाजशास्त्रीय नहीं, अस्तित्ववादी थीं और जोर शिल्प पर था ताकि विद्यमान पाठ्यक्रम और पाठ-मूल्य बदल जाएँ! यह आन्दोलन किसी एक क्षेत्र और भाषा तक तो सीमित नहीं ही रहा—दलित-आन्दोलन, स्त्री-आन्दोलन और पर्यावरण-पोषक साहित्य में इसकी सरहद कुछ विशेष ही फैली। संस्कृति के बढ़ते व्यावसायीकरण का विरोध, विरोध अन्धे भूमण्डलीकरण का जो नया उपनिवेशवाद लगे और विरोध सामाजिक जीवन में मूल्यहीनता का भी—सभी संवेदनशील लेखकों की ये मूल चिन्ताएँ थीं जो सोचते थे कि गंभीर साहित्य का अस्तित्व बाजारू शक्तियों के चलते खतरे में है। इस प्रकार अविच्छेद्य रूप में अपने सामाजिक, ऐतिहासिक और सांस्कृतिक सन्दर्भों से एकाकार भारतीय साहित्य मूलतः भारतीय ही है—लिखा चाहे जिस भाषा में गया हो, मूलभूत एकता ने हमारे साहित्यों की मोहक विभिन्नता का गला कभी नहीं घोंटा। हमारे साहित्यों को विशिष्ट स्वर, रंग, दिशा, सांस्कृतिक गुह्यता, अर्थ संकेत और सामान्य भारतीय इतिहास से विशिष्ट सम्बन्ध रखने वाले अलग-अलग साहित्येतिहास देने का श्रेय जिन तत्त्वों को जाता है, उनमें प्रमुख हैं—स्थानीय परम्पराएँ, लोकभाषा की लयें, भिन्न दृश्य-परिदृश्य, जातीय रंग और जीवन-शैलियाँ, भिन्न पूजा-शैलियाँ और उत्सवधर्मिताएँ, लोकसाहित्य, सतर्कता के सामान्य धरातल, भिन्न विचारधाराओं का

फैलाव, बाहरी प्रभावों और देशी परम्पराओं का समन्वय आदि।

पिछले पचास वर्षों की भारतीय साहित्यिक मुठभेड़ें उत्तर-औपनिवेशिक स्थिति से निबटने की शृंखलाबद्ध कोशिशें हैं। नई-नई प्रवृत्तियाँ आजमाई और त्यागी जाती हैं, समुदाय कल्पित और विलयित होते रहते हैं, परम्पराएँ बनाई-बिगाड़ी जाती हैं, एकता और विभेदन के सिद्धान्त विकल्पों के रूप में आजमाए जाते हैं, पश्चिम के प्रभाव स्वीकारे और नकारे जाते हैं, क्रांतिकारी यूरोपीय अवधारणाएँ और नमूने देशी मूल तक लौट-लौटकर विकल्पित कर लिए जाते हैं, विरासत के शास्त्रीय और लोक-तत्त्व, लिखित और मौखिक/अभिनीत पक्ष एक-के-बाद-एक परखे-निरखे जाते हैं। इस प्रकार हमारी सर्जनात्मकता संवादप्रिय हो चली है और हमारे साहित्य-विमर्श एक आवश्यक वैविध्य के धरातल पर फल-फूल रहे हैं और फल-फूल रहे हैं एक ऐसी अस्मिता की अवधारणा पर जो विविधता और संकरता के बीच अपना रास्ता बनाती है, जिसे फूको 'आत्मा की तकनीक' कहते हैं—उसके आसरे 'निज' और 'अन्य' के बीच एक अनवरत समागम यह घटित करते हैं।

'अतीत' या 'आरम्भ' तक लौटने का कोई रास्ता नहीं है, क्योंकि 'आरम्भ' होते ही नहीं—होते हैं अनवरत नवीकरण इच्छा और स्मृति के स्रोतों के, अनुसन्धान और शोध के, प्रतिनिधित्व के भीतर 'पहचान' के नए बिन्दुओं के अनन्त सिलसिले, 'होने' और 'बनने' की शृंखला की नई कड़ियों के सिलसिले। चीजों को झुठलाने के उपनिवेशवाद के यत्न का सामना करने की खातिर इतिहास-मंथन से उपयुक्त तत्त्वों का अवक्षेपण पर्याप्त नहीं है, जैसा कि फ्रैन्ज़ फेनन कहते हैं : "एक राष्ट्रीय संस्कृति लोक-साहित्य नहीं है, न ही एक भाव-सजग लोकप्रियता जो यह मानकर चले कि वह लोगों का सही स्वभाव खोज निकालेगी! एक क्षेत्र में रहने वाले तमाम लोगों का विचार के क्षेत्र में किया हुआ कुल यत्न ही राष्ट्रीय संस्कृति है—विचार उन कृत्यों के वर्णन और स्पष्टीकरण का जिनके माध्यम से लोगों ने खुद को रचा है और अपना अस्तित्व बनाए रखा है।" (ब्लैक स्किन, वाइट मास्क्स)। साहित्य में इस प्रवृत्ति का उपयुक्त उदाहरण है टैगोर का 'गोरा' जो अपने संरचनात्मक दुष्क्रियात्मक कृत्यों द्वारा पूरी व्यवस्था तो नहीं बदल पाता, पर उसका विरोध एक विस्थापन सर्जित कर सकता है क्योंकि वैधानीकरण वह अपना करेगा, न कि संरचना का। इस अर्थ में 'गोरा' एक निदर्शनात्मक पाठ दीखता है, क्योंकि वह कार्यसूची तय करता है उनके लिए जो उपनिवेशवाद से लड़ना चाहते हैं—अपनी ईमानदारी की चिन्ता में अपना शहरीपन, कट्टरता और दम्भ छोड़े बिना।

परम्परा के बारे में उत्तर-औपनिवेशिक तनाव और चिन्ताएँ आधुनिकतावाद तक उतर आई हैं जिसे उसके विरोधी यूरोपकेन्द्रित दृष्टियों और चरम भावना के औपचारिक शिल्प और ढाँचे से एकाकार करके देखते हैं। दरअसल औपनिवेशिक शिक्षा हृदयहीन शहरीकरण और अमानवीय औद्योगीकरण, आस्था का अन्त, लोकाचार का क्षरण, व्यक्ति और उसके समुदायों को अस्मिता की चुनौतियाँ आदि मिलकर सभ्यता का जो संकट ले आए, उससे आधुनिकतावादी विवश हुए परम्परा के पुरुज्जीवन को लिए—और

मिथ, आदिरूप, प्रतीक आदि का उपयोग अपनी दुश्चिंताओं की अभिव्यक्ति के लिए आम हो गया। इन कविताओं और कहानियों के बीच से बोलने उठता 'वक्ता' मायामृग हो चला और विमर्श पूरा-का-पूरा हो गया विकेन्द्रित। पारम्परिक पाठक-वर्ग को यह त्रास और एकान्त-बोध नकलची लगा और उसकी शाब्दिक रणनीतियाँ लगीं अस्पष्ट, विदेशी, भद्दी और भयावह। प्रगतिवादी पूरे-के-पूरे आधुनिकतावाद को विकृत, नकारवादी, अराजकतावादी और अश्लील तक कहता रहा। और प्राक्-आधुनिकतावादी तो इसे साहित्य मानने से भी गुरेज करते रहे। फिर भी नागर मध्यवर्ग और अकादमिक घेरों में आधुनिकतावादियों को तत्पर पाठक-वर्ग मिलता ही गया। इसके विकट से विकट शत्रु तक इसकी नीलाभ अंतर्ऊर्जा और भाषिक प्रयाणों का महत्त्व झुठला नहीं सके। सभी जानते थे—एलियट के मेजाई की तरह, कि कोई नई शक्ति जन्मी है—हालाँकि उसके मसीहाई अर्थ महत्त्व के बारे में स्पष्ट नहीं थे।

भारतीय साहित्य में आधुनिकतावाद के उत्कर्ष के दिन लद तो गए पर प्रयोगों में इसकी दिलचस्पी और व्यवस्था-विरोध के क्रांतिकारी तेवर नए रूप ग्रहण कर अभी भी साहित्य में जिन्दा हैं। बुद्धिवाद और रैखिक प्रगति की इसकी अवधारणा 'उच्च' और 'निम्न' कला का इसके विभाजन, ठस्स यथार्थ के इसके बिम्बन और अन्य अहंमात्रवादी इसकी प्रवृत्तियों की निन्दा हुई है। उत्तर-आधुनिकतावाद प्रश्रय देता है साहित्य-निकुंज से एकदम ही बाहर फेंक दिए गए जनसाधारण से साक्षात् संवाद को, सांस्कृतिक विभेदों पर आधारित सामूहिक अस्मिता परिभाषित करने और सांस्कृतिक विस्मरण के इलाज के लिए गैर पूर्वजानुरूप अतीत के अवगाहन की प्रवृत्ति को। सभी 'विचारधाराओं' और केन्द्रीकृत व्यवस्थाओं में अविश्वास इस तर्क पर कि मृत्यु, अधिनायकतन्त्र और मोहभंग के अलावा इन विचारधाराओं ने दिया ही क्या है। ज्ञान की सम्भावना पर एक तत्त्व मीमांसक सन्देहवाद और सभी प्रकार के विश्वों और विश्वबोधों से एक विकट सामना—ये भी उसके लक्षण हैं। नतीजा यह कि साहित्यिक परिदृश्य में एक बहुद्देशिक और आन्दोलन लहर ले रहा है और पाठों के भीतर भी बहुध्वन्यात्मकता दीखती है जो मानकीकरण के सभी स्वरूपों के खिलाफ युद्धरत है। साहित्य में इन सभी अनुभवों और हलचलों की कोई और संक्षिप्त संज्ञा न दी गई तो सुविधा के लिए उन्हें पुकारा गया—उत्तर-आधुनिक।

दो संस्कृतियों के बीच

रेमंड विलियम्स ने अपनी पुस्तक 'द कंट्री एण्ड द सिटी' (लंदन, 1985) में एक जगह लिखा है : ''गाँव और शहर बेहद ताकतवर शब्द हैं और आश्चर्यजनक नहीं है क्योंकि मनुष्य समाज के अनुभव के वे निर्णायक कारक हैं...उनके आलम्बन से बेहद शक्तिशाली अनुभव बने हैं। गाँव जीवन के नैसर्गिक विचार, शांति, भोलेपन तथा सादगी का विचार बना है। शहर ज्ञान, संचार और प्रकाश का एक अर्जित विचार बना है। दोनों के बीच तीखे तनाव विकसित हुए हैं। शहर शोर, इहलौकिकता तथा आकांक्षा का प्रतीक बना है तो गाँव पिछड़ापन, अज्ञान तथा सीमाओं का।''

कलकत्ता और बंबई जैसे आधुनिक औद्योगिक महानगरों के बन जाने के बाद गाँव और शहर का यह वातावरण उत्तर-औपनिवेशिक भारतीय साहित्य का केन्द्रीय भाव रहा है। इन महानगरों में रहनेवाले लेखकों ने आधुनिक अनुभव की उस तकलीफ को सबसे पहले भोगा है जहाँ, जैसा कि मार्क्स ने कहा था (और जिसे आधुनिकता और साहित्य-सम्बन्धी अपनी किताब में मार्शन बर्मेन ने उधार लिया है) कि 'हर वह चीज जो ठोस है, वाष्पीकृत हुई जाती है।' आधुनिकतावाद और बाद में उत्तर-आधुनिकतावाद भारतीय भाषाओं में उन्हीं लेखकों के जरिये अपने शहरी वातावरण में अपने दैनिक दबावों के वजह से जिए, जबकि उनकी जड़ें गाँव में ही रहीं। अकेलापन, अस्मिता का लोप, अतीतराग, संदेह, तनाव, मोहभंग और विश्वास की कमी इत्यादि जो आधुनिकतावादी साहित्यिक बोध के चिह्न माने जाते हैं, मूलतः इन दो दुनियाओं की भिड़ंत से पैदा होते हैं। अलग-अगल लेखकों ने अलग-अलग ढंग से इस अंतर्विरोध को सुलझाने की कोशिश की है, क्योंकि कोई भी आधुनिकतावादी या उत्तर-आधुनिकतावादी लेखक अब उन बाहत्तरी अपोज़ीशंस की ओर लौट नहीं सकता, जहाँ 'ग्राम्यता' सादगी, भोलेपन, शांति से संबद्ध मानी जाती है और जहाँ शहरीपन, अराजकता, भ्रष्टाचार तथा शैतान से संबद्ध माना जाता है। 'पोलिफोन ए वॉयसेज इन द सिटी' नामक लेख (जो 'बांबे : मोजेक ऑफ मॉडर्न कल्चर' 1995) में संकलित है, में रोशन जी. शहानी ने कहा है कि किस तरह ऐसा लेखन 'धरती-पुत्र' तथा 'धरती माँ' की पूर्ति की व्याधि को व्यक्त करता है और किस तरह मध्यवर्गीय चेतना के जरिये उसमें सामाजिक-राजनीतिक पदार्थ छनकर आता है जिसमें गरीबी, छुआछूत, वर्ग, जाति तथा लिंगभेदी अत्याचार जैसे मामले प्रायः पालतू, साफ-सुथरे तथा धुँधले बना लिए जाते हैं। जब यह युवा राष्ट्र स्वयं को पुख़्ता कर रहा था तब परम्परा के 'भारतीयपन' की जरूरत, भारतीय किसान तथा भारतीय

गँवई परिवेश को ऊर्जस्वित करने के रूप में प्रकट हुई। 'भारतीयपन'—(इंडियननैस)—देहातीपन-सादगी। यह त्रिकोण भारतीय साहित्य और भारतीय मीडियम के लिए एक प्रतिभाव बन गया। इसके विलोम का अपना खतरा है—शहर के रूमानीकरण का खतरा। भारत के समकालीन अनुभव का कोई भी सच्चा बयान इन दो अतियों को बचाकर ही बन सकता है। एक ही रास्ता है : प्रातिनिधिकता की बहुव्यापकता और जटिलता, ताकि वह इस तनाव के तमाम अर्थों को पकड़ सके। यह तथ्य है कि हमारे देश के आधे अधूरे औद्योगिकीकरण ने वास्तविक शहरीकरण का अनुभव नहीं किया है। यहाँ तक कि शहरी मजदूर के लिए गाँव एक सपना है, सम्बन्धों का घोंसला है जबकि शहर उसका 'मजबूरी का यथार्थ' है, स्वतन्त्र चुनाव का विषय नहीं है। यह स्थिति बेहद जटिल और अप्रत्यक्ष है।

केदारनाथ सिंह की कविता अपने-आप में इन दो संस्कृतियों, दो दुनियाओं के बीच के तनाव को स्मृति और रूपक के जरिये कहती है। वे उन आलम्बनों को बेहद सावधानी और सजगता के साथ चुनते हैं जो अनेक सम्भव भाष्यों के साथ पोलीसेमिक प्रतीक बन जाते हैं। भाषा के स्तर पर यह काम स्तरीय हिन्दी और उन बोलियों के संयोग से सम्भव किया जाता है जो पूर्व साहित्य-चेतना की प्रमाण हैं। हाशिए पर मौजूद आवाज़ें इस तरह भाषा के केन्द्र में आ जाती हैं। कविता के भीतरी भूदृश्य अनेक परिप्रेक्ष्यों के जाग्रत् होने से अनेकमुखी हो उठता है।

'जमीन पक रही है' (1980) में केदारनाथ सिंह की एक कविता 'बैल' है जो हमारे ग्राम्य अनुभव के नृशंसीकरण के साथ-साथ उसके आत्मान्वेषण के पहलू को दिखाती है। 'पेड़' नामक कविता में कवि अपने लिखने के कागज में पेड़ों की शान्त हत्या होते देखता है, 'आवाज' में पकते हुए अनाज के दाने में अपनी आवाज पाता है, और 'बुद्ध के बारे में सोचना' में बुद्ध उसे धरती पर पानी के भविष्य के बारे में सोचने को मजबूर करते हैं। 'माँझी के पुल' का 'पुल' नाव का विस्तार बन जाता है, 'बधाई और चिड़िया' में बंबई द्वारा चीरी गई लकड़ी में चिड़िया की चीख सुनाई पड़ती है, 'बनारस' में मंदिरों के शहर में मिथ और इतिहास एक दूसरे में घुस जाते हैं, 'सूर्यास्त के बाद एक अँधेरी बस्ती से गुजरते हुए' में कवि ग्रामीण समुदाय के अनुभव में नहाने लगता है। 'नदी' जैसी कई कविताएँ हैं। 'कुछ सूत्र जो किसान बाप ने बेटे को दिए', 'बालू के स्पर्श', 'चेहरा', 'चिट्ठी', 'अकाल में सारस' आदि जो कवि के पूर्ववर्ती ग्राम्य जीवन को याद करते हैं उनकी उक्त सभी कविताएँ 'अकाल में सारस' में संकलित हैं।

'तस्वीर' में कवि आलू के खेत में दिसम्बर की किसी सुनहरी बरसती शाम का सपना देखता है और 'कुएँ' में कुओं के बारे में सोचता है जिन्हें क्रेन उठाकर अजायबघरों में रख देगी। 'गूँज' में अपने घर में, जो उसका नहीं है, कवि थके हुए वृद्ध हिम-मानव के पदचाप सुनता है जो अपने समय के हिम पर चल रहा है। 'नदियाँ' में कवि कहता है कि नदियाँ हमें उसी तरह जानती हैं जिस तरह वे अपनी मछलियों की बैचैनी को जानती हैं तथा अपने तटों के तापमानों को जानती हैं। उनकी नसों में पर्वतों का रक्त

बहता है। और कुछ हमरा रक्त भी (उल्लिखित कविताएँ 'उत्तर कबीर तथा अन्य रचनाएँ', 1995) में संकलित हैं।

केदारनाथ सिंह अपने बहुत-से पूर्ववर्तियों तथा समकालीनों की कविता में सरलीकरणों की आदत से किस तरह परे निकल जाते हैं, और किस तरह वस्तुओं को रूपकों में बदलते हैं जो विविध स्तरों पर काम करते हैं, इसे दर्शाने के लिए मैं यहाँ उनकी दो कविताओं की चर्चा करना चाहता हूँ। मेरा पहला उदाहरण है : 'टूटा हुआ ट्रक' जिसकी रचना-प्रक्रिया के बारे में कवि कहता है :

"जब मैं छोटे-से एक कस्बे में काम करता था जिसके बारे में मैंने आपको बताया तो वहाँ मुझे एक दिन एक लावारिस ट्रक सड़क के किनारे दिखा जिसके ऊपर वनस्पति चढ़ गई थी। मेरे एक दोस्त ने कहा कि यह यहाँ का स्वाभाविक दृश्य है। दिल्ली आने के बाद भी वह चीज मुझे होंट करती रही। वह दिल्ली में लिखी गई यद्यपि वह दिल्ली की कविता नहीं है। यह जिस समूची जिन्दगी का चित्रण करती है, वह उन लोगों का जीवन है जिनका जीवन किसी टूटे हुए ट्रक की तरह ही है। ट्रक एक आधुनिक मशीन है लेकिन एक खास अर्थ में वह बैलगाड़ी का ही विकसित रूप है। मैं ट्रक को बैलगाड़ी से ठीक उसी तरह से अलग नहीं कर सकता जिस तरह मैं किसी कंक्रीट पुल को लकड़ी की नाव से अलग नहीं देख सकता। इस तरह मेरे लिए टूटा हुआ, लावारिस ट्रक जिस पर घास उग आई है, वनस्पति उग आई है, एक तरह से उन कस्बों का समूचा जीवन है। वनस्पति बताती है कि वहाँ जीवन है लेकिन वहाँ जड़ता भी है। यह कंट्रास्ट बड़ा स्ट्राइकिंग है।" (साक्षात्कार, मेकिंग इट न्यू : मॉडर्निज्म इन मलयालम, मराठी एण्ड हिन्दी पोयट्री : ई. वी. रामकृष्णन, शिमला, 1995)

कवि ने कविता को जिस तरह एक्सप्लेन किया है, वह उससे ज्यादा जटिल है, स्टीयरिंग व्हील के साथ चढ़ आई लता, हॉर्न के पास लटकी हुई पत्ती मानो उसे बजाने के लिए आतुर हो और वह घास जो मानो पहियों को बदलने में व्याकुल दिखती है, बताती है कि एक प्राकृतिक शक्ति अपना काम कर रही है। एक ओर यह जीवन है, मृत्यु को ढँकती हुई, मृत को जीवित करती इसीलिए कवि की यह कल्पना है कि अगले दिन हर चीज ठीक हो जाएगी और वह उसके हॉर्न की आवाज सुनकर जगेगा जो तिनसुकिया या बोकाजन की ओर रवाना होने को तैयार होगा। ट्रक यहाँ गाँव और शहर के बीच एक पुल भी है क्योंकि वह उनके बीच आवाजाही करता है और कृषि-सभ्यता को व्यापारिक सभ्यता से जोड़ता है। इस स्तर पर यह कविता उन सम्बन्धों के टूटने को बताती है जिन्हें लता, घास इत्यादि पुनर्जीवित करने की कोशिश कर रहे हैं।

फिर भी यह कवि की कल्पना ही है। शाम को ट्रक वहीं खड़ा है पहिए को 'घूरता हुआ', यहाँ 'घूरना' के कई अर्थ हैं। इसका एक आशय यह है कि (1) यह एक भयानक उपस्थिति है, (2) लता इत्यादि उसका गला घोंट रहे हैं, उसकी आँखें निकली पड़ रही हैं, (3) वह कन्फ़्यूज़्ड है क्योंकि उसके यांत्रिक चक्र को जंगली वनस्पति ने चुनौती दी

है, (4) वह मनुष्यकृत एक लावारिस ऊर्जा है, मनुष्य की उपेक्षा का शिकार।

कविता का अंतिम अंश नए अर्थ का अवतार है। यहाँ आकर ट्रक एक नया अर्थ ले लेता है। वह पहचान का प्रतीक बन जाता है, जिसे देख वह अपने घर, अपने शहर और अपने लोगों की पहचान कर सकता है। यहाँ आकर कविता अजनबी कारक, सामाजिक सम्बन्धों के विघटन, समाज के एटॉमाइजेशन, एक-दूसरे से अजनबी हो गए व्यक्तियों के अकेलेपन की, और निजीकरण एवं विघटन में पैदा होने वाले एकांत की सघन अभिव्यक्ति बन जाती है। ये तमाम चीजें जो अजनबीकरण की पैदाइश हैं, आज के मनुष्य की नियति हैं। एक अमानवीयकरण है जिससे कवि समझौता नहीं कर पाता। अपनी किताब 'फिलॉसफी, आइडियोलॉजी' एण्ड सोशल साइंस : एसेज इन नीगेशन एण्ड एफर्मेशन' में इस्तेवान मेस्जारोस ने पश्चिमी समाज के सन्दर्भ में इस प्रवृत्ति का विश्लेषण करते हुए बताया है कि किस तरह 'व्यक्ति की सम्प्रभुता' के तमाम दावे अंततः उसके 'एकांत' की नियति को ही सिद्ध करते हैं। और इस तरह उसी चीज को स्वीकृत कराते हैं जिसे आधुनिक लेखक नकारते चलता है। इस कविता में कवि व्यक्ति और समाज के सम्बन्धों के क्षय पर व्यथित हैं। वह इस स्थिति का आदर्शीकरण नहीं करता जहाँ एक टूटा ट्रक लावारिस छोड़ दिया गया है। टूटा ट्रक एकमात्र चिन्ह है जिससे वह अपने घर को पहचान सकता है, शहर के लोगों को पहचान सकता है। वह आधुनिक मनुष्य के अपने चारों ओर से उसके अलगाव पर दुखी है। एक बार जब यह, मनुष्य के स्पर्श का यह अंतिम अवशेष, एक मनुष्यकृत मशीन धीरे-धीरे एक हरी झाड़ी में बदल रही है। वह भी ग़ायब हो रही है। एक दिन ऐसा आ सकता है कि कोई चीज ऐसी न मिले जिसके जरिये वह अपने शहर को पहचान सके। अगर हम यहाँ से पंक्तियों को दो बार उलटा पढ़ना शुरू करें, तो मालूम पड़ेगा कि ट्रक के दोबारा दौड़ने की कवि की पूर्ववर्ती आशा भिन्न आयाम पाती है : शहर के दुश्चक्र में अपने रास्ते को खो देने के जोखिम के बावजूद, कवि ट्रक से चाहता है कि वह एक बार फिर शहर से गाँव को जोड़े और सम्बन्ध स्थापित करे।

हमने काफ्का के 'ट्रायलर्म' या जॉयस के 'उलीसिस' में शहर को ऐसे 'दुश्चक्र' की तरह देखा है जिससे कोई मुक्ति नहीं है। मीर, फैज या अख्त उह इन्सान की कई कविताओं में भी इसे हमने देखा है। केदारनाथ सिंह की कविता में भी यह समस्या बार-बार आती है। 'टमाटर बेचते हुए एक बूढ़ी औरत' का उल्लेख करते हुए कवि ने अपने पूर्वोक्त साक्षात्कार में ही कहा है : ''मैं अपने ऊपर पड़े प्रभावों को भारतीय बनाने के लिए केन्द्र की तलाश में था। मैं अस्मिता के संकट से गुजरा। मुझे अपने बचपन में ही अपना केन्द्र मिला। अपने गाँव में। मुझे बस्ती का कवि कहा गया है। बस्ती न तो गाँव है न शहर, बल्कि एक समूह है। यही वह बिंदु था जहाँ मेरे अनुभव और भावनाएँ संकेन्द्रित रूप में मिले।''

अजनबीकरण की जो अनुभूति 'टूटा हुआ ट्रक' में व्यक्त हुई है, केदारनाथ सिंह की कविता में बार-बार आती है। इसका नया उदाहरण 'उत्तर-कबीर' नामक लम्बी कविता

है जहाँ कवि कहता है :

अचानक मेरी नींद
उचट गई है
मेरी
यानी किस की ?

जो सोता है रात में
क्या बिस्तर से वही उठता है सुबह-सुबह
आँख मलते हुए ?
× × ×
जाना चाहता हूँ
लेकिन कहाँ
यह हर 'यहाँ' के बाद
एक चीखता हुआ 'कहाँ'
कहाँ से चला आता है हर बार? **(उत्तर-कबीर)**

यहाँ अजनबीपन अधिक अमूर्त है। उनकी कविता में आए बनारस, मगहर सिर्फ कबीर के नहीं हैं। वे सब जगहों, नदियों के नाम हैं। 'टूटा हुआ ट्रक' में मिलने वाली विशृंखलता लगभग सर्वत्र है :

पानी भूल गया है
आग से अपना रिश्ता
आग को याद नहीं
हवा का स्पर्श
हवा बहती है
गंध से कटी-कटी
गंध से टूट गई है
पृथ्वी की लय
पृथ्वी से बंद है
आकाश की बातचीत **(उत्तर-कबीर)**

मेरे लिए दूसरा उदाहरण 'कुदाल' है जो 'उत्तर-कबीर तथा अन्य कविताएँ' में संकलित है। प्रतीक के स्तर तक पहुँचाई गई जो वस्तु यहाँ है वह एक कृषि-सम्बन्धी यंत्र है। यह केदारनाथ सिंह की पद्धति है जिसमें वे दैनिक जीवन से अपने प्रतीकों को चुनते हैं। यह चीज उन्हें भक्त-कवियों से मिली है जो अपनी कविताओं को हमेशा चौके या काम की जगह की वस्तुओं से बुनते थे। माली द्वारा दरवाजे पर छोड़ दी गई कुदाल को

देख आँखें डिस्टर्ब होती हैं। कुदाल वहाँ पूरी तरह असंगत लगती है। साथ ही कवि को 'उसकी अजब अड़बंग-सी धूल भरी धज' आकर्षित करती है; यहाँ 'धूल' शब्द बहुत महत्त्वपूर्ण है क्योंकि यह केदारनाथ सिंह की कविताओं में बार-बार आनेवाला प्रतीक है। 'कस्बे की धूल' में केदार कहते हैं :

मैं जानता हूँ क्योंकि यह धूल
इस कस्बे की
और मेरे पूरे देश की
सबसे जिन्दा और खुबसूरत चीज है
सबसे बेचैन सबसे सक्रिय
पृथ्वी पर सबसे ताजा
और प्राचीनतम धूल। **(कस्बे की धूल)**

पूर्वोक्त बातचीत में केदार बताते हैं : "धूल समूचे भारतीय जीवन की प्रतिनिधि है, वह हमेशा सक्रिय रहती है, वातावरण में उड़ती रहती है, अँधेरा और अवसाद दोनों हैं उसमें। उसकी धीमी गति उस अर्ध-गँवई जीवन से मेल खाती है जिससे मैं परिचित हूँ।" यह धूल अतीत से भी जुड़ी है क्योंकि कवि 'जाते हुए दिन की धुँधली रोशनी में' कुदाल को देखता है। 'जाता हुआ दिन' कुदाल द्वारा व्यक्त समूची संस्कृति का भी गायब होना निहित है।

काम था
सो हो चुका है
मिट्टी थी
सो खुद चुकी जड़ों तक
और अब कुदाल है कि एक चुपचाप चुनौती की तरह
खड़ी है दरवाज़े पर

कुदाल अपने काम कर चुकी है। देहाती संस्कृति ने हमें अपनी जड़ों के प्रति सचेत किया है। शायद किसान को वह संकेत देती है कि गाँव कवि की संवेदना और दृष्टि को बनाने में अपनी भूमिका निभा चुका है।

कवि सोचता है कि वह कुदाल को घर के भीतर ले चले और कहीं किसी कोने में रख दे। पहले वह उसे ड्राइंगरूम में रखने की सोचता है। कुदाल क्यों नहीं जब वहाँ नागफनी रखी जा सकती है? लेकिन तुरन्त उसे पता चलता है कि कुदाल की वहाँ उपस्थिति समूचे घर का संतुलन बिगाड़ सकती है। तब क्या रसोई में रख दे? लेकिन रसोई अभी-अभी धुली है। उसमें धूल-भरी कुदाल का रखना ठीक नहीं है। किसान द्वारा पैदा किए गए उत्पाद चौके में आ सकते हैं, लेकिन किसान नहीं आ सकता। उसके धूल-भरे यंत्र नहीं आ सकते। कुदाल को चारपाई के नीचे अँधेरे में भी नहीं रखा जा सकता

क्योंकि ऐसा करना कायरता कहलाएगा। मानो कोई अपने मूल उत्स को छिपाने की कोशिश करे ! यह हो सकता है कि घर उस कुदाल की रहस्य-भरी उपस्थिति से थोड़ा गर्म हो जाए। चारपाई के नीचे कुदाल! यह विचार कवि को हँसाता है।

अंततः कवि कुदाल के पास रुकता है, सोचता है, उसे लगता है कि वह किसी अदृश्य अदालत में खड़ा है। उसके कंधे पर कुदाल है। धरती पर कुदाल के होने की गवाही में कुदाल के रूप में उस किसान की उपस्थिति को नहीं भुलाया जा सकता और मनुष्य की सभ्यता के विकास में उसके योगदान को सिर्फ स्वीकार किया जा सकता है, यदि वह न होता तो शहर न होते, वह न होता तो हम भूखे रहते और संस्कृतिविहीन भी, क्योंकि हमारी संस्कृति का बहुत-सा अंश महान मौखिक परम्परा का है। हमारे संगीत, नृत्य, चित्रकला, मूर्तिकला, स्थापत्य यहाँ तक कि हमारा ज्ञान भी लोकगायकों, लोकनर्तकों, बढ़इयों, राज मिस्तरियों तथा अन्य कारीगरों का ऋणी है। ये जरूर उसी देहाती संस्कृति के उत्पाद हैं जिसके केन्द्र में कृषि है। न सिर्फ मार तक के मंदिर देहाती कलात्मकता के उत्पाद हैं, हमारी शास्त्रीय नृत्य एवं संगीत की जड़ें भी आसानी से लोक में खोजी जा सकती हैं। हमारे रामायण, यदि हम निजंधरियों का यकीन करें तो, उन्हें शिकारी से ऋषि बने मनुष्यों ने लिखा है और महाभारत एक मछुआइन ने लिखा है। शहरों की उत्तर- औद्योगिक संस्कृति इन मूल उत्सों को छिपाने की कोशिश में उन्हें चारपाई के अँधेरे में नीचे छिपाने की कोशिश कर सकती है और उस पर सो सकती है। लेकिन उपस्थिति से इनकार असम्भव है। और कविता उन पुरखों की सभ्यता की अंतिम गवाह है। इसीलिए कवि महसूस करता है कि "माली ने मेरी सदी का सबसे कठिन सवाल उठा दिया है।"

कविता का अंतिम अंश एक चेतावनी की तरह आता है। यह कुछ ऐसा है जैसे 'गाँव शहरों को घेरते हों'। जैसे-जैसे अँधेरा होता है, कुदाल का कद बढ़ता जाता है। उसे दरवाजे पर छोड़ना खतरनाक है। गली में फेंक देना भी असम्भव है। हम अपने पुरखों की किस्मत को अमान्य नहीं कर सकते। यदि कावाफी के शहरी लोग बर्बरों का इंतजार करते हैं कि वे आएँ और उनकी संस्कृति नष्ट करें तथा एक विकल्प दें, उसी तरह कवि यहाँ दो संस्कृतियों के बीच फँस गया है। ग्राम्य और शहरी, कृषिमूलक और औद्योगिक कवि इस समस्या को सुलझाता नहीं है। उसकी योजना सिर्फ प्रश्न खड़ा करने की है, जिस संस्कृति में हम रहते हैं उसकी विडम्बना दोचित्तेपन को उजागर करने की है। कविता का ऐसा अंत उस कवि के लिए स्वाभाविक है जो पोस्टकार्ड के खालीपन को भी एक संदेश की तरह बाँचता है और हमें बताता है :

लिखना
असल में दिखना है
समूची दुनिया को
जिसमें अंधे भी शामिल हैं। **(पोस्टकार्ड)**

आधुनिक होने के लिए, जैसा कि बर्मे ने अपनी पूर्वोद्धृत पुस्तक 'ऑल दैट इज़ सौलिड मैल्टस् इनटू एअर' में कहा है, अन्तर्विरोध का जीवन जीना होता है :

बड़े-बड़े नौकर शाहाना संगठन होते हैं। जिनके पास जनसमुदायों के जीवन को, मूल्यों को, नियंत्रित करने या नष्ट करने की ताकत होती है, और हम इन शक्तियों के सामने होते हैं, उनकी दुनिया को बदलकर अपनी दुनिया बनाने के लिए। यह एक ही साथ क्रांतिकारी और रूढ़िवादी होने जैसा है। यह स्थिति अनुभव की नई संभावनाओं और साहस से युक्त है। इसमें शून्यवादी होने जैसा है। यह स्थिति अनुभव की नई संभावनाओं और साहस से युक्त है। इसमें शून्यवादी गहराइयों का डर भी है जिसमें आधुनिक साहस ले जाते हैं। एक ऐसी चीज की रचना की कामना और उस पर भरोसा करना, उसे यथार्थ मानना जबकि हर चीज़ वाष्पीकृत होती जाती है। हम कह सकते हैं कि पूर्ण आधुनिक होने का अर्थ है आधुनिक विरोधी होना। मार्क्स एवं दोस्तोएव्स्की के जमाने से लेकर आज तक उसके सुस्पष्ट यथार्थ से घृणा और संघर्ष किए बिना आधुनिक दुनिया की क्षमताओं को आत्मसात नहीं किया जा सकता। कोई अचरज नहीं जैसा आधुनिकतावादी एवं आधुनिकतावाद-विरोधी महान लेखक कीर्केगार्द ने कहा था कि "गहन आधुनिक गाम्भीर्य स्वयं को विडम्बना के जरिये ही व्यक्त कर सकता है।"

'टूटा हुआ ट्रक' और 'कुदाल' जैसी कविताओं की विडम्बना को, इस अंतर्विरोधी प्रसंग में आधुनिकतावाद और आधुनिकतावाद-विरोधी आज के भारतीय समाज के अंतर्विरोधी तत्त्वों के संघर्ष के बीच रखकर देखना चाहिए। शहर आधुनिकता की नियति का निर्माण भी करता है और प्रतीक भी है। वह अनाम 'आम आदमी' अपने अतीत से कटा हुआ है, मनुष्य के सम्बन्धों से कटा हुआ है जिनमें वह पहले था। ईश्वर की अनुपस्थिति के बाद वैचारिक चयन की भयंकर स्वतन्त्रता की वजह से वह लगातार बेचैन और असुरक्षित महसूस करता है। अब टूटा हुआ ट्रक ही उसे उसके घर का पता देता है। गँवई अतीत से अपना कुदाल उसके शहरी वर्तमान में अजीब हो उठता है। ट्रक और कुदाल दोनों घनीभूत अकेलेपन और दुर्निवार दोचित्तेपन के वातावरण में छूटकर एक नये भ्रातृत्व में दाखिल हो जाते है।

महाश्वेता देवी की 'स्तनदायिनी' : भाष्य की सीमाएँ

महाश्वेता देवी की कहानी 'स्तनदायिनी' को उसकी सभी अर्थछवियों के साथ सार-संक्षेप करना आसान नहीं है। यह एक आदिवासी स्त्री यशोदा की त्रासद कहानी है। यह कंगालीचरण की पत्नी और बीस बच्चों (चाहे वे मृत हों अथवा जीवित) की माँ थी। मातृत्व उसके लिए जीवन जीने का अवलम्ब था और उसके सहारे उसने अनेक प्राणियों का भरण-पोषण किया। वह एक 'प्रोफेशनल' माँ थी। अपने मालिक हलदार के घर पर बच्चों को स्तन-पान कराने के धंधे में उसे जबरन धकेला गया। सर्वप्रथम हलदारों के नए दामाद स्तुदेबाकर ने उसके पति को ही समझाया-बुझाया और बहकाया। यशोदा को हमेशा बच्चे हुआ करते थे; इसलिए उसकी छातियों में इतना दूध अवश्य होता रहा होगा जिससे कि हलदार परिवार की छह बहू-बेटियों के बच्चों का पेट भर सके। उनकी बहू-बेटियाँ हर साल-डेढ़ साल पर बच्चे जनती थीं और दूध की कमी के कारण बच्चों को 'जॉनसन बेबी पाउडर' पर निर्भर करना पड़ता था। हलदार बाबू ने भी यशोदा को समझाया-बुझाया और उसके परिवार की देखभाल करने का वायदा किया। उस वक्त गोपाल, नेपाल और राधारानी भोजन के लिए रो-चिल्ला रहे थे और अपनी माँ को गालियाँ दे रहे थे। और यशोदा, लेखिका के शब्दों में, "पूरी तरह एक भारतीय नारी थी जिसे अपने पति के प्रति अतिशय, अतर्क्य, अविवेचित और नादानीपूर्ण निष्ठा थी और बच्चों के प्रति असीम प्यार था। उसके स्वाभाविक आत्मत्याग और क्षमा-भाव को लोकप्रिय जन-चेतना में जीवित रखा गया सीता-सावित्री से लेकर निरूपा राय और चाँद ओस्मानी तक सभी भारतीय स्त्रियों के द्वारा।" अपने दुर्भाग्य के लिए यशोदा ने कभी अपने आलसी पति को दोषी नहीं ठहराया। भारत की मिट्टी की शक्ति ही कुछ ऐसी है कि यहाँ सभी स्त्रियाँ माँ बन जाती हैं और सभी पुरुष पवित्र शिशु की भावभूमि ग्रहण कर लेते हैं। यहाँ हरेक पुरुष पवित्र शिशु है और हरेक स्त्री दिव्य मातृ-शक्ति। यहाँ तक कि जो लोग इस बात से इनकार करते हैं और पुरानी प्रतिमाओं की जगह नारी की नई प्रतिमाओं—'इटरनल शी'—'मोनालिजा'—'ला पैशनेरिया'—'साइमन द बुआ' आदि को स्थापित करना चाहते हैं, वे भी भारतीय शावक या नौसिखुआ ही हैं। सब कुछ अचानक शुरू हुआ, जब एक बार यशोदा से मालकिन ने अपने बड़े पोते को, जिसकी माँ बीमार थी, स्तन-पान कराने को कहा। दादी माँ ने लक्षित किया कि यशोदा के स्तन कितने बड़े और दूध से परिपूर्ण हैं : वह तो कामधेनु थी जबकि उसकी बहुओं के "चूचुक में तो उसके चौथाई दूध भी नहीं था।" यह रात्रि में पूरे परिवार के लिए चर्चा का विषय बन

गया। यशोदा के भरे-पूरे स्तनों में उन्हें अपने परिवार की पत्नियों के 'शेप' (दैहिक गठन) को बनाए रखने का एक रास्ता मिल गया। बहुओं को हर वर्ष सन्तान होनी ही थी। बहुएँ बच्चे पैदा करेंगी और यशोदा उन्हें स्तनपान कराएगी। इस तरह अब वे "गर्भाधान और सौन्दर्य में समन्वय स्थापित कर सकते थे।" यशोदा दैवी इंजन थी—पेड मदर। इसके लिए कंगालीचरण को भी एक प्रोफेशनल पिता बनना था ताकि यशोदा के स्तनों में बराबर दूध बना रह सके। यशोदा ने भी अपने पति को एक गुरु के रूप में स्वीकार किया और हर साल बच्चा धारण करने के लिए बुरा नहीं माना, "फल धारण करने से किस पेड़ को दुख होता है?" कंगाली अब घर पर खुद खाना बनाने लगा और यशोदा को मालकिन खूब खिलाने-पिलाने लगी—अब वह गौ-माता जो थी! परिवार के सभी कार्यों में अब उसकी पूछ होने लगी। उसका महत्त्व बढ़ गया। घर के जवान लड़कों ने नौकरानियों के साथ छेड़खानी बन्द कर दी क्योंकि दूध-माता की सहेली होने के नाते अब वे भी माँ-समान थीं। अपना ध्यान अब उन्होंने स्कूल की लड़कियों पर केन्द्रित किया। तीस सालों में बीस बार यशोदा ने प्रसव किया। तब तक हलदार परिवार की मालकिन गुजर गई। उसके पोते परिवार नियोजन की 'बुरी हवा' में बहने लगे। परिवार बँटने लगा; पुरुषों ने अलग मकान बनवाना शुरू किया और बहुएँ अपने पतियों के साथ नौकरी की जगह जाने लगीं। यशोदा अब उतनी ही ग़ैरजरूरी थी जितनी मालकिन की राय। बड़ी बहू ने खाना बनाने की शर्त पर यशोदा को भोजन देने का वायदा किया। मगर वह पूरे परिवार के लिए खाना नहीं भेज सकती थी। इसी बीच कंगालीचरण ने शिव-मंदिर में धंधा करना शुरू किया। अब उसने मंदिर में रहने का निर्णय किया; दो बेटों को उसने अपना सहायक बना लिया। अब कंगालीचरण का यशोदा से कोई मतलब नहीं रह गया। अब वह गोलापी नाम की किसी अन्य स्त्री से प्रेम करने लगा। यशोदा अब उसके लिए महज़ एक नौकरानी थी। इस बीच यशोदा को अपने स्तनों में एक अजीब दर्द होने लगा। उसका बायाँ स्तनाग्र लाल होने लगा और पत्थर जैसा कड़ा हो गया। डॉक्टरों को पता था कि कैंसर है। हलदार के लड़के ब्राह्मण स्त्री की मौत का पाप अपने सिर नहीं लेना चाहते थे इसलिए यशोदा के लड़कों से कहा कि वे उसे अपने साथ ले जाएँ। कंगाली को जब पता चला तो वह दौड़ा चला आया—पश्चात्ताप के साथ। गोलापी ने उसके साथ छल किया था—मंदिर से उसकी सारी चीजें चुराकर अलग दुकान खोल ली थी। कंगाली यशोदा को अपने घर ले गया। अब वह कैंसर के अंतिम चरण में थी। डॉक्टरों ने बताया कि वह सम्भवतः इसलिए बीमार पड़ी कि उसने बीस बच्चों को जन्म दिया और पचास को दूध पिलाया। उसके बचने की आशा बहुत कम थी। डॉटरों ने दवाइयों पर जिन्दा रखा। अस्पताल में एक महीने तक वह मौत से जूझती रही। इस बीच उसके पास कोई नहीं आता था क्योंकि कमरे की दुर्गन्ध असह्य थी। कंगाली ने भी आना बन्द कर दिया था। उसने उसी वक्त उसका त्याग कर दिया था जब डॉक्टरों ने बताया कि उसके बचने की आशा बहुत कम है। यशोदा के बाएँ स्तन का घाव फूट गया और शरीर ठण्डा पड़ गया। न तो उसके असली बेटे और न ही दूध के बेटे उसे

देखने आए। एक रात वह मुरदाघर में रही और अगले दिन उसे श्मशान घाट पहुँचा दिया गया। एक अछूत ने उसे जला दिया। कहानी का अन्त एक विडम्बनात्मक वक्तव्य के साथ होता है : ''यशोदा ईश्वर का प्रकट रूप थी। उसने वही किया जो उसने सोचा। यशोदा की मृत्यु ईश्वर की भी मृत्यु थी। जब वह ईश्वर की लीला के रूप में यहाँ मर्त्य मानव बनकर आई, तब सभी ने उसे भुला दिया। उसे अवश्य सदा ही अकेला मरना होगा।"

महाश्वेता देवी इस कहानी को आजाद भारत की दृष्टान्त कथा के रूप में ग्रहण करती हैं। भारत एक किराये की माँ है जिसका सभी दुरुपयोग तथा शोषण कर रहे हैं—विभिन्न वर्चस्ववादी समूह और वर्ग—जमींदार, पूँजीपति, अफसर और भ्रष्ट राजनेता नए शासन में चुप्पी की संस्कृति पर, जनता के शोषण-उत्पीड़न पर फल-फूल रहे हैं। भारत माता बहुत दुर्बल हो गई है, थक गई है इन कृतघ्न लोगों का पेट भर-भर के। अगर इसे वैज्ञानिक सहायता नहीं मिलती, जो लोग इसका लाभ उठा रहे हैं : वे इसके संरक्षण में मदद नहीं करते तो भारत माता भी कैंसर से मर सकती है। गायत्री चक्रवर्ती स्पीवाक, जिन्होंने 'स्तनदायिनी' कहानी का अँगरेजी में अनुवाद किया है, इस रूपक को कहानी के अन्त से जोड़ती हुईं इस प्रकार व्याख्यायित करती हैं :

'' 'बहुसंख्यक' हिन्दुओं के मन में 'भारत' की विचारधारात्मक छवि देवी-अंश से युक्त 'भारत माता' की है। जब तक भारत की वर्चस्ववादी सांस्कृतिक छवि देवी-माँ (इस सम्भावना को छुपाते हुए कि यह माता तो गुलाम है) के रूप में बनी रहेगी, वह उन अत्यधिक प्रत्याशाओं और अपेक्षाओं के बोझ के नीचे ढह जाएगी जोकि इस तरह की छवि से पैदा होते हैं।'' (जी. सी. स्पीवाक, 'ए लिटररी रिप्रेजेन्टेशन ऑव द सबआल्टर्न, द अदर वर्ल्ड्स, पृ. 244')

गायत्री चक्रवर्ती स्पीवाक विषयस्थिति की सीमाओं की ओर हमारा ध्यान आकृष्ट करती हैं। भारत को यहाँ एक रूपक के रूप में प्रस्तुत किया गया है। दृष्टान्त कथा के नियम के अनुसार, अभिप्राय तथा रूपक के बीच प्रस्तुत-अप्रस्तुत के बीच का सम्बन्ध बहुत स्पष्ट होना चाहिए। यहाँ प्रस्तुत किसी बड़े अर्थ को व्यक्त करने के अलावा भी बहुत कुछ है। वह इतना वास्तविक है कि उसे किसी प्रतीक (सिंबल) में रिड्यूस नहीं किया जा सकता। फिर यह तर्क कि नागरिकों को राष्ट्र से लेने के बजाय राष्ट्र को देना भी चाहिए—जुझारू राष्ट्रवाद के नारों में से एक है। इमरजेंसी में इन्दिरा गांधी का नारा 'बातें कम, काम ज्यादा' और जॉन एफ. कैनेडी का यह कथन 'मत पूछो कि तुम्हारा देश तुम्हारे लिए क्या कर सकता है'—राष्ट्र के प्रति कर्त्तव्य की माँग से भिन्न नहीं है। 'राष्ट्र का आख्यान' कहने से 'स्तनदायिनी' कहानी की सम्पूर्ण अर्थछवियों की व्याख्या नहीं हो पाती; बल्कि यह व्याख्या सजातीयकरण के उस दायरे में आ जाती है जिसमें अधिकांश विदेशी आलोचक भारतीय अथवा सभी एशियायी-अफ्रीकी-लातीनी अमेरिकी साहित्य का अध्ययन सिर्फ राष्ट्रवाद और 'ऐथनिसिटी' के सन्दर्भ में ही करते हैं। इसके साथ ही यह शासकवर्गीय बुद्धिजीवियों की विचारधारा का अप्रत्यक्ष हिस्सेदार भी बन जाती है जो

सबआल्टर्न प्रतिरोधों के सभी रूपों का बहिष्कार करते हैं। राष्ट्रवादी विद्वानों ने ऐसे प्रतिरोधों को अक्सर दबाया या नकारा अथवा उपेक्षा ही की है और आज के नव-औपनिवेशिक दौर में उन्होंने साम्राज्यवाद के साथ समझौता कर लिया है।

हमें यह नहीं भूलना चाहिए कि महाश्वेता देवी ने ठोस ऐतिहासिक सन्दर्भों में अपने चरित्रों को विकसित करके अपने कथात्मक आख्यान को ऐतिहासिकीकरण के पक्षपात से बचा लिया है। यदि 'हजार चौराशीर मा' (1974) 'व्यक्तिगत' में 'राजनीति' के अप्रत्याशित अन्तर्वेशन से उत्पन्न संकट का साक्ष्य है तो 'अग्निसाक्ष्य' (1978) की कहानियाँ आख्यान के ऐतिहासिक रूप की ओर अग्रसर होती हैं जिसकी सम्पूर्ण परिणति 'अरण्येर अधिकार' (1977) में होती है। 'स्तनदायिनी' की यशोदा, 'अग्निगर्भ' की द्रौपदी और 'अरण्येर अधिकार' का बिरसा मुंडा विशिष्ट कालखण्डों के वास्तविक इतिहास में अवश्य अस्तित्वान थे। मिशेल फूको के बाद से हम इतिहास-लेखन की भाषा को भी भाषा के रूप में ग्रहण करने लगे हैं और यह मानने लगे हैं कि ऐतिहासिक विवरण भी घटनाओं के तर्कमूलक आख्यानीकरण की एक अन्य पद्धति है। अगर इतिहास तथ्यों का मूल्य-निरपेक्ष विवरण नहीं है तो वह कथा-निर्मिति से बहुत अलग या भिन्न नहीं है क्योंकि वह सैद्धान्तिक प्रस्थान-बिन्दु और विचारधारात्मक रुझानों से निर्देशित होकर लिखा जाता है। वस्तुओं और घटनाओं का वास्तविक संसार अवश्य है, मगर एक विमर्श की वस्तु के रूप में, चिन्तन के भीतर कुछ तर्कमूलक अवस्थाओं में ही उसका निर्माण होता है। कार्ल मार्क्स ने इसे बहुत पहले ही देख-समझ लिया था जब वे वास्तविक वस्तुओं में भेद कर रहे थे। ज्ञान वास्तविक वस्तुओं पर नहीं अपितु चिन्तन वस्तुओं पर काम करता है। लुई अल्थुसर ने दिखाया है कि कैसे यह विशिष्टता मार्क्सवादी ज्ञान-मीमांसा को अनुभववादी ज्ञान-मीमांसा से अलग करती है। प्रत्येक वक्तव्य किसी न किसी विषयवस्तु को शामिल कर लेता है। हालांकि यह जरूरी नहीं कि वह 'लेखक' से अनिवार्यतः एकाकार हो। कोई भी तर्कमूलक विरचन सिर्फ भाषा के बारे में ही नहीं होता; वह जितना अवधारणाओं तथा रणनीतियों की निर्मितियों के बारे में होता है, उतना ही वस्तुओं और निरूपण या कथन की रूपात्मकता के बारे में भी। इस सूत्र के अनुसार इतिहास और साहित्य में अन्तर यह है कि इतिहास जहाँ वास्तविक घटनाओं का वर्णन करता है वहाँ साहित्य कल्पित घटनाओं का। महाश्वेता देवी का दावा है कि वह ऐतिहासिक शोध के बाद ही अपने कथा-साहित्य का निर्माण करती हैं। यह दावा यथार्थ के प्रति उनके लेखन की प्रतिबद्धता को प्रकट करता है। कुछ अर्थों में वह तथ्यपरकता और कल्पित घटनाओं के बीच संवाद की रूपात्मकता का प्रतिनिधित्व करती है।

यदि 'स्तनदायिनी' रूपक अथवा नीतिकथा होने के बजाय ऐतिहासिक कथा है—तब उसकी विषयवस्तु क्या है? यशोदा एक स्त्री सबआल्टर्न है : कंगालीचरण एक धनी नवाब के आक्रमण का शिकार है। धनी परिवार उसे विकृत करता है। निरन्तर सगर्भता और स्तन्यदान के जरिये धनी परिवार की सहायिका बनने के साथ यशोदा, मार्क्सवादी और स्त्रीवादी अर्थों में, अपनी भूमिका बदल लेती है : पति यहाँ पत्नी के उत्पादन का

साधन है यौन पुनरुत्पादन के तर्क से; जबकि मूल्य-उत्पादन के तर्क से दोनों ही उत्पादन के साधन हैं। यहाँ यशोदा एक 'मुखर औजार' है जबकि कंगालीचरण 'एक मौन श्रमिक पशु'। मूल्य का मार्क्सवादी श्रम-सिद्धान्त यहाँ सेक्सुअल उत्पादन को ध्यान में रखता है जैसा कि स्त्रीवादियों की माँग है परन्तु परिणाम आशानुकूल नहीं होता। स्तनदायिनी यहाँ 'सरप्लस' (अतिरिक्त उत्पादन) की उत्पादिका है—विनिमय मूल्य को बढ़ाने वाली। महाश्वेता 'यशोदाज सरप्लस' पद का इस्तेमाल करती हैं—अँगरेजी का 'सरप्लस' मूल में भी है और उसका प्रयोग इस अर्थ को व्यंजित करने के लिए हुआ है कि यशोदा का दूध उसके अर्थात् उसके बच्चों के उपयोग से कहीं अधिक है—जरूरत से ज्यादा। यहाँ केवल हलदार परिवार, उसके श्रम का स्वामी है और उसके सम्पूर्ण 'सरप्लस' का उपभोग करता है। क्या वह पूंजी-संचय की ओर बढ़ता है ? गायत्री स्पीवाक इस बात की ओर ध्यान दिलाती हैं कि बच्चों को भविष्य में निवेश की ओर देखा जाता है। कहानी में बदलती भूमिकाओं—रसोइया पति और कमाई करने वाली पत्नी और उत्पादन-पुनरुत्पादन के तंत्र को रूढ़िवादी मार्क्सवाद अथवा मार्क्सवादी स्त्रीवाद के द्वारा समझना मुश्किल है। इस मार्क्सवादी धारणा को नकार करके कि स्वतन्त्र मजदूर केवल पुरुष होते हैं और साथ ही इस स्वीकृति के साथ कि स्त्री की प्रकृति शारीरिक और पोषण करने वाली होती है और सन्तान को जन्म देने वाली स्त्री को उत्पादन की भूमिका में बदलकर 'स्तनदायिनी' कहानी मार्क्सवादी और स्त्रीवादी विश्लेषण को संकट में डालती है। इसके साथ ही यह भी एक तथ्य है कि पति-पत्नी दोनों ही उच्च वर्ण के हैं, दोनों ही ब्राह्मण हैं जबकि हलदार परिवार नहीं है। ब्राह्मणत्व यहाँ एक सुविधा के रूप में भी काम करता है, जैसे कि जमींदार कंगाली के परिवार का सम्मान करता है और उसे भोजन भी देता है और कंगाली पुरोहिती को एक धंधा भी बना लेता है; परन्तु कई अवसरों पर वह एक विडम्बना के रूप में उभरता है और अंततः कंगाली को मंदिर से और यशोदा को हलदार परिवार से बहिष्कृत कर दिया जाता है। ब्राह्मणों को अक्सर दान लेनेवाला समझा जाता है, यहाँ वह देनेवाला है, जैसा कि यशोदा अपने धंधे से ही 'स्तनदायिनी' है। कहानी में विडम्बना का विकास होता है—एक अछूत यशोदा के शरीर का दाह-संस्कार करता है।

अब अधिक उदार, गैर-मार्क्सवादी, स्त्रीवादी समीक्षा के बारे में। महाश्वेता की यह कृति वस्तुतः पितृसत्ता की खुली आलोचना है। हालांकि सब कुछ काला-सफेद ही नहीं है। कंगाली के प्रति यशोदा की वफादारी पर लेखिका की टिप्पणी है :

"यशोदा पूरी तरह एक भारतीय स्त्री थी जिसे अपने पति के प्रति अतिशय, अतर्क्य और मूर्खतापूर्ण निष्ठा और अपने बच्चों के प्रति असीम प्यार था और जिसके स्वाभाविक आत्मत्याग और क्षमा-भाव को लोकप्रिय जनमानस में सदा जीवित रखा गया है—सीता-सावित्री से लेकर निरूपा राय और चाँद ओस्मानी तक सभी भारतीय स्त्रियों के द्वारा। परम्परावादी लोग ऐसी औरतों को देखकर कहते हैं कि प्राचीन भारतीय परम्परा अभी भी निर्बाध रूप से बह रही है—वे समझते हैं कि ऐसी ही औरतों के बल पर इस तरह की सूक्तियाँ बनी हैं—'स्त्री का जीवन कछुए की तरह लटका होता है'—'दिल टूटने

पर भी वह एक शब्द नहीं बोलेगी'—'स्त्री जल जाएगी, उसकी राख उड़ेगी, सिर्फ़ तभी हम उसका गुणगान करेंगे।' स्पष्ट कहें तो यशोदा ने अपने वर्तमान दुर्भाग्य के लिए कभी अपने पति को दोषी नहीं ठहराया। उसका मातृत्व जितना कंगालीचरण के लिए है, उतना ही बच्चों के लिए। वह पृथ्वी बनना चाहती है, अपने विकलांग पति का पेट भरती है, अपने बेहद शस्य के साथ बच्चों का भरण-पोषण करती है। अपने पति के प्रति यशोदा का जो मातृत्व भाव है, उस पर ऋषियों ने कुछ नहीं लिखा है। प्रकृति और पुरुष के रूप में सहज मानवीय सिद्धान्त की व्याख्या जरूर की है। परन्तु यह उन्होंने बहुत प्राचीन काल में किया—जब वे इस उपमहाद्वीप में किसी दूसरे देश से आए थे। भारत की मिट्टी की ताकत ही कुछ ऐसी है कि यहाँ हर स्त्री माँ बन जाती है और हर पुरुष पवित्र शिशु की भावभूमि ग्रहण कर लेता है। प्रत्येक पुरुष 'होली चाइल्ड' है और प्रत्येक स्त्री 'डिवाइन मदर'। जो लोग इस बात से इनकार करते हैं और पुरानी प्रतिमाओं की जगह नारी की नई प्रतिमाओं—'इटरनल शी'—'मोनालिजा'—'ला पैशनेरिया'—'साइमन द बुआ' आदि को स्थापित करना चाहते हैं, वे भी भारतीय शावक या नौसिखुआ ही हैं। यह उल्लेखनीय है कि सभी पढ़े-लिखे बाबू लोग घर के बाहर स्त्री से यह सब कुछ पाना चाहते हैं। जैसे ही वे देहरी को पार करते हैं, वे शब्दों में दिव्य माँ चाहते हैं और क्रांतिकारी महिला का आचरण। प्रक्रिया बड़ी जटिल है। कारण कि उन्होंने शरत्चन्द्र की नायिकाओं से यह सीखा है कि वे नायकों को हमेशा एक अतिरिक्त कौर खिलाएँ। शरत्चन्द्र और उनके जैसे अन्य लेखकों के लेखन की प्रत्यक्ष सरलता वस्तुतः बड़ी जटिल है और उस पर किसी शाम शान्त मन से 'वुड-एपल जूस' का एक गिलास लेने के बाद विचार करना चाहिए। पश्चिम बंगाल में जो लोग अध्ययन और बौद्धिकता के क्षेत्र में काम करते हैं, उनके जीवन पर 'फन और गेम्स' का अत्यधिक प्रभाव है और इसीलिए उन्हें 'वुड-एपल' पर तद्नुरूप बल देना चाहिए। हमने क्या खो दिया है, इस बारे में हम कुछ नहीं कह सकते क्योंकि हम उनके अनुरूप वुड-एपल-टाईप हर्बल समाधान पर कोई बल नहीं देते।"

यह गद्यांश कई दृष्टियों से महत्त्वपूर्ण है। इसमें निम्न बातें शामिल हैं : (1) पितृसत्ता की आलोचना, (2) उस भारतीय नारीत्व की आलोचना जिसने कि पितृसत्ताक धारणाओं के साथ अपने को पूर्णतः जोड़ लिया है, (3) पुरुषों के प्रति पश्चिमी और भारतीय स्त्रियों के दृष्टिकोण में अन्तर की ओर संकेत, (4) भारतीय पुरुषों के पाखण्ड और उनके घर-बाहर के दुहरे मानदण्डों का उद्घाटन, (5) स्त्री और पत्नी के बारे में शरत्चन्द्र चटर्जी की अवधारणा की अप्रत्यक्ष आलोचना, (6) बंगाल में बौद्धिक जीवन और अलकोहल (शराब) के सम्मिश्रण का उद्घाटन, (7) पुराकथाओं, महाकाव्यों और आधुनिक मीडिया द्वारा प्रक्षेपित भारतीय नारी की छवि पर व्यंग्यात्मक प्रहार। औपनिवेशिक शासन में वर्गों के निर्माण और स्त्रियों की सामाजिक मुक्ति के बीच सम्बन्ध-सूत्र की ओर भी महाश्वेता की यह कृति ध्यान दिलाती है। बड़े हलदार का वर्णन इस प्रकार हुआ है :

"वह एक आजाद हिन्दुस्तान में रहता है, हिन्दुस्तान जो लोगों, राज्यों, भाषाओं

और विभिन्न प्रकार के ब्राह्मणों और कायस्थों आदि के बीच कोई भेद-भाव नहीं करता। मगर ब्रिटिश राज में उसने खूब पैसा बनाया—जब 'फूट डालो और राज करो' की नीति चल रही थी, हलदार बाबू की मानसिकता का निर्माण तभी हुआ था। इसलिए वे किसी पर विश्वास नहीं करते थे—किसी भी पंजाबी-उड़िया-बिहारी-गुजराती-मराठी-मुस्लिम पर नहीं।"

उसके बारे में यह भी कहा जाता है कि उन्होंने द्वितीय विश्वयुद्ध के दौरान फासिस्ट विरोधी संघर्ष में मित्र राष्ट्रों की मदद की थी—रद्दी लोहे को खरीद-बेचकर; यह चालीस के दशक के उत्तरार्द्ध में भारत में दलाल पूँजीपति वर्ग के उदय का स्पष्ट सन्दर्भ है। हलदार की क्षेत्रीय मानसिकता भी सुस्पष्ट है क्योंकि वह बंगाल और हिन्दू समुदाय से बाहर किसी पर भी विश्वास नहीं करता था। गद्यांश में अन्य क्षेत्रों के लोगों के नामोल्लेख पर, जिसमें राष्ट्रगीत की एक पंक्ति प्रतिध्वनित है और जो राष्ट्रीय अस्मिता का बोध कराता है, गायत्री की टिप्पणी है कि देश के लाक्षणिक वर्णन के साथ ही संविधान और उसके नियमन के बीच की खाई को मापती है। हलदारकर्ता की राष्ट्रीय अस्मिता में पूरा पश्चिम बंगाल भी नहीं समाता, सिर्फ हरिसाल—उसका जन्मस्थान समाता है और उसे ही वह भारत के सांस्कृतिक विरासत का मुख्य स्रोत समझता है। "एक दिन प्रकट होगा कि वेद और उपनिषद् भी हरिसाल में ही लिखे गए थे।" वेदों के ज्ञाता ब्राह्मणों को पूरी कहानी में जाति में सर्वोच्च किन्तु वर्ग में सबआल्टर्न के रूप में पेश किया गया है। हलदार खानदान की स्त्रियाँ पितृसत्ताक नियंत्रण से मुक्त होकर बाहर तभी निकल पाती हैं जब वे हलदारकर्ता के राजनीतिक, आर्थिक और विचारधारात्मक उत्पादन के क्षेत्र में प्रवेश करती हैं। यशोदा (सर्वहारा) प्रारंम्भिक चरण में प्रजनन के भय से मुक्त करने में उनकी मददगार बनती है; बाद में बड़ी बहू घर छोड़कर अपने पति की नौकरी की जगह चली जाती है। इस प्रकार नारी-मुक्ति को (कम-से-कम एलीट वर्गों की), साम्राज्यवाद के परिणाम के रूप में दिखाया गया है; साम्राज्यवाद हलदार परिवार को समृद्ध करने में मदद करता है और यशोदा-जैसी महिलाओं को सबआल्टर्न बनाने में भी। इस प्रकार 'तीसरी दुनिया' की स्त्रियों के साथ उदार स्त्रीवादियों का भावात्मक एकात्म एक शुद्ध सद्भावपूर्ण और अबुद्धिमत्तापूर्ण कार्य बन जाता है क्योंकि वह तीसरी दुनिया में नारी-मुक्ति के पीछे काम कर रहे ऐतिहासिक कारकों को ठीक से ग्रहण नहीं कर पाता। इतिहास से बाहर स्त्री को अधिकार-सम्पन्न नहीं किया जा सकता। उदार स्त्रीवाद मानव-प्रेम अथवा लोकोपकार से अधिक और कुछ नहीं है, जो एलीट अकादमिक वर्ग की स्त्रियों में पाया जाता है जो न तो हलदार परिवार की स्त्रियों की मुक्ति के पीछे की शक्तियों को समझ सकती है और न ही यशोदा को दूध-माँ की आत्मघाती भूमिका से मुक्त कर सकती है। यशोदा की कहानी स्त्री-अस्मिता के विकास की कहानी नहीं है, जो कि उदार स्त्रीवादी आलोचना का आदर्श है। कहानी के अन्त में यशोदा को व्यर्थता का बोध अवश्य होता है क्योंकि उसके वास्तविक बच्चे और दूध के बच्चे दोनों ही उसे बेसहारा छोड़ देते हैं; परन्तु वह उस मुक्तिकारी चेतना से बहुत दूर है जो हलदार परिवार

की शिक्षित औरतों में है और जिसके बल पर वे परिवार-नियोजन के जरिये प्रजननकारी प्रक्रिया को काबू में करती हैं और वंशगत घरों को छोड़कर बाहर रहने का निर्णय लेती हैं। यशोदा से उत्पादन का अधिकार भी उच्च वर्गों की स्त्रियों के द्वारा छीन लिया जाता है। महाश्वेता की व्याख्या के अनुसार यशोदा स्त्री की दासता को व्यक्त करने के साथ ही एक स्वतन्त्र राष्ट्र राज्य की दुर्दशा का रूपक भी है। अगर ऐसा है तो वह जननकारी, देह की भौतिकता की अवधारणा को ध्वस्त करती है जो कि अधिकांश नारीवाद की केन्द्रीय अवधारणा है। यदि यशोदा उपनिवेशवाद से मुक्त भारत है, तो उसकी सतत संतानोत्पत्ति देश की विस्फोटक आबादी की ओर संकेत है और उनकी बीमारी भी इसी का दुष्परिणाम। एक अन्य स्तर पर 'स्तनदायिनी' कहानी इच्छित और बाध्यकारी संभोग के बीच अन्तर को धुँधला करती है क्योंकि यशोदा, कार्य करने के अधिकार का पालन करने के लिए जल्दी-जल्दी प्रजनन करने को बाध्य होती है ताकि हलदार परिवार के बच्चों का पोषण कर सके। यह अंशतः रुचि या पसन्द का मामला है और अंशतः परिस्थितियों के षड्यन्त्र का परिणाम। कहानी 'आनन्दातिरेक' के बारे में लाकां की रहस्यात्मकता को भंग करती है और स्त्री-देह के प्रति तमाम नारीवादी चिन्ताओं को भी। हम कभी नहीं जान पाएँगे कि यशोदा को अपने कामोत्ताप की सम्भावनाओं के बारे में कुछ पता था या नहीं, यद्यपि उसे अपने भरे-पूरे वक्ष पर बड़ा गर्व था। इस मामले में वह अधिकांश भारतीय स्त्रियों की तरह थी जो अपनी कामोत्तेजना के बारे में कभी बात नहीं करती। स्त्री के कामानन्द के बारे में वही अबोधगम्यता कहानी के एक अन्य लघु प्रसंग में प्रतिबिंबित होती है जब हलदार-परिवार का एक लड़का वासना के वशीभूत होकर एक खाना बनानेवाली पर हमला करता है। रसोई बनानेवाली युवती की देह में चावल, मछली और हरे शलगम की गंध भरी थी और उसका शरीर आलस्य-शिथिल था। उसने चित्त लेटते हुए कहा, 'आह! जैसा चाहो, करो।' उसे इस बात की खुशी हुई कि उसका शरीर किसी युवक को लुभा सकता है। सब कुछ हो जाने के बाद लड़के ने उससे कहा, "आंटी, किसी से मत कहना।" इस पर वह सिर्फ यही बोली—"इसमें कहने की क्या बात है?" और शीघ्र ही सोने चली गई। पूरी कहानी में पुरुषों के आनन्द और स्त्रियों के बारे में उनके सपनों के कई सन्दर्भ हैं परन्तु स्त्रियों के आनन्द की कोई चर्चा नहीं है। कहानी के आरम्भ में ही निरन्तर सेक्स की यांत्रिक प्रकृति की ओर संकेत किया गया है : "यशोदा को जरा भी याद नहीं कि कब उसके गर्भ में कोई बच्चा नहीं था, कब किसी सुबह उसने अपने को मुरझाया हुआ महसूस नहीं किया, कब कंगाली के शरीर ने एक भूवैज्ञानिक की तरह उसकी देह पर कवायद नहीं की—अँधेरे में, केवल एक जलती हुई ढिबरी के साथ।" जब वह प्रोफेशनल मदर का धंधा अपना लेती है, उसके बाद के जननकारी क्रियाकलापों की चर्चा में भी किसी आनन्द का सन्दर्भ नहीं है। हलदार-परिवार की स्त्रियों में भी आनन्द पाने की प्रत्याशा के बजाय गर्भ-धारण करने का भय कहीं अधिक प्रतीत होता है। उनके पति भी प्रेम-क्रीड़ा का दिन तय करने के लिए तिथि-पत्र का सहारा लेते हैं।

'स्तनदायिनी' कहानी को विश्लेषण की इकहरी पद्धति के सहारे समझा नहीं जा सकता। यह एक बहुअर्थी रचना है जो भारतीय सामाजिक यथार्थ में निहित द्वैधवृत्तियों के बीच संवाद का प्रयास करती है। वर्गों की गतिशीलता, स्त्री की बदलती भूमिकाएँ, मुक्ति की विषमता, वर्ग और जाति का परस्पर अन्तर्वेशन जिससे कि भौतिक गरीबी तथा उच्च जाति का बेतुका मेल दिखता है, पितृसत्ता के विशिष्ट रूप, सेक्सुअल रिश्तों में विकृत विश्वास, धर्म और रूढ़ियों की अत्यधिक मौजूदगी जो अक्सर शोषण का रूप ग्रहण कर लेता है, सामन्ती और नव-औपनिवेशिक प्रवृत्तियों का सह-अस्तित्व, संयुक्त परिवार का विघटन और एकल परिवार का जन्म, इसके अलावा वह निर्वासन जो सामाजिक तंत्र उपेक्षितों पर फेंकता है खास कर तब जब वे कैंसर जैसी किसी घातक बीमारी के शिकार होते हैं। यथार्थ की ये सारी रेखाएँ कहानी में उभरती हैं। यह कहकर कि यह रचना व्याख्या की सभी पद्धतियों से ऊपर है, मेरा लक्ष्य साहित्य को रहस्यात्मक बनाना नहीं है; दूसरी ओर प्रत्येक पद्धति अपने खास तरीके से साहित्य की मूलभूत धारणा को ही समस्यात्मक बना देती है। मेरा उद्देश्य केवल यह दिखलाना है कि कैसे एक प्रकटतः 'यथार्थवादी' रचना भी यही करती है—दरअसल शरत्चन्द्र के बारे में महाश्वेता की टिप्पणी में यथार्थवादी पद्धति की आलोचना निहित है। महाश्वेता के अपने गद्य का प्रभाव जबर्दस्त है जिसमें विचित्र वाक्य-विन्यास, गली-कूचे और घर-परिवार की बोली-बानी के साथ ही शुद्ध परिष्कृत बंगाली भाषा का अच्छा मिश्रण है—इतना जटिल है कि उसका अध्ययन कि किसी इकहरे परिप्रेक्ष्य से सम्भव नहीं है। इस सन्दर्भ में अध्ययन-पद्धतियों को औपनिवेशिकरण से मुक्त करने और ऐसे देशी औजार विकसित करने की जरूरत है जो इतना आधुनिक हो जिससे कि कृति में निहित अन्तर्विरोधों को समझा जा सके और उसका सम्यक् अध्ययन सम्भव हो सके।

भारतीय साहित्य
देशजवाद और उसकी अनेकार्थता/द्वैध-वृत्तियाँ

अपने सकारात्मक और प्रगतिशील अर्थों में देशजवाद (नेटिविज़्म) उस बहुलतावाद का अनुष्ठान है जो भारतीय साहित्य और संस्कृति का मर्म है—उन मौजूदा मानदंडों पर एक प्रश्न चिह्न जो अकसर भारतीयता की पूरबवादी (ओरियंटलिस्ट) धारणाओं को ही बढ़ावा देते हैं। भारतीयता की वह अवधारणा श्रेष्ठ कृतियों को प्राथमिकता देती है और बनते हुए साहित्य तथा वर्चस्व-विरोधी कृतियों और प्रवृत्तियों को हाशिए पर डाल देती है, निश्चित साहित्यिक सन्दर्भों और आन्दोलनों का सरलीकरण करती है, सौन्दर्यशास्त्रीय अवघटनवाद (एस्थेटिक रिडक्टिविज़्म) की शिकार होती है। उसमें एक ऐसी पुनरुत्थानवादी नॉस्टैल्जिया है जो किसी खोए हुए आधिभौतिक अतीत को पुनः प्राप्त करना चाहती है। अपने सकारात्मक अर्थों में देशजवाद उस वैकल्पिक इतिहास लेखन की छानबीन करता है जो हमारी लोकप्रिय सृजनात्मकता अथवा ए.के. रामानुजन के शब्दों में 'लघु परम्पराओं' में निहित देशज तत्त्वों को महत्त्व देता है। निश्चय ही समय-समय पर सांस्कृतिक एकरूपता के विचार पर प्रश्न उठाते रहने की जरूरत है क्योंकि देश के सांस्कृतिक विमर्श में उसी का वर्चस्व है। इसका अर्थ एकता की धारणा को नकारना नहीं, अपितु विविधता को ध्यान में रखते हुए एकता की समझ में सुधार करना है। एकता की धारणा को विभिन्न भाषाओं और संस्कृतियों के बीच खुले संवाद और अन्योन्यक्रिया की एक विकसनशील प्रक्रिया के रूप में देखा जाना चाहिए। इस संवाद में अल्पसंख्यक, दलित और आदिवासी भी शामिल हैं जिन्हें हाशिए पर धकेल दिया गया है। एकता की धारणा में किसी जाति या वर्ग की आवाज का वर्चस्व नहीं होना चाहिए क्योंकि यह तमाम विविधताओं और असमानताओं को नष्ट करती है। भारतीय संस्कृति कोई एकल या अखण्ड संस्कृति नहीं है और न ही भारतीय साहित्य एकालाप है; उसमें अनेक स्वर, अनेक रंग और अनेक विश्वदृष्टियाँ समाहित हैं। प्रधान और उपेक्षित (सबाल्र्टन), श्रेष्ठ साहित्य और लोकप्रिय साहित्य, महान परम्परा और लघु परम्परा, 'मार्जी' और देशी, लिखित और मौखिक साहित्य का समानान्तर अस्तित्व भारतीय साहित्य की परम्परा में सदियों से रहा है—परस्पर एक दूसरे से आदान-प्रदान करता हुआ, सीखता और सिखाता हुआ।

उदाहरण के लिए, हमारे पास जितनी भाषाएँ और परम्पराएँ हैं, उतनी ही

'रामायणें' हैं। वाल्मीकि और तुलसीदास से लेकर पंपा और कंबर और एझुथच्चन तक जितनी सारी रामायणें लिखी गई हैं, उसके अलावे बौद्ध और जैन परम्पराओं की रामायणें भी हैं। भित्ति-चित्रों और मिनिएचर वाले राम-आख्यान भी हैं और हरिकथा से लेकर बुराकथा, यक्षगान से लेकर कथकलि और रामलीला तक की नाट्य और रंग-कृतियाँ भी हैं। इनमें कोई भी कृति अन्य कृतियों की तुलना में अधिक प्रामाणिक होने का दावा नहीं कर सकती; दूसरे की कीमत पर किसी एक को महत्त्व देना 'रचना के जनतन्त्र' (टेक्सचुअल डेमोक्रेसी) का उल्लंघन करना होगा।

देशजवाद की कोई भी चर्चा आज सांस्कृतिक राजनीति से बच नहीं सकती। एक ओर, आज धार्मिक पुनरुत्थानवादियों ने 'भारत' और 'भारतीयता' की मूलभूत अवधारणा का अपहरण कर लिया है; दूसरी ओर, हम एक ऐसे बाजार-समाज को विकसित कर रहे हैं जिसकी स्वतन्त्रता की व्याख्या स्वायत्तता से ही नफरत करती है और जो सांस्कृतिक विविधताओं को बदलते फैशन और बाजारू जीवन-शैली की भिन्नताओं में अवघटित करती है। बाजार-समाज एक ऐसे सांस्कृतिक उद्योग को बढ़ावा देता है जिसमें पल्प-लिटरेचर, बहुसांस्कृतिक पाकशास्त्र की किताबें, पॉप-संगीत, डिस्कोथेक, फार्मूला फिल्म, टेलीविजन, सॉप ओपेरा, वीडियो पॉर्लर और एथनिक निर्यात फल-फूल रहे हैं। जीवन-पद्धति, चिन्तन और कला के वैकल्पिक रूपों का प्रतिरोध एक ऐसी संस्कृति द्वारा हो रहा है जो एकरूपता और मानकीकरण में यकीन रखती है। भू-राजनीतिक और भाषायी संघवाद की बुनियादी जनतान्त्रिक धारणा का दिनोंदिन क्षरण हो रहा है और इसके लिए हमारा शासन-तन्त्र भी जिम्मेदार है। इस सन्दर्भ में देशजवाद की अवधारणा को पुनरुत्थानवादी सांस्कृतिक राष्ट्रवाद, राजनीतिक अलगाववाद, जातीय अतीत की वापसी और संस्कृति-बाजार के दबावों के विरुद्ध विकसित-केन्द्रित करना होगा। आज संस्कृति-बाजार हर उस चीज को, जो देशज है, निगलने के लिए तैयार है और उसे एक माल या पण्यवस्तु में बदलता जा रहा है जो एथनिक पूरब के बारे में पश्चिमी कल्पना-स्वप्न के ड्राइंग-रूम की शोभा बढ़ाता है। लोक-जीवन में बहुलतावाद की एक स्पष्ट समझ ही भारत की एकता की रक्षा कर सकती है और निश्चय ही यह समझ कोरे राजनेताओं के दैनंदिन वक्तृत्व से अलग है।

2

मानव-व्यक्तित्व के निर्माण में बहुत सारे तत्त्वों की भूमिका होती है—पारिवारिक, क्षेत्रीय, भाषायी, वर्गीय, धार्मिक, एथनिक और लिंगवादी; इनमें लिंग की भूमिका सर्वाधिक महत्त्वपूर्ण है। अस्मिता की विचारधाराएँ इनमें से किसी एक अथवा कुछ तत्त्वों के आधार पर निर्मित की जाती हैं। कल्पित समुदाय समूह से लेकर राष्ट्र तक इन विचारधाराओं के प्रक्षेपण मात्र हैं। देशजवाद भी एक साहित्यिक-सांस्कृतिक विचारधारा है। वह किसी स्थान अथवा समुदाय की भाषा को उसके तमाम रूप-भेदों के साथ

केन्द्रीय महत्त्व प्रदान करता है और साथ ही स्थान और समुदाय विशेष की जीवन-पद्धति, चिन्तन और मानसिक भावनाओं की विशिष्ट बनावट को भी। राष्ट्र, वर्ग, लिंग, धर्म, जातीय और नस्ल जैसी अन्य विचारधारात्मक निर्मितियों के साथ देशजवाद का रिश्ता अत्यन्त जटिल और परोक्ष होता है। क्योंकि भाषिक समुदाय इन विभेदों को अकसर पार कर जाता है। उसे राजनीतिक अन्तर्वस्तु विशेष सन्दर्भों में मिलती है। मिसाल के तौर पर, दलित साहित्य में देशजवाद का उपयोग वर्ग-जाति के हित में हम पाते हैं, जबकि वह वर्ग और जाति-भेद से ऊपर भी उठ सकता है। जैसे कि भाषा को लेकर चलनेवाले संघर्षों में—मणिपुर में पुरानी लिपि के संरक्षण और तमिलनाडु में हिन्दी-विरोध को लेकर जो संघर्ष चला उसमें यही स्थिति देखने को मिली। बाहरी और परकीय संवेदनाओं के हमले के विरुद्ध संघर्ष और अनुभव तथा अभिव्यक्ति-पद्धति में देशजवाद उत्तर-औपनिवेशिक है। देशजवादी विचारकों का कहना है कि सामूहिक अस्तित्व के निर्माण के लिए वर्ग कोई पर्याप्त आधार नहीं है क्योंकि उसकी भावात्मक अपील सीमित है और उसमें सांस्कृतिक गहराई नहीं है। लिंग-विभेदों की तरह ही सामाजिक वर्ग भी अकसर क्षेत्रीय स्तर पर बिखर जाते हैं और आमदनी में अन्तर और योग्यता के आधार पर उनका उपविभाजन हो सकता है। आर्थिक कारकों में भी समय-समय पर तीव्र परिवर्तन होते हैं; सिर्फ आर्थिक हित स्थायी सामूहिक अस्तित्व के निर्माण का आधार नहीं बन सकता चूँकि वह फिर एक अस्मिता-संघर्ष का क्षेत्र है। ध ार्मिक समुदाय वर्गों से परे निकल जाते हैं, परन्तु हमारे जैसे बहुधार्मिक समाज में वे भी फूट पैदा करते हैं और सामप्रदायिक आधार पर संघर्षों को बढ़ावा देते हैं जैसा कि आज हम भारत के अनेक क्षेत्रों में घटित होते हुए देख रहे हैं। यहाँ तक कि एथनिक समुदाय भी अपनी विशिष्ट अस्मिता की पहचान के लिए धार्मिक मानदंडों का इस्तेमाल करते हैं। (उदाहरण के लिए, भारत में सिक्ख, श्रीलंका में सिंहली, युगोस्लाविया में सर्ब और क्रोएट्स और उत्तरी आयरलैंड में कैथोलिक और प्रोटेस्टैंट)।

देशजवाद में निहित समुदाय की अवधारणा से एक समुचित राष्ट्रीय अस्मिता कहीं अधिक बड़ी चीज है क्योंकि उसमें भाषा और सीमा-रेखा के अलावा सामान्य मिथक, ऐतिहासिक स्मृतियाँ, सामान्य जन-संस्कृति और सभी सदस्यों के लिए समान कानूनी अधिकार और कर्त्तव्य होते हैं। हमें देशजवाद और राज्य की विचारधारा में भी अन्तर करना होगा। अधिकांश 'राज्य' आज सही अर्थों में राष्ट्र-राज्य नहीं हैं जहाँ कि पूरी आबादी के पास कोई एकल जातीय (एथनिक) संस्कृति हो; वे 'बहुवचन' राज्य हैं जिनमें विभिन्न समुदाय, विभिन्न धर्म, जाति और विभिन्न भाषा बोलने वाले लोग रहते हैं। भारत के साथ यही बात है। दूसरी ओर, देशजवाद एथनिक और भाषिक सम्बन्धों का एक ऐसा संरूपण है जो किसी क्षेत्र विशेष में साहित्यिक अभिव्यक्ति चाहता है। एक जातीय (एथनिक) समुदाय (फ्रांसीसी पदबंध 'एथनि') में निम्नांकित विशेषताएँ होती हैं : एक सामूहिक नाम या संज्ञा, एक समान कुलपरम्परा का मिथक, ऐतिहासिक स्मृतियाँ, सामान्य संस्कृति से अलगाने वाले कुछ तत्त्व, विशेष 'मातृभूमि' के साथ सम्बन्ध और आबादी के महत्त्वपूर्ण

हिस्से के साथ एकजुटता की भावना। (देखें डी. स्मिथ : 'नेशनल आइडेंटिटी', पेंग्विन, पृ. 21) देशजवादी विचारधारा के आधार को स्पष्ट करने के लिए हम उक्त सूची में एक समान भाषा को भी जोड़ सकते हैं। एक राष्ट्रीय भाषा तथा बिम्बवाद कहीं अधिक व्यापक चीज है क्योंकि वह आबादी के व्यापक हिस्सों की भावनाओं के साथ विचारधारा को जोड़ता है : नारे, विचार, प्रतीक और समारोहों के जरिये। राष्ट्रवाद मूलतः एक राजनीतिक विचारधारा है जिसके केन्द्र में सांस्कृतिक सिद्धान्त निहित होता है, जबकि देशजवाद मूलतः सांस्कृतिक-भाषायी विचारधारा है। फिर भी, इसमें एक समग्र राजनीतिक विचाराधारा के रूप में विकसित होने की पूरी सम्भावना है। जब क्षेत्रीय स्वायत्तता प्राप्ति के आन्दोलनों से उसका सम्बन्ध जुड़ जाता है, तब वह एक राजनीतिक विचारधारा बन जाता है। मिसाल के तौर पर, भारत में झारखंड और उत्तराखंड के आन्दोलन। लोकतन्त्र इस तरह के आन्दोलनों को समाहित करने में सक्षम है जब तक कि वे बहुजातीय राज्य की संरचना के भीतर कुछ स्वायत्तता और सांस्कृतिक समानता की माँग तक ही सीमित रहते हैं (जैसे कि कैटालान, स्कॉट और फ्लैमिश राष्ट्रवादी); संघीय राज्य के भीतर अलग राज्य की रचना की माँग को भी वह बर्दाश्त कर सकता है, परन्तु पूर्ण स्वतन्त्रता की अलगाववादी माँग को वह कदापि स्वीकार नहीं कर सकता जैसा कि पंजाब में खलिस्तान आन्दोलन के मामले में। इस अतिवादी अर्थ में देशजवाद सकारात्मक साहित्यक विचारधारा नहीं रह जाता, अपितु एक घातक राजनीतिक विचारधारा है जो हिन्दुस्तान के ध्वंस और विखण्डन का कारण बन सकती है।

3

इस अतिवाद का विरोध करते समय हमें एक अन्य अतिवाद के प्रति भी सचेत रहना चाहिए जो भारत की संस्कृति-नीति का अभिशाप बन चुका है और वह है राजनीतिक और सांस्कृतिक एकरूपता के नाम पर सभी मध्यवर्ती समूहों और क्षेत्रीय भिन्नताओं की उपेक्षा या खात्मा। यहाँ राज्य-सत्ता यह तय करती है कि राष्ट्र को कैसा होना है; वह एक ऐसे 'राजनीतिक समुदाय' और 'राजनीतिक संस्कृति' की रचना करना चाहती है जो विषमांग आबादी के विभिन्न जातीय संस्कृति की जगह ले सके। इस तरह का जबरिया समरूपीकरण और सांस्कृतिक विशिष्टताओं को 'बुलडोज' करने की कोशिश बहुत खतरनाक है क्योंकि वह हमारी विविधतापूर्ण संस्कृति के सारतत्त्व, चरित्र और समृद्धि को ही नष्ट करती है। इस तरह की प्रवृत्ति जब किसी धर्म-विशेष से जुड़ जाती है, तब और भी खतरनाक हो जाती है। भारत की बहुलतावादी धार्मिक परम्परा इतनी समावेशी और लोकतान्त्रिक रही है कि वह नास्तिक और भौतिकवादी प्रवृत्तियों को—चार्वाक, बुद्ध और महावीर को भी अपने में समाहित कर लेती है। भारतीय संस्कृति भी विभिन्न परम्पराओं के अवयवों से निर्मित 'मोज़ेक' है। इसमें ऐसी संस्कृति के तत्त्व भी हैं जिन्हें पुनरुत्थानवादी 'विदेशी' कहते हैं। सूफी काव्य, फारसी के साहित्यिक रूप,

अरबी कथाएँ, पश्चिम की औपन्यासिक विधा, यूरोपीय पेंटिंग, पश्चिम का विज्ञान—सभी हमारी विरासत के अंग हैं। इन्होंने हमारी संवेदना के निर्माण में महती भूमिका अदा की है। इनसे पल्ला झाड़ना न तो सम्भव है और न ही वांछित। इन सभी ने हमारी संस्कृति को समृद्ध किया है और हमारे पंथ, आन्दोलन, पद्धति और साहित्यिक रूप-विन्यास को भी।

मौजूदा भारतीय संस्कृति में 'मार्जी', 'देशी' और 'विदेशी' तत्त्व हैं और उनमें परस्पर अन्योन्याश्रयता है; हमारी सांस्कृतिक अस्मिता ही बहुलतावादी है, बहुविध है। इनमें से किसी एक तत्त्व तक सीमित करने का अर्थ अपनी संस्कृति को अशक्त या कंगाल करना होगा। देशजवाद प्रगतिशील इस अर्थ में है कि वह देशज बहुलता को नष्ट करनेवाले पुनरुत्थानवाद से संघर्ष करता है; वह प्रतिगामी भी हो सकता है यदि वह महज वैकल्पिक अतीत की रचना करता है और आधुनिक दृष्टिकोण और भावबोध के विकास में बाधक बनता है क्योंकि कोई भी चीज देशज होने के कारण अनिवार्यतः अच्छी नहीं हो जाती। हमारी ग्रामीण परम्पराओं में पितृसत्ताक, समता विरोधी और गैर-जनतान्त्रिक मूल्य भरे पड़े हैं। परन्तु इसके साथ ही सकारात्मक और स्वस्थ तत्त्व भी हैं। आधुनिक चेतना और प्रगतिशील दृष्टिकोण से रहित लोगों के हाथ में पड़कर देशजवाद ग्रामीण पुनरुत्थानवाद के रूप में विकृत हो सकता है और उससे सामन्ती मूल्यों को ही बढ़ावा मिलेगा।

अपने आधुनिकतावाद को देशी बनाने के प्रयास में देशजवाद के सकारात्मक पक्षों को स्वीकार करते समय हम इस तथ्य को भूल नहीं सकते कि भारतीय साहित्य भाषा को लेकर कभी विभाजित नहीं रहा। जिसे हम 'भारतीय साहित्य' कहते हैं उसमें विषय-वस्तु, रूप-विन्यास, सरोकार, अनुभव, प्रभाव, दिशा और आन्दोलन आदि को लेकर अद्‌भुत समानता रही है। और इन सबके साथ बहुभाषावाद तथा अन्तर-भाषा अनुवादों ने 'भारतीय साहित्य' की अवधारणा को बल प्रदान किया है। भारतीय लेखक भारतीय ही रहेंगे—चाहे वे जिस किसी भाषा में लिखें। यह बात बालचन्द्र नेमाडे और कनजी पटेल जैसे देशजवादियों के साथ जितना सच है उतना ही आर.के. नारायण और अरुंधति राय—जैसे भारतीय अँगरेजी लेखकों के लिए भी। हमें इस ऐतिहासिक शिक्षा को भूलना नहीं कि हम सबको साथ रहना है अन्यथा हम नष्ट हो जाएँगे। हमारा अति-निर्धारित साहित्यिक सन्दर्भ एक समन्वित दृष्टिकोण, अन्तर-भाषायी और अन्तर-अनुशासनात्मक अध्ययनों की माँग करता है ताकि हम उसे पूरी तरह समझ सकें। भारतीय परम्परा के विखण्डन का देशजवादी कार्यभार एकता-निर्माण के एक बड़े प्रोजेक्ट का हिस्सा है—एकता एक उच्च और अधिक यथार्थवादी स्तर पर—जैसे कि राष्ट्र की सीमाओं के भीतर सांस्कृतिक बहुलतावाद और संस्कृति के भीतर अन्तर-पाठीयता (इंटरटेक्स्चुअलिटी) के स्तर पर।

काम, पाठ, राजनीति

भारत में स्त्री-लेखन : पाठ की समस्याएँ

आज स्त्री-लेखन पर कोई भी अर्थवान विमर्श स्त्रियों को अधिकार देने के बड़े सवाल से अनिवार्यतः जुड़ जाता है। और यह सवाल सम्बद्ध है विभिन्न मोर्चों पर चलने वाले सामाजिक न्याय के संघर्षों से; चाहे वह जातिप्रथा के विरुद्ध दलितों और आदिवासियों का संघर्ष हो अथवा साम्राज्यवादी आर्थिक, सांस्कृतिक हस्तक्षेप के खिलाफ रेडिकल जनतंत्रवादियों का; चाहे वर्ग-शोषण के विरुद्ध कामगारों और किसानों का हो अथवा अनैतिक मेडिकल धंधों के खिलाफ स्वास्थ्य कार्यकर्ताओं का; चाहे वह आणविक और युद्ध-उन्मादी कार्यक्रमों के विरुद्ध शांतिवादियों का संघर्ष हो अथवा वर्चस्ववादी ताकतों के हित में ज्ञान की दासता के विरुद्ध आलोचनात्मक अकादमिकों का; चाहे वह सम्प्रदायवाद के विरुद्ध धर्मनिरपेक्ष बुद्धिजीवियों का हो अथवा व्यक्तिगत और सामूहिक अधिकारों के दमन के खिलाफ नागरिक अधिकारों की लड़ाई लड़नेवाले कार्यकर्ताओं का; चाहे वह प्रदूषण, गरीबी, जंगल के कटाव के विरुद्ध पर्यावरणवादियों का संघर्ष हो अथवा उत्पीड़न-शोषण के विरुद्ध हाशिए पर के अल्पसंख्यकों, क्षेत्रों और भाषाओं का। यह सब वर्चस्ववादी समूहों और विचारधाराओं के विरुद्ध सिर्फ संघर्ष नहीं है अपितु आंदोलन भी है, लोकतांत्रिक बहुलता, सर्जनात्मक भिन्नता, सांस्कृतिक विविधता, स्वास्थ्यकर वातावरण, बेहतर जीवन-स्तर, सक्रिय शांति, अहिंसा, मुक्तिदायिनी शिक्षाशास्त्र और एक ऐसे समतावाद के लिए जो लिंग, जाति, वर्ग और समुदाय से ऊपर है। संक्षेप में, एक सच्चे और संपूर्ण लोकतन्त्र की प्राप्ति के लिए जिसमें केवल राष्ट्रीय चिंताएँ ही नहीं, अपितु नष्ट होती प्रजातियों के प्रति भी गहरा सरोकार है।

ताकत के अनेक रूपों में पितृसत्ताक शक्ति भी एक है जो मनुष्य-मनुष्य के बीच असमान सम्बन्धों को जन्म देती है। ताकत प्रभुत्ववादी संस्थान निर्मित करती है और इन संस्थानों के कार्यक्षेत्र निर्धारित करती है—यहाँ तक कि प्रतिरोध की प्रकृति और रणनीति को वही परिभाषित भी करती है। वह विभेदीकरण, वैधीकरण, संस्थानीकरण और औचित्य प्रदान करने की एक पूरी सूक्ष्म-भौतिकी संचालित करती है। वह हमारे ऊपर एक बोझ की तरह होती है जो न केवल हमें दबाती और नकारती है अपितु व्यर्थ करती है; वह चीजों को उत्पन्न करती है और यहाँ तक कि सुख और आनन्द के रूपों को भी अभिप्रेरित करती है; मिशेल फूको के शब्दों में कहें तो वह नियंत्रण, उत्पादन,

चिह्न और आत्म की प्रौद्योगिकी तकनीकों के जरिये सत्य प्रभावों—सत्य की एक पूरी सत्ता पैदा करती है। आज स्त्री-लेखन के सचेत अध्ययन के लिए—और वह स्त्रियों के दृष्टिकोण से लिखे गए पुरुष-लेखन पर भी लागू होता है, यह जरूरी है कि हम पाठ (टेक्स्ट) का विखंडन करें ताकि उसमें निहित अन्तर्विरोधी विचारधाराओं की छानबीन हो सके और पाठ में विद्यमान 'शक्ति के खेल' और प्रतिरोध के क्षेत्र को अनावृत कर सकें। इस तरह के लाक्षणिक अध्ययन में पाठ से बाहर विश्व में और पुनः पाठ में वापस लौटने की यात्रा करनी होगी—ऐतिहासिक और सामयिक यथार्थ से उसे निरन्तर संदर्भित करते हुए; और इसके साथ ही एक भाषिक कलाकृति के रूप में टेक्स्ट की पारभासी और बहुस्वर प्रकृति को भी स्वीकार करना होगा।

भारत के विशिष्ट सन्दर्भ में, शाब्दिक संसार और घटना-संसार में अन्तःसंबंध पर बात करने की जरूरत नहीं है; हमारी रचनाओं में दैनंदिन जीवन की घटनाएँ इस तरह बिखरी हुई हैं कि कल्पना और यथार्थ के बीच की सीमा-रेखाएँ घुलती हुई प्रतीत होती हैं और भाषा और रचना की स्वायत्तता के सभी दावे संदिग्ध हो उठते है, हमारे सारे सैद्धांतिक उत्साह के बावजूद। मीराबाई अथवा ललद्यद के भक्ति गीत सुनें, आपको अपने ही दरवाजे पर सभी घरों से दुत्कारी हुई भीख माँगती औरत का विलाप सुनाई देगा : महाश्वेता देवी की 'द्रौपदी' जैसी बहादुर आदिवासी नायिका की कहानी पढ़ें और अपने को बाजार में बेचने के लिए मजबूर कर दी गई किसी असहाय आदिवासी औरत की घूरती हुई दृष्टि से आपका साक्षात्कार होगा : इस्मत चुगताई का उपन्यास 'टेढ़ी लकीर' अथवा कृष्णा सोबती का 'मित्रो मरजानी' पढ़ें, जिन्हें स्त्री की कामना का अकुंठ चित्रण है, और व्यापार के लिए स्त्री की कामुकता का इस्तेमाल करने वाले विज्ञापनों को देखें। कमला दास की रचना 'ए डॉल फॉर चाइल्ड प्रास्टिट्यूट' अथवा ललिताम्बिका अंटारजनम की 'द गॉडेस आव रिवेंज' पढ़ें और यह खबर सुनें कि कुछ और कंगाल लड़कियाँ बम्बई के रेड लाइट एरिया में फँस गई हैं। बालमणि अम्मा की कविता 'द पौंड' अथवा सुगत कुमारी की कविता 'गर्ल चाइल्ड इन द नाइनटीज़' में बालिका की करुण नियति देखें और अखबार की यह खबर सुनें कि एक अन्य लड़की किसी अरब के हाथ बेच दी गई, किसी अन्य बच्ची के साथ बलात्कार हुआ, कोई अन्य दुल्हन जला दी गई : हमारे उन्नीसवीं सदी के उपन्यासों की विधवाएँ महान प्रेमी कृष्ण की पवित्र भूमि वृंदावन में भीख माँगती हुई क्यों हमारे मन में अपराधबोध भर देती हैं ? इन विकृत स्थितियों का कल्पना की सृजनात्मकता में बारम्बार अन्तःप्रवेश विश्व और रचना को एक अविच्छिन्न सातत्य प्रदान करता है। हम वस्तुगतता के तर्क को स्वीकार करने के लिए बाध्य हो जाते हैं और अपने को सावधान भी करते हैं। साहित्यिक कृति आखिर शाब्दिक निर्मिति (कंस्ट्रक्ट) ही तो है और यथार्थ की प्रतिकृति या आभास सिर्फ़ विमर्श का प्रभाव है। (जैसा कि बाल्जाक की कहानी 'सारोसिने' के अध्ययन में रोलां बार्थ ने इसे विश्वसनीय ढंग से प्रस्तुत किया है।) घटनाओं का अस्तित्व चिंतन से बाहर दुनिया में है परन्तु वस्तु के रूप में उनकी विशिष्टता उदय की असंगत या तर्कमूलक अवस्था

के भीतर निर्मित होती है और वह तर्कमूलक क्षेत्र की संरचना पर निर्भर करती है। इसका अर्थ यह नहीं है कि हम साहित्यिक कृतियों को इतिहास से सम्बद्ध करके देख नहीं सकते—रचनाओं के जन्म के कालखंड के इतिहास से और उस कालखंड से जो उन्हें धारण करता है और भिन्न तरीकों से उन्हें निर्मित करता है : युगीन समस्याओं और ज्ञान-मीमांसा के सन्दर्भ में।

भारत में अभी हाल ही में स्त्री-लेखन ने छात्रों और विद्वानों का ध्यान खींचा है और उनका अध्ययन सब-आल्टर्न और लिंग के दृष्टिकोण से होने लगा है। हमारी क्षेत्रीय भाषाओं में स्त्री-लेखन की एक लम्बी परंपरा है—खासकर कविता के क्षेत्र में। परन्तु अनुवादों के जरिये ही वे अखिल भारतीय और अन्तर्राष्ट्रीय स्तर पर सामने आ पायी हैं; इनमें से कुछ संकलनों के नाम इस प्रकार हैं : 'वीमेन राइटिंग इन इंडिया', 'द स्टेट ऑव लाइफ़', 'ट्रुथ टेल्स', 'इनर कोर्टयार्ड', 'इनर स्पेसेस', 'इन अदर वर्ड्स', 'अंडर द साइलेंट सन' और 'इन देअर ओन वॉयस'। इनके अतिरिक्त कुर्रतुल-एन-हैदर, इस्मत चुगताई, कमला दास, सी.एस. लक्ष्मी, महाश्वेता देवी, वोल्गा, लक्ष्मी कान्नन आदि की रचनाओं के अँगरेजी अनुवाद भी हुए हैं। ए.के. रामानुजन ने अक्कमहादेवी, ललद्यद और तमिल संगम कवयित्रियों की रचनाओं के अनुवाद किए हैं। इसके अलावा स्त्रियों की पत्रिकाएँ भी निकल रही हैं और स्त्री-लेखन पर विभिन्न दृष्टिकोणों से कुछ अध्ययन भी सामने आए हैं। पत्र-पत्रिकाओं और विभिन्न संकलनों में स्त्री-लेखिकाओं को अब समुचित प्रतिनिधित्व मिलने लगा है; प्रकाशकों ने भी उन्हें समुचित महत्त्व दिया है। अब हमारे सामने बहुत सारा महिला साहित्य मौजूद है जिनकी जड़ें अतीत में भी बहुत गहरी हैं। 19वीं शती और आरंभिक बीसवीं सदी की कुछ महत्त्वपूर्ण लेखिकाओं में बंगाल की स्वर्णकुमारी देवी और रस सुन्दरी देवी, मराठी की रमाबाई रानाडे और लक्ष्मीबाई तिलक, तेलगु की बांदरू अच्चम्मबा और ताल्लाप्रगदा विश्वसुन्दरम्मा के नाम उल्लेखनीय हैं। 17वीं और 18वीं सदी की लेखिकाओं में तेलगु की मुड्डुपलानी, कन्नड़ की सांसिया होसान्नम्मा, मराठी की बहिनाबाई और उर्दू की माहलक़ बाई चंदा प्रसिद्ध हैं। 12वीं से 15वीं सदी के बीच कन्नड़ की अक्कमहादेवी, गुजराती-राजस्थानी और हिन्दी की मीराबाई, गुजराती की गंगासती और रत्नाबाई, मराठी की ज्ञानबाई और तेलुगु की अटुकुरी मोल्ला जैसी भक्त कवयित्रियाँ हुईं। तमिल के संगम साहित्य में नेस्सेल्लिाइयार और वेल्ली विनियार जैसी कवयित्रियाँ ईसा के जन्म से पहले ही हो चुकी थीं। सुमंगलमाता और उब्बिदी जैसी बौद्ध भिक्षुणियों के गीत पाली भाषा में छठी शती में ही मिलने लगते हैं। इनके अतिरिक्त हमारे देश में बहुत प्राचीन काल से आदिवासियों के गीत भी चले आ रहे हैं।

सूज़ी थारू और के. ललिता ने स्त्रियों द्वारा लिखा गया बहुत सारा विलुप्त और प्रतिबंधित साहित्य खोज निकाला है। अँगरेजी में लिखने वाली भारतीय कवयित्रियों और कथा-लेखिकाओं ने शहरी मध्यवर्ग के पाठकों के बीच महिला-मुद्दों को लेकर नयी चेतना जाग्रत की है। उनका कार्य भारतीय भाषा-लेखिकाओं के योगदान का सम्पूरक

है जिन्होंने स्त्री-चेतना को अधिक लोकप्रिय स्तर पर उठाया है। भारतीय भाषाओं में जुझारू स्त्री-चेतना की एक लम्बी किन्तु विच्छिन्न परंपरा रही है; जो राष्ट्रीय और समाज-सुधार आन्दोलनों के साथ उन्नीसवीं और आरंभिक बीसवीं सदी में ही स्पष्ट रूप से उभर कर सामने आई। और अभी हाल ही में ललिताम्बिका अंटराजनम, के. सरस्वती अम्मा, माधवी कुट्टी, इस्मत चुगताई, कुर्तुल ऐन हैदर, आशापूर्णा देवी, महाश्वेता देवी, कृष्णा सोबती, अमृता प्रीतम और बालमणि अम्मा जैसी वरिष्ठ लेखिकाओं के साथ सभी भारतीय भाषाओं में बहुत सारी जुझारू लेखिकाएँ आई हैं। इन लेखिकाओं के पास सही मुद्दों की देशी और जातीय चेतना कहीं अधिक गहरी है और वे अधिक प्रामाणिक सांस्कृतिक परिप्रेक्ष्य के साथ लिख रही हैं। यह सोचना गलत होगा कि वे अपरिष्कृत, गँवार और शहरीकरण तथा आधुनिक चेतना से अनजान हैं।

जो भी हो, यह अंतर, मेरी समझ से स्त्री साहित्यकारों के बीच कोई फूट पैदा नहीं करता। आज उनके बीच मुद्दों को लेकर मतभेद अवश्य हैं, जैसे कि स्त्रीवाद और गैर-स्त्रीवाद, समाजवादी स्त्रीवाद और लेस्बियन स्त्रीवाद, दलित स्त्रीवाद और उच्च तथा मध्यवर्ती जाति के स्त्रीवाद को लेकर। परन्तु इन मतभेदों के बावजूद लोकतांत्रिक समाज के प्रति उनमें एक समान समझ और सरोकार अवश्य है जहाँ स्त्रियों की आवाज सुनी जा सकती है और उनकी स्थिति ऊपर उठ सकती है। स्त्री-लेखन में विचारों, रुझानों, भाषा, विषयवस्तु और रूप-विन्यास को लेकर जो मतभेद और भिन्नताएँ हैं, वह एक स्वस्थ जनतांत्रिक खुलेपन का सूचक है अन्यथा उनका लेखन नीरस और निरर्थक हो जाता—किसी भी सामूहिक आंदोलन के साहित्य के लिए खतरनाक।

स्त्री-लेखन में उभार के साथ-साथ साहित्य का स्त्रीवादी अध्ययन भी सामने आया है—पुरुषों और स्त्रियों दोनों के द्वारा। इन अध्ययनों में साहित्यिक और सामाजिक सिद्धांतों के प्रति पुरुषवादी दृष्टिकोण पर प्रश्नचिह्न लगाए गए हैं। उमा चक्रवर्ती, विजया दबे, राबर्ट जायदेन बोस, रूथ वनिता, सोनल शुक्ला और मधु किश्वर ने भक्त कवयित्रियों का जो पाठ प्रस्तुत किया है, वह प्राचीन स्त्री-लेखन के अध्ययन का आरंभिक प्रयास है। महाश्वेता देवी की कहानी 'स्तनदायिनी' का गायत्री स्वीपाक द्वारा किया गया बहुआयामी विवेचन अद्वितीय है; यद्यपि वह समसामयिक स्त्री-लेखन के विश्लेषण का पश्चिमी प्रयास है। सूज़ी थारू, मीनाक्षी मुखर्जी, वृंदा नाबर, जैसी जेम्स और तेजस्विनी निरंजना जैसी स्त्री विद्वानों ने स्त्री-साहित्य और पुरुष-साहित्य में स्त्री-चरित्रों के अध्ययन के क्षेत्र में बहुत काम किया है। फिर भी, इसमें संदेह है कि क्या हम सचमुच लिंगभेद की पहचान और स्त्रीत्व को केन्द्र में रखकर कृति के अध्ययन का कोई देशी रास्ता विकसित कर पाये हैं ? यह एक सामान्य उत्तर-औपनिवेशिक परिस्थिति का अंग है, जहाँ संस्कृति, दृष्टिकोण, और अभिव्यक्ति-पद्धति में गैर-उपनिवेशीकरण की प्रक्रिया पर चोट पहुँचती है और उसे अनेक कारकों (जिनमें नव-उपनिवेशवादी हमले शामिल हैं) द्वारा दबा दिया जाता है। आज विउपनिवेशीकरण (डिकोलोनाइजेशन) की किसी भी चर्चा में हमें बहुत सावधान रहना है क्योंकि इस विचार

को व्यवहारतः पुनरुत्थानवादी विमर्श ने उड़ा लिया है और आज आर्य स्त्रीत्व के वैदिक आदर्श के नवोन्मेष, पातिव्रत्य का गुणगान, पिता, पति और पुत्र पर स्त्री की निर्भरता और यहाँ तक कि सती प्रथा का गौरव-गान बहुत हो रहा है। विलियम जोन्स-जैसे पूरबवादियों और क्लारिस्से बादेर जैसे भारतविदों ने प्राचीन भारतीय स्त्री के धैर्य और तपस्विनी रूप का आदर्शीकरण किया था और आधुनिक स्त्री के ऐंद्रिक 'पतन' को गर्हित बताया था। भारतीय राष्ट्रवादी इतिहासकारों ने भी उन्हीं जर्जर आदर्शों को बचाने का आह्वान किया था; उनकी चिंता जेम्स मिल जैसे उपयोगितावादियों, कैथरिन मायो जैसे आलोचकों और इवानगेलिकल्स के आरोपों का उत्तर देने की थी जिन्होंने 'हिन्दू धर्म' पर प्रहार किए थे। उन्हें उन साम्राज्यवादियों को भी उत्तर देना था जो भारत के नैतिक पतन को अपने औपनिवेशिक शासन को वैध बनाने का एक अवसर मानते थे। स्पष्टतः गैर-उपनिवेशीकरण का अर्थ किसी रूमानी 'स्वर्णिम' अतीत की वापसी नहीं है। हमारी चर्चा के विशेष सन्दर्भ में इसका अर्थ भारत में स्त्री अस्मिता के निर्माण की जटिलताओं की वस्तुगत समझ है। हमारी दृष्टि में जेंडर अथवा स्त्री अस्मिता भी अन्य विरचनाओं की तरह भारत में अति-निर्धारित है जैसे कि वर्ग, जाति, धर्म, क्षेत्रीय संस्कृति, भाषाएँ, विशिष्ट संस्कृति, टैबूज़, वैवाहिक विधान, सेक्सुअल संबंध, विरासत, गाँव और शहर के अंतर्विरोध, सामंती नैतिक मूल्य और देशी-विदेशी मीडिया की नयी भूमिकाएँ।

साहित्यिक इतिहासशास्त्र में इसका अर्थ है : स्त्री-दृष्टिकोण से अतीत की नवीन व्याख्या, काल-निर्धारण की मौजूदा पद्धति पर प्रश्नचिह्न, स्त्री-लेखन की खोज के लिए अतीत के ग्रंथों की छानबीन, हाशिए के तत्त्वों का उद्‌घाटन, अधिरचना के विभिन्न स्तरों पर भेदपरक रूपायन से साहित्य का संबंध निरूपण और स्त्री-लेखन की ऐतिहासिक परंपरा में निरन्तरता और विच्छिन्नता का विश्लेषण। साहित्यिक सैद्धांतिकी में इसका अर्थ है : पितृसत्ताक मानदंडों को चुनौती देना, लिंगभेदीय सर्जनात्मक और आलोचनात्मक विमर्श का विखंडन, साहित्यिक कृतियों में व्यक्त स्त्रीत्व की भारतीय सन्दर्भ में व्याख्या, ऐसे विचारधारात्मक विन्यासों का उद्‌घाटन जो किसी काल-विशेष में किसी कृति की स्वीकृति या उपेक्षा के कारक बने, विचारधारा के औपचारिक तत्त्वों का विशिष्ट वातावरण और क्षेत्रीय परंपराओं से संबंध-निर्धारण, अनुभव के सांगठनिक सिद्धांत के रूप में लिंग (जेंडर) की पहचान और अपने इतिहास में सामाजिक, जातीय और अवधारणात्मक परिवर्तन के साथ स्त्री-अभिव्यक्ति के रूपों का संबंध-निरूपण; मिसाल के तौर पर भक्ति काल में आध्यात्मिक अभिव्यक्ति की खोज में घरेलू बिम्बों और द्वन्द्वात्मकता का प्रयोग, औपनिवेशिक सुधारवादी काल में नवीन, जाग्रत मध्यवर्गीय स्त्री-विषयवस्तु के निर्माण हेतु वर्चस्ववादी विमर्शों का रणनीतिक इस्तेमाल; प्रगतिशील साहित्यिक दौर में लिंग-वर्ग के संबंध के उद्‌घाटन हेतु नवीन अभिव्यंजना-शैली एवं रेहटोरिकल कार्यनीति का निर्माण; अथवा हाल के घोषित स्त्रीवादी साहित्य में देह-बिम्बों का इस्तेमाल, स्त्री की दासता का विरोध, स्त्रीत्व की विशिष्टता पर बल और स्थापित मान्यताओं का खुला विरोध।

निश्चय ही, स्त्री-साहित्य के अध्ययन में पश्चिम की विभिन्न स्त्रीवादी आलोचनात्मक प्रवृत्तियों के प्रभाव से बच पाना असम्भव है। सबसे पहले इस मामले में हमारे पास बहुत कम विकल्प हैं। जैसा कि गायत्री चक्रवर्ती स्पीवाक ने हाल ही में एक साक्षात्कार में कहा कि पश्चिम की ओर हमारा झुकाव एक आदेश की तरह था। ऐसा इसलिए कि वह अँगरेजी आलोचना के क्षेत्र में काम करती हैं और उन्हें जरूरी तौर पर एक अन्तर्राष्ट्रीय आलोचनात्मक विमर्श में भाग लेना पड़ा जिस पर कि उनका बहुत कम नियंत्रण था—बौद्धिक और आर्थिक रूप से शासित एक अविकसित देश के नागरिक होने के नाते। एक प्रबुद्ध बौद्धिक होने के नाते उनकी भागीदारी अपेक्षित थी। हमारी शिक्षा-व्यवस्था ने भी बाध्य किया है कि हम पश्चिमी दर्शन के 'सार्वभौम मानव-व्यक्तित्व' (यूनिवर्सल ह्यूमन बीइंग) को एक आदर्श मॉडल और हीरो के रूप में स्वीकार करें। दूसरे, समसामयिक वैश्विक ज्ञान से रहित एक शुद्ध पूरब का निर्माण पश्चिम की उस कल्पना को ही तुष्ट करेगा जिसमें कि एक 'ओरियंटल इडेन' (पूर्वी स्वर्ग) की फैंटेसी है और जो पश्चिम को आधुनिकतावाद के दबावों और तनावों से भागने में मदद करता है। तीसरे, सैद्धांतिक निर्मितियों का एक वैश्विक आयाम होता है—चाहे वे कहीं की हों—मार्क्सवाद से लेकर उत्तर-संरचनावादी भाषाशास्त्र तक। चौथे, देरिदा, फूको, ल्योतार, लाकां, देल्यूजे, अल्थुसर, बार्थ अथवा रोर्टे जैसे उत्तर-संरचनावादी पश्चिम की आधिभौतिक (मेटाफिजिकल) परंपरा को भीतर से ध्वस्त करने के संघर्ष में खुद संलग्न हैं। विखंडन के इस प्रयास में पश्चिम के स्त्रीवादी उनके सहयोगी हैं और इसीलिए पूरब के स्त्रीवादी उनके सहयोगी हैं और इसीलिए पूरब के स्त्रीवादी उनके स्वाभाविक सखा हुए। चौथे, शुद्धतावादी आग्रहों पर आधारित पुनरुत्थानवादी दृष्टि, नॉस्टैल्जिया और अनैतिहासिक दृष्टिकोण पर आधृत अनुसंधानों से संघर्ष करना उतना ही महत्त्वपूर्ण है जितना कि साम्राज्यवाद से संघर्ष। उस पश्चिमी तत्त्ववादी विमर्श से संघर्ष करना भी जरूरी है जिसमें 'यूनीवर्सल' उच्चवर्गीय श्वेत मर्द का पर्याय बन जाता है। उत्तर-औपनिवेशिक समाज में दमन-उत्पीड़न की पहचान बहुत जरूरी है। अब स्त्रीवादी एजेंडे में श्रम के मार्क्सवादी विचार को भी विकसित करना चाहिए जिससे कि घरेलू उत्पादन की प्रकृति को समझा जा सके, स्त्रियों के उत्पादन-पुनरुत्पादन के आख्यान पर विचार हो सके, महिला-मुद्‌दों को वर्ग-दृष्टि में घटित करके देखने से बचाया जा सके, समाज में सूक्ष्म राजनीतिक चेतना को जाग्रत किया जा सके और पुंसवादी विचारधाराओं और संस्थाओं की कार्यनीति और रणनीति का विवेचन उद्‌घाटन हो सके। स्त्रीवादी एजेंडे का मुख्य लक्ष्य है इतिहास तथा साहित्य के विवेचन में स्त्रियों को केन्द्रीय महत्त्व प्रदान करना। इस तरह साहित्य का अध्ययन सामाजिक कार्यक्रम का एक अंग बन जाता है; हालाँकि इसका अर्थ सौन्दर्यशास्त्र को समाजशास्त्र का मूर्त रूप प्रदान करना हरगिज नहीं है। हमें सिर्फ़ उदारवादी समझ के खतरों के प्रति सचेत रहना है क्योंकि हिन्दुस्तान के वर्चस्ववादी विमर्श में निहित 'आधुनिक सेक्युलर लोकतांत्रिक' व्यक्ति का अर्थ उच्च जाति के मध्यवर्गीय हिन्दू मर्द के सिवाय शायद ही कुछ और होता हो।

कृति (टेक्स्ट) की प्रकृति को देखते हुए पाठ की रणनीति बदलेगी : उदाहरण के लिए, किसी पितृसत्ताक प्राचीन कृति के अध्ययन में हमारा दृष्टिकोण वही नहीं होगा जो कि किसी स्त्री सबाल्टर्न को प्रतिनिधित्व देने वाली सहानुभूतिपूर्ण कृति के प्रति हो सकता है। हालाँकि दोनों ही मामलों में आलोचक का कार्यभार कृति को सुलझाते हुए लेखकीय दृष्टिकोण को सुस्पष्ट करना है। कृति को उसके समुचित सन्दर्भ से अलग करके उसे तोड़-मरोड़कर बाहरी तर्कों के भीतर रखना कभी-कभी जरूरी हो जाता है ताकि उसका वांछित उपयोग सम्भव हो सके; इससे पश्चिमी स्त्रीवाद के विभिन्न रूपों—मार्क्सवादी, उदारवादी, लेस्बियन, अमरीकी और फ्रांसीसी स्त्रीवादी सिद्धांतों की सीमाएँ भी उद्घाटित हो सकती हैं—इस प्रकार कृति को सही सन्दर्भ में रखकर देखने के लिए पाठकों को बाध्य किया जा सकता है और तथाकथित 'तीसरी दुनिया' के साहित्य के निरन्तर सबाल्टर्नाइजेशन के बारे में एक अन्तर्दृष्टि प्राप्त की जा सकती है। स्त्रीवादी लेखिकाएँ यह समझ सकती हैं कि पश्चिमी स्त्रीवाद के अनुभवों और मुद्दों को जो स्त्रीवादी आलोचना अपना या देशी बनाने की कोशिश करती हैं वे क्यों अकादमी द्वारा आत्मसात कर ली जाती हैं और क्यों वे सत्ता से जुड़ जाती हैं। उनमें यह समझ आएगी कि भारतीय परिदृश्य में सार्थक हस्तक्षेप के लिए उन्हें आत्म, लिंग, ज्ञान, सामाजिक संबंधों, और संस्कृति को अपने सामाजिक-ऐतिहासिक और सांस्कृतिक सन्दर्भ में पुनर्परिभाषित करना होगा और इस प्रक्रिया में उन्हें रैखिक, सौद्देश्यवादी, श्रेणीबद्ध और द्विअंगी (बायनरी) चिंतन से युक्त होना होगा। इस सन्दर्भ में उन्हें स्त्रीवादी लेखिकाओं जैसे कि एलेन शोवालूर, केट मिलेट, एलेन मूर, गिल्बर्ट, गुबर, पैट्रिसिया मायर स्पैक्श, मेरी एलमैन, गाएले ग्रीन, कोपिलिया काहन, जेन फ्लैक्श, एनेट कोलोडनी, हेलेन सिकाउस, जुलिआ क्रिस्टेवा और बारबारा स्मिथ आदि की उपेक्षा नहीं करनी है। इसके साथ ही उन्हें पश्चिमी स्त्रीवाद द्वारा प्रदत्त आलोचनात्मक प्रक्रियाओं और वैचारिक रूपों के जकड़-जामों के प्रति भी सचेत रहना है। क्योंकि पश्चिमी प्रतिरूप से भारतीय लेखिकाओं के अंतर को समझने में उनसे ज्यादा मदद नहीं मिल सकती; यद्यपि मूलभूत जैविक और पूर्व भाषिक स्तरों की कुछ समानताओं को समझने में वे अवश्य सहायक हैं। सिर्फ पश्चिमी स्त्रीवाद के सार्वभौम सिद्धांतों से बिठोबा के प्रति ज्ञानबाई के भक्तिमय आत्म-निवेदन को नहीं समझा जा सकता और न ही मीरा और रैदास अथवा अक्क महादेवी और बासव के संबंधों को समझा जा सकता है। महाश्वेता देवी ने आदिवासी कन्या यशोदा और द्रौपदी का जो चित्रण किया है, सुगतकुमारी ने कृष्ण के बारे में बंदिनी देवकी का जो स्वप्न-चित्र खींचा है, कुर्तुल ऐन हैदर ने हिन्दुस्तानी जिन्दगी के शैशव और सेक्सुअलिटी की जो तस्वीर पेश की है, कमला दास में प्रेम और इन्द्रियातीत की जो अवधारणा है और जोसेफ सारा में जो केश प्रतीक है, जो स्त्री के लम्बे बालों को स्त्री-अस्मिता और संघर्ष के प्रतीक में बदल देती हैं—इन सबकी व्याख्या पश्चिमी स्त्रीवाद के सहारे नहीं हो सकती। पश्चिमी सिद्धांतों से भारतीय कृतियों के इस प्रतिरोध को कोई भी सजग पाठक महसूस कर सकता है जो इन रचनाओं में स्त्रीत्व

की पहचान करना चाहता है और चूँकि जेंडर (स्त्रीत्व) भी, जैव वास्तविकता के बावजूद, विशिष्ट सामाजिक, सांस्कृतिक और मनोवैज्ञानिक वातावरण में निर्मित होता है।

मीराबाई के समग्र पाठ के लिए यह जरूरी है कि हम उन्हें उनके संदर्भ में रखकर देखें। भक्ति आंदोलन में कुछ विलम्ब से आनेवाली मीरा के लेखन में विद्रोही आध्यात्मिकता है। स्वयं इस आंदोलन की जड़ें भारत के सामाजिक इतिहास और साहित्यिक-सांस्कृतिक परंपराओं में बड़ी गहरी हैं। इस युग को 'मध्यकाल' कहने से, हालाँकि अपनी तौर पर यह ठीक है, यूरोपीय इतिहास के 'अंधकार युग' की याद आती है जबकि आदत में वह वस्तुतः भारी सामाजिक-साहित्यिक उथल-पुथल का महान युग था। निश्चय ही, कट्टर मार्क्सवादियों ने भक्ति आंदोलन के मूल्यांकन में ईश्वर के प्रति भक्ति को सामंती भक्ति और निष्ठा की अभिव्यक्ति से जोड़कर देखा है—भक्ति और निष्ठा ईश्वर के प्रति ही नहीं, सांसारिक स्वामी-राजा के प्रति भी। यह स्पष्टतः एक लघुकारक दृष्टिकोण है; उन्होंने आंदोलन के जनतांत्रिक महत्त्व को पूरी तरह नजरअंदाज किया। भक्ति आंदोलन में सब-आल्टर्न तत्त्वों—कामगारों, किसानों और स्त्रियों का वर्चस्व था। उसने समानता की शिक्षा दी, ब्राह्मण-रूढ़िवाद और जाति-प्रथा पर प्रश्नचिह्न लगाया और जनसाधारण की बोल-चाल की भाषा का उपयोग करके साहित्यिक विमर्श में संस्कृत के वर्चस्व को तोड़ा। लोक संस्कृति के तत्त्वों, लयों और कल्पना-पैटर्न का समावेश करके और साधारण दैनंदिन जीवन की छवियों के सहारे उन्होंने एक नये काव्यशास्त्र की रचना की। आंदोलन से जुड़ी भक्त कवयित्रियों को अब उन्हीं स्थानों तक सीमित नहीं रहना था जिन्हें पुरोहित वर्ग पवित्र और धार्मिक बताता था; हरेक जगह को अब पवित्र समझा गया और कविता राजमहलों और मन्दिरों से निकलकर अब किसानों के खेतों, दस्तकारों के कार्य-स्थलों, स्त्रियों के रसोईघरों में और खुली सड़कों पर आ गई। कविता अधिक सीधी और प्रत्यक्ष हो गई, उसके सन्दर्भ सुपरिचित थे और भावनाएँ अत्यधिक मानवीय हो गईं; जैसा कि भक्त कवि ईश्वर के साथ प्रेम करता है और उसे डाँटता-झिड़कता है, उपहास करता है, फुसलाता है और उसके साथ झगड़ता भी है। नीरा देसाई, आई.एच. कुरैशी और ताराचंद जैसे इतिहासकारों ने इस पूरे आंदोलन को धार्मिक सन्दर्भ में देखने की कोशिश की—मुस्लिम आक्रमणकारियों द्वारा उत्पन्न खतरे के प्रति हिन्दू समाज की प्रतिक्रिया के रूप में देखा अथवा हिन्दुओं द्वारा मुसलमानों को अपने साथ लाने के विनम्र प्रयास के रूप में ग्रहण किया। उन्होंने भक्ति आंदोलन को दो परस्पर-विरोधी परंपराओं का समन्वय बताया। सूज़ी थारू का कहना सही है कि इन सभी विचारों में अव्याप्ति दोष है। क्योंकि एक तरफ तो ये इतिहासकार हिन्दू धर्म को एक अखंड (मोनोलिथिक) धर्म बताते हैं और दूसरी ओर भक्ति-आंदोलन की सामाजिक-राजनैतिक जड़ों, उसके व्यापक परिणामों और समाज के विभिन्न तबकों—जिनमें नारियाँ भी शामिल हैं, पर उसके प्रभाव को नज़रअंदाज कर देते हैं। इस सन्दर्भ में मीराबाई के निजी जीवन-सन्दर्भों पर गौर करें—एक राजपूत राजकुमारी के रूप में उनका प्रारंभिक जीवन, महल का परित्याग, तरह-तरह के उत्पीड़न, विष दिया जाना,

गंदी बातों का शिकार बनाया जाना, रैदास की खोज, एक साधारण कामगार संत से अध्यात्म की शिक्षा ग्रहण करने का निर्णय, कृष्ण को प्रेम और स्वतन्त्रता का प्रतीक बनाना और भिखारियों के साथ घुमंतू जीवन का प्रारंभ। जेठानी का क्रोध और चिढ़।

पितृसत्ताक परंपरा में मीराबाई एक विनम्र भक्त कवयित्री के रूप में सर्वस्वीकृत हैं जिसमें विद्रोह की प्रवृत्ति बहुत कम है। जो भी हो, मीरा की कृतियों के परीक्षण से विद्रोह के आयाम स्पष्ट रूप से उभरते हैं—परिवार और कुटुम्ब-समूह के भीतर विद्रोह और उन अन्यायों और भेद-भाव के प्रति संघर्ष जो सिर्फ स्त्री होने के कारण उसे सहने पड़े। राजपूत सामंतों ने स्त्रियों पर पितृसत्ताक नियंत्रण कायम करने के लिए एक जटिल तंत्र को विकसित किया था; स्त्रियों को घर में कैद किया, स्त्रियों की शुचिता और पातिव्रत्य पर भयानक बल दिया, स्त्रियों के पुनर्विवाह और विधवा-विवाह पर प्रतिबंध लगाया और सती-प्रथा और जौहर जैसे विधान बनाए। इन सब बातों ने मीराबाई को अवश्य दुखी किया होगा, और यह स्वतन्त्रता-संबंधी उनकी घोषणाओं और स्त्री की परंपरागत छवि (इमेज) के पूर्ण अस्वीकार से पूर्णतः स्पष्ट है। मीरा के जीवन और काव्य के इन पक्षों को मधु किश्वर और रूथ वनिता ने अच्छी तरह उजागर किया है। (मानुषी, 50-52, जनवरी-जून 1989)

कृष्ण-भक्ति शाखा, दिव्यता की अखिल भारतीय अवधारणा, उसके समुदाय और ईश्वर से मीरा का संबंध निरूपित करने के अलावा उन्हें पश्चिमी राजस्थानी, ब्रजभाषा और मौखिक काव्य-परंपरा में भी रखकर देखा जाना चाहिए। भक्ति के अन्य कवियों की तरह मीरा का वर्ग भी उनके काव्य-बिम्बों में चित्रित है। भक्त कवयित्रियाँ अपनी कविताओं में रसोईघर और कार्यस्थलों के बिम्ब-प्रतीकों का इस्तेमाल करती हैं। मीराबाई 'सुहाग-सिंदूर', चूड़ियाँ, सिर के आभूषण और उत्तम परिधानों से सम्बन्धित प्रतीकों का उपयोग करती हैं। ये सभी प्रतीक मीरा के मामले में परंपरा, वर्ग और पुरुष शक्ति के बंधन व्यक्त करते हैं जो स्त्रियों को सुन्दर दिखने और स्वयं को सज्जित करने के लिए बाध्य करते हैं और जो आत्म-पहचान में बाधक हैं। अपने ही समाज ने मीरा को किस रूप में ग्रहण किया, आम जनता के बीच उनकी छवि किस रूप में है, राष्ट्रवादी विमर्श ने उनका क्या भाष्य किया है (जैसा कि गांधीजी ने उन्हें अनेक जगहों पर नारी-मुक्ति का प्रतीक बताया है) और संगीत, फिल्म, चित्र-कथा और मीडिया में उन्हें किस रूप में प्रस्तुत किया गया है, इन बातों पर भी मीरा के अध्ययन में विचार होना चाहिए। इस तरह के अध्ययन में पश्चिमी सिद्धांतों से बहुत कम सहायता मिलेगी, उनसे सिर्फ कुछ पद्धतिपरक दिशा-निर्देश मिल सकते हैं, शब्दार्थ-संबंधी अन्तर्दृष्टि और वर्ग, लिंग, आध्यात्मिकता की विचारधाराओं तथा मनोवैज्ञानिक धारणाओं को समझने में कुछ सहायता अवश्य मिल सकती है। हमारा शुद्धतावाद इस तरह की सहायता लेने के मार्ग में आड़े नहीं आता; जैसा कि अनुसंधान के अन्य क्षेत्रों में—अर्थशास्त्र और नृविज्ञान से लेकर भौतिक विज्ञानों में हम पश्चिम की मदद लेते ही हैं।

दैनंदिन और अवां-गार्द

केरल में समाज और साहित्य का विकास

'दैनंदिन' ('एवरिडे') फ्रांसीसी पद La qnotidienne का हिन्दी अनुवाद है, बहुत ठीक तो नहीं लेकिन उपयोगी। मार्क्सवादी चिंतन के अवधारणात्मक शब्दकोश में इस पदबंध को जोड़ने का श्रेय हेनरी लेफेब्रे को जाता है। यह पद उस साधारण को व्यक्त करता है जो रोजमर्रा के जीवन में निरन्तर अपने को दुहराता रहता है और जिसे पश्चिम के दार्शनिकों ने—प्लेटो से लेकर हेगेल तक—कभी गंभीरता से नहीं लिया। दर्शन के क्षेत्र में हेनरी लेफेब्रे ने और साहित्य में जेम्स ज्वाइस ने दैनिक जीवन के इस आयाम पर गंभीरता से विचार किया। इसके प्रति मार्क्स का झुकाव तो था लेकिन वे भी इसकी व्याख्या पूरी तरह से नहीं कर पाए क्योंकि मुख्यतः वे श्रम और पूंजी के क्षेत्र में काम कर रहे थे। लेफेब्रे के अनुसार, ''दैनंदिन एक तरह का मर्दा (स्क्रीन) है जो 'क्या है' और 'क्या नहीं बदला है'—दोनों को प्रकट भी करता है और छुपाता भी है।'' (टुवार्ड्स ए लेफ्टिस्ट कल्चरल पॉलिटिक्स इन मार्क्सिज्म एण्ड इन्टरप्रेटेशन ऑव कल्चर, लंदन, 1988) इसे हेगेल ने 'विश्व का गद्य' कहा था; अध्ययन के क्षेत्र में इसे महत्त्व प्राप्त नहीं था, ठीक वैसे ही जैसे मार्क्स के पहले 'श्रम' को और फ्रायड के पहले 'लिबिडो' को महत्त्वहीन विषय माना जाता था। 'दैनंदिन' सर्वप्रथम उस पूंजीवादी उत्पादन पद्धति के विकास की रूपात्मकता (मॉडलिटी) है, जो एक बार स्थापति हो जाने के बाद उद्योग, कृषि, शहर और दिक् (स्पेस) को समन्वित करता है और रोजमर्रा का जीवन उत्पन्न करता है; दूसरे, यह समाज को नियंत्रित करने की रूपात्मकता भी है।

दुहराव अथवा आवृत्ति की प्रबलता यहाँ एक जीवन-पद्धति बन जाती है—शोषण और वर्चस्व का एक आधार, विश्व और मानव व्यक्तित्व के साथ एक सम्बन्ध। आवृत्ति मृत्यु के भय पर पर्दा डालती है, उसका दमन करती है। आधुनिक विश्व में 'दैनंदिन' के स्थापित होने की सफलता का यह एक बड़ा कारण है। वह ट्रैजिक को—दुखान्त को छुपाता है। ट्रैजिक कालखंड स्वयं में उस त्रासदी से दुराव है जिसे वह जीता है। एक ओर वह उन जरूरतों को तुष्ट करता है जिन्हें वही पैदा भी करता है और दूसरी ओर वह एक बेचैनी, एक असंतोष पैदा करती है—कुछ और पाने की आकांक्षा। इस प्रकार, यह अवधारणा ज्ञानमीमांसीय नियमों पर आधृत वस्तु-निर्मित अवधारणा नहीं है और न ही इसे यथार्थ के विखण्डन के द्वारा समझा जा सकता है। वह एक जीवन्त अनुभव है जिसे

एक अवधारणा और भाषा की प्रतिष्ठा तक उन्नत किया गया है। यह उसे स्वीकार करने के लिए नहीं अपितु बदलने के लिए हुआ है क्योंकि इस 'एवरिडे' में सुधार और रूपान्तरण की संभावना है। और किसी भी सामाजिक परियोजना में इसके रूपान्तरण के सवाल को अवश्य शामिल किया जाना चाहिए। महज राजनीतिक कार्मिकों और संस्थाओं को ही नहीं अपितु पूँजीवाद द्वारा नियंत्रित 'दैनंदिन' जीवन को बदलने की जरूरत है। संस्कृति भी इस 'दैनंदिन' का ही एक हिस्सा है, कम-से-कम हमारे समय में, क्योंकि वह महज किसी फलक पर लिखा हुआ पाठ (टेक्स्ट) भर नहीं है, वह जीवित और सक्रिय है, ''एक सोयी हुई सुन्दरता जो फूलों की सेज पर नहीं अपितु टेक्स्ट, उद्धरणों तथा संगीतात्मक स्वरलिपि के मुलायम गद्दे पर झपकी लेती है—पुस्तकों, शोध-प्रबंधों की विशाल छतरी के नीचे : राजकुमार के आगमन पर वह जाग उठती है और उसके साथ ही जंगल में बहार आ जाती है, हर चीज में जान पड़ जाती है।'' (पीटर बर्गरः थिएरी ऑव द अवां-गार्द)

केरल के 'दैनंदिन' जीवन में इस तरह का जागरण बीसवीं शदी के प्रारंभिक दशकों में ही घटित हो सका। तब तक केरल का 'दैनंदिन' धार्मिक कर्मकाण्डों, रूढ़ियों और विधि-विधानों से ग्रस्त था। शरीर प्रकृति का ही विस्तार समझा जाता था। शोषण के सामाजिक विधानों तथा भेद-भाव पर आधृत रीति-रिवाजों को भी प्रकृति के नियमों से जोड़ दिया जाता था। जो कुछ भी तात्कालिक रूप से प्राप्त था, वह संगत, वैध और प्रश्नातीत था। जाति, उपजाति, जमींदारी और राजशाही—सबको प्रकृति, भाग्य अथवा ईश्वर का विधान माना जाता था। शहर को गाँव से और मशीन को औजार से अलग करना मुश्किल था। कोल्हू और बैल गाड़ी के पहिये का बढ़ई के वसूले तथा कुएँ की घिरनी से गहरा सम्बन्ध था। 'साहित्यिक' रचनाओं पर दैवी तथा मिथकीय तत्त्वों का वर्चस्व था; इसके समानान्तर लोकगीतों में ही दैनंदिन जीवन को लोकप्रिय अभिव्यक्ति मिल रही थी।

एझुथच्चन, चेरूस्सेरी, पूनथानम् और उन्नी वारियार की कविताएँ इस 'दैनंदिन' के सीधे साक्षात्कार से इनकार करती हैं, हालांकि वे जिन स्थितियों और आवेगों को अभिव्यक्त करती हैं, उनमें निश्चय ही सार्वभौम मानवीय मर्म हैं 'ज्ञानाप्पाना' जैसी कृति की रचना संसार की गति के निरीक्षण से ही सम्भव हो सकती है। अपनी स्थितियों और नियति में सीता, दमयन्ती अथवा यशोदा का चरित्र परम्परागत आदर्शों से संचालित है। कुंचन नम्बियार एक ऐसे कवि हैं जो सम्भवतः 'लोक' से प्रेरित होकर समसामयिक 'दैनंदिन' के हास्यपरक अन्तर्वेशन (क्षेपक) के जरिये पौराणिक आख्यानों में जान डाल देते हैं। तब आधुनिक अर्थ में लेखक की 'श्रेणी' का उदय नहीं हुआ था क्योंकि आज के अर्थ में 'साहित्य' की पहचान तब नहीं होती थी। 'साहित्य' को तब एक अनुष्ठान, प्रदर्शन और मनोरंजन की वस्तु माना जाता था।

एक निश्चित श्रेणी के रूप में 'साहित्य' और 'लेखक' का उभार केरल में जन-जागृति के विकास के साथ ही हो सका। वह विरोध, सुधार और जागरण के सामान्य, जनतांत्रिक आन्दोलन का ही एक हिस्सा था। इस नवजागरण की शुरुआत

सामंती जातिप्रथा वाले समाज की आत्मालोचना के साथ हुई। वे भेदपरक रीति-रिवाज जो प्राकृतिक और दैवी-विधान के पर्दे से शोषण और असमानता को ढँकते थे, अब पारदर्शी हो उठे और उनका अमानवीय स्वरूप साफ-साफ नजर आने लगा। 'दैनंदिन' जीवन की शान्त सतह अचानक विक्षुब्ध हो उठी : हरेक जाति अपने आप को ऊँची-ऊँची अन्य जातियों के सन्दर्भ में देखने लगी और परम्परागत रुढ़ियों और गलत रीति-रिवाजों को मिटाने का प्रयास करने लगी। जाति-प्रथा को मिटाने अथवा कमजोर करने की कोशिशें हुईं। आधुनिक ज्ञान-विज्ञान तथा उपयोगी शिल्प में अपने आप को शिक्षित करने की होड़-सी मच गई।

इस उथल-पुथल में सभी जातियाँ शामिल थीं परन्तु मुख्य प्रहार उपेक्षितों-सबाल्टर्न की ओर से था; नारायण गुरु अथवा अच्चानकली के नेतृत्व में सिर्फ दलित ही जातिविहीन समाज के सन्दर्भ में सोच सकते थे जिसका अर्थ था उच्च जातियों के विशेषाधिकार और वर्चस्व का हनन। श्री नारायण गुरू की सफलता का रहस्य विमर्श और सत्ता के रिश्ते की पहचान में निहित है। उन्होंने उत्पीड़कों के वर्चस्ववादी विमर्श को चुनौती दी; पवित्र धर्मग्रंथों के सेक्युलर पाठ प्रस्तुत किए—उनमें निहित मिथकों, प्रतीकों और बिम्बों का क्रांतिकारी उपयोग किया। इन सब ने मिलकर केरल के 'दैनंदिन' को रूपांतरित किया—विभेद और अत्याचार के अदृश्य तंत्र को दृश्यमान बनाया।

2

साम्राज्यवाद-विरोधी 'भारतीय राष्ट्रीय कांग्रेस' के निर्माण ने केरल में प्रथम पंक्ति के कुछ सच्चे धर्मनिरपेक्ष बुद्धिजीवियों को पैदा किया—स्वदेशाभिमानी रामकृष्ण पिल्लई और के. केलप्पन से लेकर के. पी. केशव मेनन और मोहम्मद अब्दुरहमान तक; इसके बाद ए. के. गोपालन, पी. कृष्ण. पिल्लई, के. पी. आर. गोपालन तथा ई. एम. एस. नम्बूदरीपाद-जैसे समाजवादी बुद्धिजीवी आए। इस दोहरे रेनासां (नवजागरण) ने केरल के लोकप्रिय इतिहास में 'दैनंदिन' का दूसरा आधुनिक चरण उद्घाटित कियाः अब शरीर श्रम के बंधन में नहीं रहा, विभेदों को जाति-वर्ग निर्मित माना गया। 'दैनंदिन' अब जनतांत्रिक संघर्षों और प्रस्तावों का स्थल बन गया जहाँ से वाद-विवाद-संवाद और सहमति का सार्वजनिक जीवन प्रारम्भ हुआ। साहित्य को अब एक विशिष्ट दर्जा मिला; लेखकीय संस्थानों का निर्माण हुआ और नए आलोचनात्मक अकादमियों का भी। इसके साथ ही संस्कृत और अँगरेजी के शास्त्रीय ग्रंथों के आधार पर साहित्य और आलोचना के मूल्यों-प्रतिमानों का निर्माण हुआ। उन दिनों मलयालम में संस्कृत और अँगरेजी के ग्रंथों के अनुवाद बड़े पैमाने पर हुए। इन सबने मिलकर संस्कृति के विशिष्ट क्षेत्र के रूप में 'सौन्दर्यशास्त्र' को संघटित किया जिसका 'दैनंदिन' जीवन से भी गहरा रिश्ता था : उसने साहित्य को धार्मिक से धर्म-निरपेक्ष में रूपान्तरित किया।

व्याकरण और अनुवाद के नियमों की खोज ने—विशेषकर पवित्र बाइबल के

अनुवाद ने गद्य, मौलिक महाकाव्य तथा आख्यान काव्यों के शैली-शिल्प के विकास में सहायता की जिनका यथार्थ के साथ अक्सर अपरोक्ष सम्बन्ध हुआ करता था। इसी दौर में उपन्यास, कहानी और निबंध साहित्य का भी विकास हुआ जिनका जीवन्त सामाजिक अनुभवों से सीधा सम्बन्ध था। अल्लूर द्वारा लिखित 'मलयालम साहित्य का इतिहास', वल्लतोल और कुमारन आसन की काव्य-रचनाओं, सी.वी रमण पिल्लई और ओ. चंदू मेनन के उपन्यासों, भाषापोषिणि सभा और साहित्य-परिषद् जैसे संगठनों, 'स्वदेशाभिमानी', 'केरल पत्रिका', 'केसरी', 'मंगलोद्यानम्' तथा 'भाषापोषिणि'-जैसी पत्रिकाओं और प्राचीन-आधुनिक क्लासिक कृतियों के अनुवादों ने सार्वजनिक जीवन को क्रियाशील बनाया। आधुनिक शिक्षा और प्रिंटिंग तकनीक ने इस क्रियात्मकता में और भी सहायता की। विचारों के खुले आदान-प्रदान के कारण साहित्य रूढ़िवादी मूल्यों से स्वतन्त्र हो गया। परम्परागत मूल्यों और पुराने शब्द-संस्कारों का महत्त्व नहीं रहा।

केरल के कांग्रेस-समाजवादियों और कम्युनिस्टों के सामन्तवाद-विरोधी संघर्ष ने साहित्य के साथ-साथ 'दैनंदिन' के संघर्षों में वर्गीय आयाम जोड़ा। वर्ग की अवधारणा ने—चाहे उसे इतिहास, राजनीति और संस्कृति में किसी भी रूप में लागू किया गया हो—पहली बार गैर-जातीय अथवा वर्ग के आधार पर हाशिए पर के लोगों को संगठित करने में मदद की; इस अवधारणा ने शोषित-उत्पीड़ित लोगों के पुनरुत्थान की ओर नवजागरण की ताकतों को अभिमुख किया। यह सच है कि केरल का कम्युनिस्ट- आन्दोलन बाद में अन्तर्राष्ट्रीय श्रमिक वर्ग के आन्दोलनों से जुड़ गया, लेकिन फिर भी, वह स्वयं में देशी जनतांत्रिक आन्दोलन था जिसकी जड़ें, शती के आरंभिक दशकों में, सामाजिक सुधार तथा उपनिवेशवाद-विरोधी आन्दोलनों में गहरे तक धँसी थीं। यह एक ऐसा तथ्य है जिससे समझा जा सकता है कि अन्तर्राष्ट्रीय साम्यवाद के पतन और विभ्रम के दौर में भी केरल में कम्युनिस्ट-आन्दोलन टिका हुआ और समुत्थानशील क्यों है। केरल की अनुकूल सांस्कृतिक जमीन में वर्ग-संघर्ष के विचार का जो पल्लवन हुआ, उसने साहित्य को भी प्रभावित किया। साहित्य में प्रगतिशील आन्दोलन और समाजवाद तथा धर्म-निरपेक्ष लोकतंत्र की ओर उन्मुख सामाजिक आन्दोलन की संपूर्ण प्रक्रिया के बीच का रिश्ता जितना संरचनात्मक निर्धारण का मामला है उतना समकालिकता का नहीं।

3

सन् 1937 में संचालित 'जीवन साहित्य आन्दोलन' को मलायालम साहित्य में पहला अवां-गार्द आन्दोलन कहा जा सकता है क्योंकि सभी अवां-गार्द आन्दोलनों की तरह उसने न केवल साहित्यिक अभिव्यक्ति की पद्धति बदल दी, अपितु साहित्य के मूल्यों और प्रतिमानों को पुनर्परिभाषित करने की कोशिश की और अन्ततः साहित्य की मूलभूत संस्था पर ही प्रश्नचिन्ह खड़े किए। इसका उद्देश्य ऐसे साहित्य को बढ़ावा देना था, 'जो जीवन के बदलते यथार्थ के साथ बदलता है, यथार्थ को नवीन रूपों में अभिव्यक्त करता

है, रहस्यात्मक अतीत के बोझ से मुक्त होता है। उसके पास एक ऐसा दर्शन होता है जिसके आधार पर धर्म, समाज, लैंगिकता, परिवार अथवा युद्ध के बारे में प्रतिक्रियावादी विचारों से संघर्ष किया जा सके।' संगठन ने इस बात पर बल दिया कि ''जो भी बहुसंख्यक मानवता के सामान्य हित में व्यवस्था और संस्थाओं के प्रति आलोचनात्मक पुनर्मूल्यांकन उत्प्रेरित करता है, वह प्रगतिशील है'' और ''जो भी मनुष्य को निष्क्रियता और निष्प्राणता की ओर ले जाता है,'' वह प्रतिक्रियावादी है।

प्रगतिशील लेखक संघ का पहला अधिवेशन इसके सात साल बाद हुआ। इसमें केरल के लगभग सभी प्रमुख लेखक सम्मिलित हुए। वल्लतोल, छंगमपुझा, जी. शंकर कुरूप जैसे कवि और बशीर, थकाझी, करूर, एस.के. पोट्टेक्कट, केशव देव, पोंकुन्नम जैसे कथाकार और जोसेफ मुंडास्सेरी तथा एम.पी. पॉल जैसे आलोचक इस सम्मेलन में उपस्थित थे। इनके अतिरिक्त के. दामोदरन, छेरूकड, डी.एम. पोट्टेक्कट, एम.एस. देवदास, केडामंगलम पप्पुकुट्टी, प्रेमजी जैसे सहयात्री और कम्युनिस्ट कार्यकर्त्ताओं ने भी सम्मेलन में भाग लिया। इन लेखकों, विद्वानों और समाजवादी विचारकों की जड़ें कुमार आसन, वी.टी. भट्टाथिरिपाद, के.जी. करूप्पन और श्री नारायण जैसे रेनांसांस लेखकों में बहुत गहरी थीं। प्रगतिशील आन्दोलन ने 'दैनंदिन' को पूरी शक्ति और पूरी विविधता के साथ ग्रहण किया; समान सरोकारों के बावजूद लेखकों ने विभिन्न मुहावरों का इस्तेमाल किया। इन लेखकों में अनेक उदारवादी थे जो गांधी और लेनिन दोनों के विचारों से प्रभावित थे। प्रगतिशील लेखकों ने सदियों से मूक उत्पीड़ित जनता को वाणी दी। लोकगीतों के युग के बाद पहली बार भूमिहीन किसानों, मछुआरों, अछूतों, गाँव के गरीबों, शोषित दस्तकारों, उत्पीड़ित स्त्रियों और शहर के श्रमिकों को साहित्य में स्थान मिला।

अन्तर्वस्तु में इस बदलाव ने शैलीगत रूपान्तरण को उत्प्रेरित किया। कविता में संस्कृत छंदों की जगह द्रविड़ और लोक छंदों ने ले ली और काव्य-भाषा में संस्कृत शब्दों के उपयोग में भारी कमी आई। सर्जनात्मक गद्य में इसका अर्थ था—उपभाषा अथवा बोलीगत तत्त्वों का शक्तिशाली प्रवेश जो विशेषकर हाशिए पर के वर्गों, जातियों और अल्पसंख्यकों से ग्रहण किए गए; इसके फलस्वरूप पहले की पहचान-पद्धतियों में जो कृत्रिम भाषाशास्त्रीय भव्यता थी, उसका महत्त्व अब नहीं रहा। संक्षेप में, अंतर्वस्तु और शैली-शिल्प दोनों में रहस्यवाद के विरुद्ध यथार्थवाद को महत्त्व मिला।

वैलोप्पिल्ले, एडास्सेरी और उरूब-जैसे कवि आन्दोलन से बाहर रहे। लेकिन उन्होंने नवीन सामाजिक-साहित्यिक नवोन्मेष के प्रति अपनी प्रतिक्रियाएँ अवश्य व्यक्त कीं। सन् 1948 तक आते-आते प्रगतिशील आन्दोलन को लेखकों का जिस तरह व्यापक समर्थन और सहयोग मिला, उसने 'पार्टी लाइन की प्रतिबद्धता' वाले संकीर्ण और कट्टरतावादी दृष्टिकोण के लिए रास्ता तैयार किया। अन्तर्वस्तु पर बल देने वालों ने रूप के प्रति आग्रह की निंदा की और उसे पतनशील रूपवाद बताया। इस झगड़े के कारण आन्दोलन में दरार पड़ गई। प्रगतिशील आन्दोलन के सिद्धान्तकार ऐतिहासिक विकास

और सांस्कृतिक निर्माण के स्तर पर साहित्य की सापेक्ष स्वायत्तता को समझ पाने में असमर्थ रहे। उन्होंने साहित्य को विचारधारा का पर्याय समझा और उसे लेखक की व्यक्तिगत विचारधारा की प्रत्यक्ष अभिव्यक्ति मान लिया। इस तरह वे अनजाने तौर पर अभिव्यंजना के आदर्शवादी सिद्धान्तों के शिकार हो गए। उन्होंने पाठ (रीडिंग) के सन्दर्भ, उद्देश्य और विचारधारा के महत्त्व को कम करके आँका जिसके आधार पर हम सामाजिक रूपान्तरण में किसी कृति की प्रासंगिकता-अप्रासंगिकता का आकलन करते हैं।

उनके विरोधियों में भी स्वयं को समझने की शक्ति का अभाव था; वे अपने लेखक की क्रांतिकारी संभावनाओं को पहचान नहीं पाये। वैलोपिल्ले, एडास्सेरी और उरूब जैसे लेखक, जो आन्दोलन के विरोधी समझे जाते थे, अपनी सुस्पष्ट प्रतिबद्धता में के. पी. जी., केडामंगलम अथवा डी. एम. पोट्टेक्कट से कहीं अधिक प्रगतिशील थे; इसलिए कि उन्होंने समाज के बहुस्तरीय, जटिल अन्तर्विरोधों को कहीं अधिक व्यापकता, गहराई और नवोन्मेष के साथ उद्‌घाटित किया।

केरल में औद्योगिक पूँजीवाद का वास्तविक विकास कभी नहीं हुआ; फिर भी वहाँ के 'दैनंदिन' जीवन और साहित्य में पूँजीवादी मूल्य-मानों और परिप्रेक्ष्य का प्रवेश उस समय होने लग गया था। नवजागरण की शक्तियाँ कमजोर हो चुकी थीं, रूढ़िवादी और व्यवस्था-समर्थक हो गई थीं। इस कारण जीवन में अधिग्रहण, लाभ-लोभ और उपभोक्तावादी मूल्यों को खुली छूट मिल गई। फिर भी, एक सबाल्टर्न शक्ति के रूप में पुराना जीवन नीचे बहता रहा—कभी-कभार आधुनिक जीवन की लय को भंग करता हुआ। यदा-कदा उसने नॉस्टैल्जिया पैदा की जैसा कि हम पी. उन्हिरमण नायर के काव्य में पाते हैं, यदा-कदा उसनें किसी समतावादी भविष्य का यूटोपियन स्वप्न निर्मित किया जैसा कि हम वैलोप्पिल्ली में देखते हैं और कभी-कभी हम उसे अपनी रुग्णता, पतनशीलता और संघर्ष के साथ आधुनिकता से टकराते हुए देखते हैं जैसे कि एम. टी. वासुदेवन नायर में।

राज्य में पहली कम्युनिस्ट सरकार के विरोध में सारे रूढ़िवादी तत्त्व एक हो गए; वे भूमि-सुधार आन्दोलन और शैक्षणिक सुधारों के प्रभाव से भयभीत थे। मलयालम साहित्य में अवां-गार्द—आधुनिकतावाद के दूसरे चरण का अभ्युदय इसी काल में होता है और वह मध्यवर्गीय असंतोष से सम्बन्धित है। इसका विरोध प्रगतिशील और सामंती दोनों ताकतों ने किया। तब केरल का समस्त समाज 'मध्यवर्ग' के रास्ते पर था : भूमि-सुधार, शिक्षा और सुविधा के आदर्शों ने मलयालियों के 'दैनंदिन' को औसत मध्यमवर्गीय सामाजिक व्यवहारों में बदल दिया था जो किसानों, आदिवासियों और मजदूरों के जीवन स्तर से कुछ अलग और विशिष्ट था। मध्यवर्ग का व्यक्ति इन वर्गों में से किसी के साथ भी एकात्म नहीं हो सका और उसने एक अनिश्चित समय-संसार में अपने को बहता हुआ पाया जहाँ उसका व्यक्तित्व समस्याग्रस्त था और अस्तित्व कल्पना-निर्मित संसार में निरन्तर परिवर्तनीय था।

4

इसके साथ ही केरल में गाँव और शहर एक बड़े अर्धशहरी परिविस्तार के अंग बन गए। आधुनिकतावाद का आगमन विशेषकर मलयाली कथा-साहित्य में, हिन्दुस्तान के महानगरों में रहनेवाले मलयालियों के द्वारा हुआ। ओ. वी. विजयन, कक्कन्दन, एम. मुकुन्दन, वी.के.एन., एम.पी. नारायण पिल्लई, पाल जाछरिया और सेथु जैसे कथाकार-उपन्यासकार और माधवन अय्यप्पथ, एम.एन. पालूर और कदम्मनित्ता-जैसे कवि दिल्ली, बंबई और मद्रास-जैसे महानगरों में निवास करते थे—केरल के सामाजिक यथार्थ से दूर, जो उनके 'लॉस और एलियनेशन' की भावभूमि के निश्चित आधार बने। इनमें से अधिकांश गाँव से शहर आए थे और उनका एक कम्युनिस्ट अतीत अथवा साम्यवादियों के साथ सहानुभूति का अतीत भी था। प्रगतिशील संवेदना के निरन्तर क्षरण, स्तालिनवाद से सम्बन्धित रहस्योद्‌घाटन और केरल के मार्क्सवादी आलोचकों के रूढ़िवाद के कारण वे मार्क्सवाद से अलग हो गए। मार्क्सवाद अब उनके लिए सर्वसत्तावादी आतंक था। अगर साम्यवाद का देवता असफल हो गया था तो कांग्रेस की दोपहरी में भी अंधकार व्याप्त था क्योंकि वह भी गांधीवादी आदर्शों से बहुत दूर हो गई थी। साहित्य में प्रगतिशील आन्दोलन खोए हुए उद्देश्य के रूप में प्रकट हुआ : कथासाहित्य में प्रकृतिवाद और कविता में रोमांटिसिज्म अपना आकर्षण तेजी से खोता जा रहा था।

कागजी क्रांति ने इन लेखकों को यूरोप के आधुनिकतावादी प्रयोगों की ओर मोड़ा जहाँ उन्हें ऐसे आदर्श (मॉडेल्स) मिले जो उन्हें नवीन सौंदर्यात्मक गतिरोध से बचा सकते थे। हाल ही में प्रकाशित अपनी किताब 'मेंकिग इट न्यूः मॉडर्निज्म इन मलयालम, मराठी एण्ड हिन्दी पोयट्री' में ई. वी. रामाकृष्णन् ने प्रथम चरणवाले आधुनिकतावाद ('50 और '60 के दशक वाले) को 'उच्च आधुनिकतावाद' ('हाई मॉडर्निज्म')\u0025ठके रूप में पहचाना है जो कि '70 के दशक में उत्पन्न अवां-गार्द आधुनिकतावाद से अलग है।

प्रारंभिक आधुनिकतावादी सौन्दर्यवादियों को व्यवस्था-समर्थक समझना गलत होगा क्योंकि अय्यप्पा पणिकर, एन.एन. कक्कड़, अट्टूर रवि वर्मा, और कदम्मानित्ता रामाकृष्णन में जो गहरा असंतोष, आक्रोश और विडम्बना है वह व्यवस्था के प्रति उनके संदेहवाद की ही ऊपज है। कुछ पश्चिमी प्रभावों के बावजूद मलयालम आधुनिकतावाद को हमें देशज साहित्यिक संघटना के रूप में ही देखना होगा। यह दुर्भाग्य ही था कि उसे के. पी. अय्यर जैसा भाष्यकार मिला जो अपनी पहुँच में पूरी तरह यूरोसेंट्रिक (पश्चिमोन्मुखी) था। उन्होंने मलयालम की आधुनिकतावादी रचनाओं पर पश्चिमी प्रतिमानों को बड़े यांत्रिक ढंग से लागू किया।

ई.वी. रामकृष्णन् भी सौन्दर्यशास्त्रवादी उच्च-आधुनिकतावादियों और रेडिकल अवां-गार्दवादी के बीच पीटर बर्गर के विभेद को स्वीकार करते हैं और उसे मलयालम साहित्य में आधुनिकतावाद के दोनों चरणों पर लागू करते हैं—विशिष्ट ऐतिहासिक सन्दर्भों की पर्याप्त समझ के बगैर। दोनों चरण भेदी दृष्टि में अवां-गार्दवादी हैं और दोनों

चरणों की भिन्नता समाज के प्रति उनकी आलोचना-दृष्टि की परिधि और पद्धति में निहित है : प्रथम चरण ने समाज की उदार-मानववादी आलोचना का प्रयास किया जबकि द्वितीय चरण ने अधिक क्रांतिकारी दृष्टिकोण का परिचय दिया। दोनों ने भिन्न तरीकों से साहित्यिक संस्था पर प्रश्नचिह्न लगाए। कटु हास्य (ब्लैक ह्यूमर) और विडम्बना (आयरनी), जो छठे दशक के लेखक की विशेषता है, वे औजार हैं जो न केवल सामाजिक विधान को, अपितु साहित्यिक व्यवस्था को भी उलटने का प्रयास करते हैं।

वे साहित्य के ऐसे रूपों की तलाश में थे जो उनके आधुनिक व्यक्ति वैशिष्ट्य की निर्मितियों को अच्छी तरह व्यक्त कर सके। अपने उद्देश्य की पूर्त्ति के लिए उन्होंने असंगति, अन्तराल, संकेतक की केन्द्रीयता, विडम्बना, कटु हास्य (ब्लैक ह्यूमर), रूपक, मिथक, आद्यबिम्ब (आरकेटाईप), सुर्रियलिज्म, फैंटेसी और प्रयोगात्मक वाक्य-विन्यास आदि का सहारा लिया।

विभिन्न लेखकों और विभिन्न कृतियों में अलग रुझान और भिन्न रणनीति अथवा भिन्न रचना-पद्धतियों के दर्शन होते हैं। आदर्शवादी संज्ञान-सिद्धान्त का व्यक्ति भाषा को खुद को व्यक्त करने का एक साधन मानता है, भाषा यहाँ उसकी चेतना में विद्यमान अन्तर्वस्तु को व्यक्त करने का एक माध्यम भर है। परन्तु आधुनिकतावादी लेखक के लिए वह आत्माभिव्यक्ति का नहीं अपितु आत्मान्वेषण का माध्यम है। साहित्य यहाँ निर्जीव भाषाशास्त्र और मानसिक ठप्पों को अस्वीकार करता है जोकि यांत्रिक विवेकवाद (रैशनलिटी) के ही परिणाम हैं। कला का असामाजिक, जैसा कि अडोर्नो कहता है, एक निश्चित समाज का निश्चित निषेध होता है। विजयन, कक्कन्दन और सेथु के उपन्यासों और जछरिहा तथा एम.पी. नारायण पिल्लई की कहानियों में मूल्य-निषेध अराजकता के बिंदु को छूने लगता है; जबकि अय्यप्पा पणिकर (मृत्युपूजा और कार्टून पोएम्स) और कदमानित्ता की कविताएँ विडम्बना अथवा आक्रोश के माध्यम से वर्तमान व्यवस्था का निषेध करती हैं।

कुछ अन्य प्रकार की रचनाओं में साहित्य की मूलभूत संस्था को ही आलोचना का विषय बनाया गया है, जैसे कि कुन्जुन्नी, एम. गोविंदन, एन. एन. कक्कड़ और अय्यप्पा पणिकर की व्यर्थतावादी (नानसेंस) कविताओं में और पॉल जछरिहा और पी.वी. शिवकुमार की आत्मपरक कहानियों में यूरोप के दादावादियों की तरह इन्होंने न केवल अपने पूर्व की साहित्यिक विरासत की आलोचना की अपितु साहित्य की स्थापित मान्यताओं को भी चुनौती दी; जबकि यथार्थवाद के दौर में कला के विकास को दैनंदिन जीवन के निकट सम्पर्क के साथ जोड़कर देखा जाता था। आत्मालोचना के इस दौर में, इस तरह की निर्मितियों की एकांगिकता सुस्पष्ट है। यथार्थवाद को अब एक कला-सिद्धान्त के रूप में ग्रहण नहीं किया जाता अपितु उसे किसी काल-विशेष की कलात्मक प्रक्रियाओं के योगफल या समाहार के रूप में समझा जाता है। हैबरमास ने कला की जो व्याख्या की है, उससे आधुनिकतावादी मलयालम साहित्य में निहित खिलंदड़ी (प्लेफुल) तत्त्वों को

समझा जा सकता है। हैबरमास कला को उन जरूरतों की मानसिक तुष्टि का शरण्यस्थल बताते हैं जो बुर्जुआ समाज की भौतिक जीवन-प्रक्रिया में प्रायः अवैधानिक बन जाता हैं—'प्रकृति के अनुकरणात्मक व्यवहार की तरह' ही जो वांछित होती हैं। संप्रेषात्मक अनुभव के उस सुख को कोरे व्यावहारिक बुद्धिवाद से समझा नहीं जा सकता; व्यवहार की स्वतःस्फूर्तता के समान ही वह कल्पना की उड़ान का विस्तृत क्षेत्र खोल देता है।

लेखकगण हमारे सार्वजनिक भाषणों की ''उस सतही, नीरस और गद्यात्मक प्रकृति के साथ टकरा रहे थे जहाँ संप्रेषण का व्यावहारिक उद्देश्य अभिव्यक्ति के साधनों की गुणवत्ता को ही नष्ट कर देता है।'' (क्लेमेंट ग्रीनबर्ग, अवां-गार्द एण्ड द किट्ज) सामान्य भाषा की विकृतियों के सन्दर्भ में उनकी नवीन भाषा की कार्यप्रणाली एकबारगी आरोग्यकर एवं विरेचक साबित हुई। उन्होंने पहली बार केरल के समाज में 'दैनंदिन' अनुभवों की जटिलता को वाणी दी, उस यौन-दमन के प्रति तीव्र प्रतिक्रिया व्यक्त की जो मलयाली मानसिकता की विशेषता है और उन सत्ता मीमांसात्मक (आध्यात्मिक नहीं) चिन्ताओं और अनिश्चितताओं को उठाया जो समकालीन अस्तित्व से टकराती हैं। मलयालम साहित्य में आधुनिकतावाद अपने ही पूर्व-आधुनिक लेखक से सीधे उद्भूत हुआ। उदाहरण के लिए अय्यप्पा पणिकर का लेखन असम्भव होता अगर उनसे पहले कुंचन नम्बियार से लेकर वैलोप्पिल्ली नहीं होते। बशीर और उरूब के बिना ओ. वी. विजयन नहीं हो सकते थे। उनका आक्रोश किसी की नकल नहीं है; केरल के उस बुद्धिजीवी समाज के जटिल जीवन में उसकी जड़ें बहुत गहरी हैं जो सामाजिक दमन-उत्पीड़न, राष्ट्रीय जीवन में आदर्शवाद के संकट और इच्छाओं के दमन से टकरा रहा था।

छठे दशक की प्रेम-प्रधान-राजनीतिक कथात्मक कृतियाँ राजनीतिक अनिश्चितता और संदेह की पृष्ठभूमि में मलयाली मध्यवर्ग के कुछ मूक पक्षों को मूर्तिमान करने की चेष्टा करती हैं; उनकी प्रकट अनैतिहासिकता अस्तित्व के उन गहरे पक्षों को ऐतिहासिकता प्रदान करती हैं जिन्हें प्रगतिवाद के दौर में दबा दिया गया था और उनकी ऐन्द्रिक भाषा, जो आकांक्षा की चमक से दीप्त हैं, एक औजार है राजनीति, काम (सेक्स) अथवा आकांक्षा और लोकोत्तर की जटिलता व्यक्त करने का। विजयन की 'कजाक्किन्ते इतिहासम्', मुकुन्दन की 'दिल्ली', सेथु की 'पांडवपुराणम्', कक्कन्दन की 'उष्णमेखला' (सभी उपन्यास) जछरिहा की 'ओरिडाथु', एम.पी. नारायण पिल्लई की 'जार्ज अरामान्ते कोडाथि, टी. आर. की 'नी जस्सोक्किने कोलारूथु' एन.एस. माधवन की 'चुलाइमेंडिले सवांगल (सभी कहानियाँ) एन.एन. कक्कड़ की '1964' माधवन अय्यप्पथ की 'मणियारा,' अय्यप्पा पणिकर की 'पाकालुकल, रात्रिकाल' तथा बालाचन्द्रन चुल्लिकड़ की 'गजल' (सभी कविताएँ)—जैसी ज्वलंत कृतियाँ उस जटिल वास्तविकता को प्रतिबिंबित करती हैं जो सामाजिक जागरूकता, सत्तामीमांसात्मक संदेह, दमित आकांक्षाओं, और आंतरिक हिंसा को एक साथ अन्तर्ग्रथित करती हैं और जो राजनीति को व्यक्तिगत और निजी में रूपांतरित कर देती हैं।

5

सत्तर के दशक के क्रांतिकारी अवां-गार्द लेखकों ने जो किया, वह यह कि वे अपने से पहले के उदार मानवतावादी लेखन में निहित राजनीति को आगे ले आए। पट्टाथुविला, करुणाकरन, एम. सुकुमारन, कदम्मानित्ता रामकृष्णन, के.जी. शंकर पिल्लई और सच्चिदानन्दन जैसे लेखकों ने, जो अभिव्यक्ति की आधुनिकतावादी रणनीति में दीक्षित थे, प्रगतिशील दौर की वामपंथी आकांक्षाओं को पुनः प्राप्त करने और उसे और अधिक विकसित करने की कोशिश की और इस सन्दर्भ में उन्होंने वर्चस्ववादी विचारधारा तथा मौजूदा वामपंथ दोनों के प्रति आलोचनात्मक रवैया अपनाया। यह प्रगतिशील मध्यवर्ग के एक हिस्से की कोशिश थी जो राज्य और राष्ट्र के बरक्स अपने सम्बन्ध पुनर्परिभाषित कर रहा था।

उन्होंने रूप की समीक्षा भी विकसित की। वे अपने पहले के उस प्रगतिशील साहित्य से संतुष्ट नहीं थे जो कविता में रोमांटिक पद्धति और कथा साहित्य में प्रकृतवादी पद्धति का अनुसरण कर रहा था। वे छठे दशक के उस आधुनिकतावाद से भी असंतुष्ट थे जो अहंवादी और आत्मकेन्द्रित प्रवृत्तियों से ग्रस्त था। वे अधिक खुले हुए संवादात्मक रूपों को विकसित करना चाहते थे जिससे कि सामाजिक संघर्षों की चेतना को पकड़ा जा सके। विडम्बना, प्रति-रूपक, प्रति-मिथक, अन्योक्ति, दृष्टान्त तथा सुर्रियलिस्टिक बिम्बों का उपयोग किया गया ताकि भविष्यवादी मुहावरों की रचना हो सके जो उस समय के क्रांतिकारी वाम के मूड को प्रतिबिंबित करता था।

सत्तर के दशक में साहित्य में जो नये रुझान पैदा हुए, उनमें से कुछ इस प्रकार हैं; 'दैनंदिन' की एक ऐसी समीक्षा विकसित हुई जिसने लेखकों के बीच ऐतिहासिक समय को प्रतिबिंबित (रिफ्लेक्टेड) समय में बदल दिया, मध्मवर्गीय बुद्धिजीवियों के अपराधबोध और आत्म-व्यंग्य की अभिव्यक्ति, उच्चवर्गीय संस्थाओं और मनोवृत्तियों की प्रत्यक्ष आलोचना, निम्नवर्ग की पीड़ाओं और सपनों की अभिव्यक्ति, पुराने अवसरवादी वामपंथ पर व्यंग्य। इन सबके साथ ही इस समय के साहित्य ने छठे दशक के उदार मानववादी आधुनिकतावादी अवां-गार्द के प्रति एक आलेचनात्मक दृष्टि भी विकसित की।

'अल्लोपनिषद्' (पट्टथुविला), 'थुक्कुमारांगल न्हानगालकु' (एम. सुकुमारन), 'बंगाल,' (के.जी. शंकर पिल्लई), 'पणि' (के. सच्चिदानन्दन), 'संक्रमणम्' (अट्टूर रवि वर्मा) और 'सान्था' (कदम्मोनित्ता) जैसी कृतियाँ सत्तर के दशक की अवांगार्द रचनाओं में महत्त्वपूर्ण हैं जिनमें 'दैनंदिन' को ऐतिहासिक संघर्षों में रूपांतरित कर दिया गया है। एक ऐसे दौर में जब जीवन और साहित्य का तीव्र व्यवसायीकरण हो रहा था और सस्ते साहित्य, व्यावसायिक सिनेमा, टेलीविजन और विज्ञापनों के द्वारा जन-मानस को विकृत और दिग्भ्रमित किया जा रहा था, क्रांतिकारी लेखकों ने तीसरी दुनिया की क्रांति के विचारों से प्रेरित होकर आधुनिकतावाद की आंतरिक समीक्षा प्रस्तुत की। 'दैनंदिन' अब तेजी के साथ संस्कृति-उद्योग की पकड़ में आता जा रहा था जिसकी अतियथार्थवादी छवियाँ और

रूढ़ियाँ 'दैनंदिन' के प्रत्यक्षीकरण में बहुत गहरे पैठ चुकी थीं। लोकप्रिय फिल्मों और साहित्य ने दुनिया को 'सार्वजनिक' और 'निजी' के दो भागों में बाँट दिया जिसमें पहला मर्दों के लिए और दूसरा स्त्रियों के लिए सुरक्षित था। औरतें तेजी से 'शो-पीस' और कामना की वस्तु बनती चली गई। यहाँ तक कि नौकरी और एकल परिवार ने भी औरतों के जीवन को अधिक हताशापूर्ण और अवकाशरहित बनाया। लोकतांत्रिक संस्थाओं में अब भी उन्हें समुचित प्रतिनिधित्व नहीं मिल रहा था और सार्वजनिक जीवन में उनकी जो भूमिका थी, वह उनके घरेलू कार्यों का ही विस्तार था।

इसके साथ ही विभिन्न एजेंसियों द्वारा—जिनमें टिंबर माफिया से लेकर टुअरिस्ट ट्रेड तक शामिल हैं, पर्यावरण का विनाश भी हुआ। साररहित नव-धनाढ्य संस्कृति, शराब अथवा अल्कोहलवाद का प्रचार-प्रसार, लैंगिक, साम्प्रदायिक और राजनीतिक हिंसा में बढ़ोतरी, पागलपन और आत्महत्या की बढ़ती हुई प्रवृत्तियाँ किसी व्यापक सामाजिक बीमारी के लक्षण हैं जो बेरोजगारी, व्यक्तित्वलोप, आर्थिक अनिश्चितता और सामाजिक असंतोष के दुष्परिणाम हैं। विदेशी पैसे से संचालित नये प्रकार की विषमताओं से ये उद्भूत हैं। एक ऐसा समाज जहाँ वर्ग की गतिशीलता बुद्धि, उद्योग और योग्यता के बजाय महज संयोग पर निर्भर हो, वह अविवेक, फैंटेसी और सुर्रियलिज्म के लिए अनुकूल जमीन तैयार करता है। केरल की साहित्यिक संवेदना पर आज जिन जादुई एवं विलक्षण तत्त्वों का प्राबल्य है, वे सम्भवतः सर्जनात्मक कल्पना पर केरल के विलक्षण कॉमिक यथार्थ का अप्रत्यक्ष प्रतिबिम्ब हैं। कोई आश्चर्य नहीं कि मार्खेज, बोर्खेज, कालविनों, काफ्का, कुंदेरा और रुश्दी को केरल में भी तैयार अनुयायी मिल गए। केरल के जीवन और कल्पना में व्याप्त कॉमिक एवं विलक्षण तत्त्वों के इस संश्लेष को अरुंधती राय का उपन्यास 'द गॉड ऑफ स्मॉल थिंग्स' बड़ी ईमानदारी के साथ प्रतिबिंबित करता है।

समकालीन केरल के 'दैनंदिन' जीवन में इस जटिल एवं अन्तर्विरोधी यथार्थ ने साहित्य में किसी एकरूप अवां-गार्द को असम्भव बना दिया है। अब संघर्ष किसी एक मोर्चे पर नहीं रहा अपितु तिर्यक् और बहुआयामी हो गया है। पुराने प्रगतिशील अवां-गार्द में नई प्रतिभाएँ अब भी आ रही हैं, फिर भी अब प्रतिबद्धता पर उसका एकाधिकार नहीं रहा क्योंकि क्रांतिकारिता अब केवल वर्ग तक सीमित नहीं है। आज के अवां-गार्द के पास एक से अधिक सांगठनिक सिद्धान्त हैं। इनमें सर्वाधिक महत्त्वपूर्ण लिंग (जेंडर) है। केरल में स्त्री-लेखन ने ललिताम्बिका अंटारजनम, के. सरस्वती अम्मा और राजलक्ष्मी से प्रारम्भ करके एक लम्बी यात्रा की है।

आज जबकि माधवीकुट्टी (कमलादास) जैसी स्त्री-मनोविज्ञान की सर्वोत्तम प्रतिनिधि हमारे बीच मौजूद हैं, सारा जोसेफ, मानसी, असिता, ग्रेसी ए. एस. प्रिया और चंद्रामती-जैसी कथा-लेखिकाओं की नई पीढ़ी पुरुषप्रधन सामाजिक विधान के प्रति अपने संघर्ष में अधिक स्वचेतन प्रतीत होती हैं। कविता में सुगत कुमारी, विजयलक्ष्मी, सावित्री राजीवन, वी.एम. गिरिजा, रोज मेरी आदि के साथ भी यही बात है। वे एक प्रतिभाषा—मातृभाषा का संसार रचती हैं जो पुरूष विवेकपरकता के पार जाने में समर्थ है। इनमें से कुछ ऐसे

सुधारवादी मिथकों की रचना करती हैं जो पितृसत्तात्मक तर्कों पर आश्रित मिथकों का विखण्डन करते हैं। कहानी में सारा जोसेफ ने और कविता में विजयलक्ष्मी ने स्त्रीवादी विमर्श के लिए रामायण, बाइबल तथा लोकप्रिय दंतकथाओं से मिथकीय प्रसंगों का चयन किया है। केरल में स्त्रीवादी लेखन वास्तविकता को प्रतिबिंबित करने के बजाय काल्पनिक इच्छापूर्ति के अधिक करीब है। कारण यह है कि औरतों की वास्तविक स्थिति में—चाहे घर हो या बाहर—कोई परिवर्तन नहीं हुआ है, बल्कि स्थिति और खराब ही हुई है—सामूहिक बलात्कार और वेश्यावृत्ति के लिए औरतों के निर्यात की घटनाओं में वृद्धि हुई है; जबकि स्त्री-आन्दोलन कमजोर और बिखरा हुआ है और जीवन और साहित्य के पुराने पैमाने अब भी बरकरार हैं। यहाँ तक कि 'लिजेंडस ऑव कज़ाक' जैसे कुछ आधुनिक उपन्यासों में कामना की वस्तु के रूप में नारी का जो आक्रामक ट्रीटमेंट मिलता है, उस पर प्रश्नचिह्न नहीं लगाया गया है। यह सामाजिक जीवन में स्त्री के साथ हमारे वास्तविक व्यवहार के बारे में भी सच है। फिर भी, समकालीन मलयालम साहित्य में सिर्फ लेखिकाएँ ही सामूहिक अवां-गार्द प्रतीत होती हैं।

जो भी हो, ऐसे बहुत-से लेखक हैं जिन्होंने रेडिकल अवां-गार्द को अपना लिया है। आनंद उत्पीड़ितों के हाशिए से इतिहास और यथार्थ पर प्रश्न उठाते हैं और एन.एस. माधवन सामाजिक विकृतियों पर और जीवन के साम्प्रदायिक पक्षों पर गहरी चोट करते हैं। दोनों ही ऐसे लेखक हैं जो नवोन्मेष और लाक्षणिक पद्धति के साथ यथार्थ से टकराते हैं। के.जी. शंकर पिल्लई और अट्टूर रवि वर्मा जो साम्राज्यवाद-विरोध के साथ पर्यावरण और क्षेत्रीय राजनीति की समस्याओं को उठाते हैं, व्यक्तिगत अवां-गार्द के अन्य उदाहरण हैं। हमारे अधिकांश लेखकों को अभी 'आत्म' और विश्व के बारे में उत्तर-संज्ञानात्मक और सत्तामीमांसात्मक प्रश्नों को और विभिन्न विश्व के बीच टकराहट के सवालों को (जो उत्तर-आधुनिकतावाद का केन्द्रीय मुद्दा है) गंभीरता के साथ ग्रहण करना है। हमारे लेखक जैसे 'दैनंदिन' के सतह पर ही ठहर गये हैं और आसपास की हलचलों से बेखबर हैं। जो भी हो, आज साहित्य का सरोकार राज्यसत्ता की माइक्रोपालिटिक्स से कहीं अधिक दैनंदिन की माइक्रोपोलिटिक्स के साथ होना चाहिए। अस्मिता, पुरुष वर्चस्व, सूक्ष्म (माइक्रो) फासीवाद, व्यक्तिगत तथा सांस्थानिक साम्प्रदायिकता के सवालों को गंभीरता से लेना है। राजनीतिक शब्दावली में कहें तो बल अब एक आयामी क्रांति की प्रतिबद्धता पर नहीं रहा; अपितु संरचनात्मक उत्पीड़न के सभी रूपों के प्रति गहरे सरोकार और मैक्रो-रिवोल्यूसंस में आस्था पर आ गया है और यह संघर्ष एक साथ सैकड़ों मोर्चों पर चल रहा है। नये साहित्य में जो बहुस्वर पाठीयता है, वह सम्भवतः बहुस्तरीय यथार्थ के साथ इस बहुआयामी संलग्नता की ही उपज है।

अस्तित्व-रक्षा की कहानियाँ
भारतीय कथा-साहित्य में ग्रामीण विमर्श

भारतीय कथा-साहित्य में ग्रामीण जीवन को लेकर एक गहरा विमर्श बराबर बना रहा है। इस विमर्श के प्रत्यक्ष पाठ अधिकांशतः विद्यमान हैं जैसे कि वे कहानियाँ जिनकी चर्चा हम यहाँ करने जा रहे हैं। मुख्यतः शहरी विमर्श में अक्सर ऐसी रचनाएँ उपेक्षित होती हैं—यहाँ वे सबाल्टर्न उपपाठ भर हैं—दमित, अवगुंठित और उपेक्षणीय, मानो किसी शोर-शराबे वाली सड़क पर किसी ग्रामीण शरणार्थी की पुकार अनसुनी कर दी जाए। आर्थिक उदारीकरण और विवेकहीन औद्योगिकरण के कारण हमारे जीवन और संस्कृति का जो तीव्र शहरीकरण हो रहा है उससे उत्प्रेरित नई चिन्ताओं के सन्दर्भ में उस कथात्मक विमर्श की चर्चा बिल्कुल उचित है जो हमारी जनता के आत्मगत इतिहास का बड़ा महत्त्वपूर्ण अध्याय है। इस सिंहावलोकन के पीछे कोई रोमांटिक नॉस्टैल्जिया नहीं अपितु सत्य के लिए गहरी चिन्ता है, उन जमीनी जनतांत्रिक आदर्शों के प्रति सच्ची प्रतिबद्धता है जिन्हें स्वाधीनता आन्दोलन के नेताओं ने अपनाया था। हमें देशज सामाजिक समानतावाद से भी गहरा सरोकार है। हमें उस समाजवादी रेहूटॉरिक से कुछ भी लेना-देना नहीं है जिसकी बात आज भारत के सभी राजनीतिक दल करते हैं।

यदि मार्क्स ने चार्ल्स डिकेन्स को उन्नीसवीं शती के इंग्लैंड का सर्वाधिक अन्तर्दृष्टिपूर्ण इतिहासकार बताया तो कोई कारण नहीं कि हम भी अपने महान लेखकों में—शरत्‌चंद्र और प्रेमचन्द से लेकर गोपीनाथ मोहांती और थकाझी शिवशंकर पिल्लई में अपने हाल के अतीत के ग्रामीण जीवन की अन्तर्वस्तु और संरचनाओं से सम्बन्धित वृत्तांत को न ढूँढ़ पाएँ। हमारे गंभीर लेखकों में से किसी ने भी, पौर्वात्यवादी कल्पनावादियों की तरह भारतीय गाँवों के बड़े मोहक आडंबरपूर्ण चित्र नहीं खींचे हैं; उन्होंने ग्रामीण सरलता को गौरवान्वित करने की कोशिश नहीं की है और न ही ग्रामीण सरलता और शहरी जटिलता को काले और सफेद रंगों में बाँटकर देखा है; हालाँकि ग्रामीण जीवन पर शहरी मूल्यों के दुष्प्रभावों से वे अनजान नहीं थे। अधिकांश लेखकों ने उत्पीड़ित मनुष्यता के दृष्टि-बिंदु से ग्रामीण जीवन का चित्रण किया है; इनकी अधिकतर कहानियों में व्यक्त पीड़ा और संघर्ष को इसी सन्दर्भ में समझा जा सकता है। जाति, वर्ण और वर्ग के अंध षड्यंत्र, गरीब जनता का आर्थिक, सांस्कृतिक और शारीरिक शोषण, लिंग-भेद की असमानता, अशिक्षा, गंदगी, भुखमरी, बीमारी—ग्रामीण-जीवन के सभी गंभीर पक्ष, जो

वंचितों के जीवन को नारकीय बनाते हैं, उनकी कहानियों में व्यक्त हुए हैं।

प्रेमचन्द की सुप्रसिद्ध कहानी 'ठाकुर का कुआँ' शती के आरंभिक दशकों में लिखी गई सामंत-विरोधी कहानियों के बीच एक प्रतिमान है जो देहाती दुनिया में जाति-प्रथा के दमनकारी रूप को उद्‌घाटित करती है जहाँ जल जैसा भौतिक तत्त्व भी जातिप्रथा के प्रदूषण से मुक्त नहीं था। ठाकुर और सूदखोर गाँव में शोषण के मुखिया ही नहीं, शुद्ध जल के रक्षक भी हैं। गंगी और जोखू पर उनका आतंक अधिक तीव्र है—जोखू की बीमार कंठ में जलती हुई प्यास से भी तीव्र। जोखू के शब्द सामंती गाँवों में सामाजिक उत्पीड़न की मशीनी संरचना को खोलकर रख देते हैं : ''ब्राह्मण-देवता आशीर्वाद देंगे, ठाकुर लाठी मारेंगे, साहूजी एक के पाँच लेंगे। गरीबों का दर्द कौन समझता है।'' जो भी हो इस कहानी में एक उपपाठ भी निहित है जो स्त्री के शोषण को व्यक्त करती है। कुएँ पर दो औरतें अपने पतियों की मालिक-जैसे व्यवहार की चर्चा करती हैं और घरेलू कार्य की पुरस्कारविहीन प्रकृति को महसूस करती हैं—घरेलू कार्य को पत्नी का स्वाभाविक कर्त्तव्य समझकर महत्त्वहीन बना दिया जाता है। यहाँ पितृसत्ता के विरुद्ध जागरूकता को प्रतिनिधित्व मिला है जिसे ग्रामीण संघर्ष के एजेंडे पर आना अभी शेष है। प्रेमचन्द का कलाकार बिना किसी सरलीकरण के अपने सहज ज्ञान से ग्रामीण जीवन के बहुआयामी सत्य का स्पर्श करता है। गंगी अपनी स्थिति के प्रति बेखबर नहीं है—उसका उदास चिंतन और अन्तर्वीक्षण बहुत कुछ कह जाता है फिर भी वह एक भूलभुलैया में फँस जाती है जहाँ अपनी कमजोर संकल्पशक्ति के कारण वह जातिप्रथा के प्रति अपना गुप्त विरोध-भाव ही दर्ज कर सकती है। ठाकुर के कुएँ से पानी लाने की असफल कोशिश से यह बात स्पष्ट है। कहानी के अंत में जोखू को जो सड़ा हुआ दुर्गन्धयुक्त पानी पीना पड़ता है, वह एक प्रतीक बन जाता है व्यवस्था के जुल्म के नीचे एक पूरे वर्ग के पिसने का।

गोपीनाथ मोहांती और यू. आर. अनन्तमूर्ति एक ही वास्तविकता को भिन्न परिप्रेक्ष्य में देखते हैं : मोहांती एक सुधारवादी उत्साह वाले युवा अफसर की निगाह से और अनन्तमूर्ति एक युवा शिक्षित ब्राह्मण की नजर से, जिनमें अविवेकपूर्ण जातिप्रथा को खत्म करने की चिन्ता है। उनकी कहानियाँ कहीं अधिक गूढ़ और सूक्ष्म धरातल पर चलती हैं। 'चींटियाँ' कहानी का अफसर न्याय के लिए व्यग्र है और सोचता है कि यह काम कानून को कठोरतापूर्वक लागू करने से ही सम्भव हो सकता है। जो भी हो, वह (रमेश) पाता है कि कानूनी न्याय सामाजिक न्याय के सीधे विरोध में पड़ता है। अपराध को चिह्नित करने और रोकने के प्रयास में जब उसका साक्षात्कार आदिवासियों की दयनीय दुर्दशा से होता है तो 'अपराध' के बारे में उसकी मूल धारणा ही बदल जाती है—एक क्रांतिकारी परिवर्त्तन। अधिकार में करुणा का प्रवेश होता है और एक कठोर नौकरशाह मानववादी बन जाता है जो कानून, न्याय, सत्य और नैतिकता के बारे में अपनी निश्चित मान्यताओं के पुनर्परीक्षण के लिए तैयार है। कहानी में 'चीटियाँ' क्रमशः एक संकेत चिह्न के रूप में विकसित होती हैं जो दीन-हीन प्राणियों के आत्मरक्षा के संघर्ष की ओर इशारा करती हैं। 'भरतपुर' का शिक्षित नौजवान जगन्नाथ अंधविश्वासों

को समाप्त करके अपने गाँव के लोगों का जीवन बदलना चाहता है। देवताओं में गाँववालों का परम विश्वास है जिसका फायदा शोषणकारी शक्तियाँ उठाती हैं। जगन्नाथ इस अंधविश्वास को दूर करना चाहता है। परन्तु वह जिस तरह परिहा लोगों को पारिवारिक देव-मूर्ति को छूने के लिए बाध्य करता है, (ताकि उनका भय दूर हो सके) उससे उसके कार्य का अर्थ ही बदल जाता है; वह हिंसा का स्वार्थपूर्ण आचरण बन जाता है। गरीब अशिक्षित लोगों को जिस तरह उत्प्रेरित करता है वह सिर्फ उसके क्रांतिकारी अहं को ही आगे बढ़ाता है क्योंकि परिहा लोग देवमूर्त्ति को निर्भय होकर छूते हैं और 'अपवित्रीकरण' के कार्य के महत्त्व को ठीक से समझ नहीं पाते। जगन्नाथ पाता है कि उसका 'क्रांतिकारी' कार्य कहीं अधिक क्षुद्र है—उसकी चाची के अस्पृश्यता के दैनंदिन व्यवहार से भी अधिक अधम, क्योंकि छुआछूत के भाव के बावजूद वह निम्न लोगों के प्रति मानवीय और दयालु बनी रह सकती है। यह कहानी उन मध्यवर्गीय प्रगतिशीलों के हृदयहीन विवेकवाद की अर्थपूर्ण आलोचना प्रस्तुत करती है जो क्रांति को आत्मरति के कार्य में बदल देते हैं—एक आत्म-अभिव्यक्ति का रूप जिसमें दीन-वंचित लोग केवल एक अचेतन औजार भर हैं। यह कहानी सभी हिंसक क्रांतियों की नियति को भी व्यंजित करती है जिसमें गलत साधन महान उद्देश्यों को निरर्थक बना देता है और जहाँ सत्ता के खेल में जनता को शतरंज के मुहरों की तरह इस्तेमाल किया जाता है।

ललिताबिंका अनटारजनम् प्रेमचन्द की कहानी के तर्क को ही उलट देती हैं ताकि सामाजिक परिवर्तन के शिकार लोगों के प्रति भी हमारा सहानुभूतिपूर्ण ध्यान आकृष्ट हो सके। 'मनुष्य की बेटी' कहानी में कुंजाथोलम्मा निःस्वार्थ करुणा की प्रतिमूर्ति है। अपनी मूल वृत्ति के कारण वह सामाजिक परिवर्तन की निर्वैयक्तिक धारा का साथ देती है और इस प्रक्रिया में पूर्णतः दरिद्र हो जाती है। ऐसी स्थिति में वह अपनी पुरानी नौकरानी के बेटे से सहायता माँगने के लिए बाध्य होती है जो अब एक राजनीतिक नेता बन चुका है। लेखक का उद्देश्य ध्वस्त सामंती व्यवस्था को न्यायसंगत ठहराना नहीं है अपितु उस मानवीय पीड़ा और करुणा का चित्रण करना है जो वर्ग की सीमाओं से ऊपर है। वह विचार एक अन्य कोण से प्रामाणिक हो उठता है—विशेषकर केरल के भूमिसुधारों के सन्दर्भ में, जिसमें अनेक लोगों की जिन्दगी बन गई तो कइयों की बर्बाद भी हुई। इस सकारात्मक सामाजिक परिवर्तन में सबसे अधिक शिकार नंबूदरी ब्राह्मण हुए। इसके लिए उनकी निःस्वार्थ उदारता भी कम जिम्मेदार नहीं थी जो उन्हें बर्बादी की ओर ले गई—एक ऐसी प्रवृत्ति जो उत्तर भारत के जमींदारों में नहीं पायी जाती। कहानी का शीर्षक अर्थपूर्ण है क्योंकि उसकी नायिका मातृत्व की प्रतीक है जो देने में ही आनंद प्राप्त करती है। यह तथ्य कि 'बेटा' भी उसके साथ श्रद्धापूर्ण प्यार के साथ व्यवहार करता है—सामंतवाद की बुराइयों पर भाषण नहीं झाड़ता, कहानी को प्रभावी बनाता है।

ताराशंकर की 'बोटमैन तारिणि', चगान्ती सोमायाजुलु की 'द फॉल आव द बाउलदर', वीणापाणी मोहांती की 'लता', मास्ती की 'वेंगटिगा की पत्नी', बी.एन. सैकिया की 'चूहे' तथा पी. लंकेश की 'द मोलूटन टाइम'—सभी अस्तित्वरक्षा की

कहानियाँ हैं। नाविक तारिणि अपनी पत्नी सुखी को बहुत प्यार करता है; उसने बहुतों को डूबने से बचाया है। वही नाविक खुद को बचाने के अंतिम प्रयास में सुखी को—जो उसे पकड़कर जान बचाने का प्रयास कर रही है, मृत्यु के भँवर में ढकेल देता है। यह अनगढ़ अपरिष्कृत स्वाद की कहानी भर नहीं है। कहानी कहीं अधिक अर्थपूर्ण है ; वह हमारे भीतर बैठे अनगढ़ मनुष्य को उद्‌घाटित करती है—उस निर्मम विषयी पशु को जो अस्तित्व के परम क्षणों में समस्त प्रेम और करुणा का परित्याग कर देता है जब वह अंतिम नियति के सामने नितांत अकेले जूझ रहा होता है। शिलाखण्ड का पतन कहानी में कुछ इसी तरह का जीवन-प्रेम पार्वती (पहाड़ों की बेटी) को अन्य पुरूष के साथ रहने के लिए बाध्य करता है जब उसके पति रमैय्या की मृत्यु शिलाखण्ड गिरने से कार्यस्थल पर ही हो जाती है। वह लालची सास चमेली को भी भगा देती है क्योंकि सास की प्रकट सहानुभूति के पीछे मुआवजे की राशि को हड़पने की इच्छा है। कहानी शोषण की शक्तियों और संरचनाओं को उद्‌घाटित करती है जिनसे गाँव के मजदूर पीड़ित हैं। यहाँ भ्रष्ट सुपरवाइजर भी है जो मुआवजे की तुच्छ राशि में से चोरी करता है और हृदयहीन ठेकेदार भी, जिसके लिए कार्यस्थल पर दुर्घटनाएँ सिर्फ प्राकृतिक आपदाएँ हैं। वीणापाणि मोहांती की कहानी की नायिका लता पितृसत्तात्मक वर्ग समाज की शिकार है—मर्दों की दुनिया द्वारा शारीरिक और आर्थिक शोषण की शिकार। सास-ससुर के अत्याचारों से पीड़ित होकर वह मैके लौटती है जहाँ गाँव के गुण्डे उसके साथ बलात्कार करते हैं। अवैध संतान के अपयश के डर से वह अपने पिता का मकान छोड़कर कहीं और चली जाती है, पिता की मृत्यु के बाद वह फिर वापस गाँव लौटती है। गाँव वाले रंडी कहकर उसे मारते-पीटते हैं। यह उसके धैर्य का अंत है : वह उन लोगों के नाम बताती है जो उसकी शर्मिन्दगी के लिए जिम्मेदार हैं। लता के माध्यम से लेखक ने लिंग-भेद वाली व्यवस्था की शिकार तमाम औरतों की पीड़ा को वाणी दी है।

'वेंकटिगा की पत्नी' कहानी में आदमी है जो संघर्षरत है। अपनी पत्नी की चंचलता के कारण उसे दुःख भोगना पड़ता है। उसकी पत्नी किसी दूसरे आदमी के साथ भाग जाती है। कहानी के नायक में जैन कथा के उस बौद्ध भिक्षु की तरह ही असीम धैर्य है जो किसी मछुआरे के बच्चे को बड़े धीरज के साथ पालता-पोसता है और जिस पर यह आरोप है कि यह उसी का बच्चा है। वेंकटिगा की पत्नी जब गहरे अनुताप में वापस लौट आती है तब वेंकटिगा न केवल उसे माफ कर देता है बल्कि उसके बच्चे के बारे में भी कुछ नहीं पूछता और उसे अपना बच्चा समझकर स्वीकार कर लेता है। अपने व्यवहार के प्रति वह इतना सावधान है कि अपनी पत्नी को बहकाने वाले की मृत्यु की खबर को भी वह छुपा लेता है—कहीं उसे तकलीफ न पहुँचे। लेखक ने यह दिखलाने की कोशिश की है कि एक साधारण लकड़हारा भी संत की तरह अच्छे व्यक्तित्व का धनी हो सकता है—उस दैवी तेज से ऊर्जस्वित जो हम सभी के भीतर विद्यमान है। भवेन्द्र नाथ सैकिया की कहानी 'चूहे' आत्म-रक्षा की प्रवृत्ति के शक्तिशाली चित्रण का एक अन्य उदाहरण है। यहाँ मोती की माँ चावल के उसी बैग से चावल खाने के लिए बाध्य होती है जिससे

उसका बच्चा कुचलकर मर गया और जिस पर खून के निशान अब भी हैं : चरम पीड़ा का रूपक—'लाइफ इन डेथ'। कहानी के अंत में चूहे जिस तरह बैग में छेद करके माँ के पेट की भूख शांत करते हैं वह उसके गर्भ की भूख की ओर भी संकेत है—जीवन-साथी और एक अन्य संतान पाने की इच्छा की सुगबुगाहट। 'पिघला हुआ समय' कहानी में पी. लंकेश गाँव में हो रहे पीढ़ी-दर-पीढ़ी परिवर्तन की अर्थछवियों को पकड़ने की कोशिश करते हैं। श्यामला का आचरण अपने प्रभाव में अनेकार्थी है : वह अपनी जाति का परित्याग कर देती है और प्रेम में पहल करके और अन्तर्बाधाओं को दूर करने में थिप्पान्ना की मदद करके एक स्त्री के रूप में खुद को भी आजाद कर लेती है। आत्म-मुक्ति की इस प्रक्रिया में वह अपने रूढ़िग्रस्त पिता को भी पीढ़ियों से चले आ रहे आचरण विधान के बंधनों से मुक्त करती है। उगने-पनपने के लिए पौधे चट्टान को भी तोड़ डालते हैं; यहाँ बेटी पिता के साथ वह काम करती है ताकि वह आत्मविकास कर सके। जो भी हो, पिता को भी सत्य का साक्षात्कार होता है—अनन्त आकाश में उड़ते हुए श्वेत पक्षियों के झुंड के रूप में, जिसे उसने पहले कभी नहीं देखा था।

'ठाकुर का कुआँ' कहानी की मौन गंगी से लेकर 'द मोलूटेन टाइम' की स्पष्टवादिनी श्यामला और वीणापाणि की कहानी की नायिका 'लता' तक एक सकारात्मक आन्दोलन का विकास दिखता है—पीड़ा से विद्रोह तक की यात्रा। हमें पक्का विश्वास है कि वास्तविक समाज में भी, शनैः-शनैः परन्तु निःसंदेह, इसी तरह कुछ घटित हो रहा है। भारतीय समाज के दमित, उपेक्षित और सबाल्टर्न हिस्सों में जागृति आई है—दलितों में, आदिवासियों में और स्त्रियों में नागरिक-अधिकारों, उपभोक्ता-अधिकारों, बाल-श्रम, अशिक्षा, पारिस्थितिकीय-असंतुलन आदि के प्रति लोगों की जागरुकता बढ़ी है। सत्ता के विकेन्द्रीकरण के प्रयासों, विभिन्न ग्रासरूट (जमीनी) आन्दोलनों तथा स्वैच्छिक संगठनों में बढ़ोतरी हुई है। यह सब हमारे समाज में एक नवीन शक्ति के उभार के संकेतचिह्न हैं—रुढ़िवादी राजनीतिक संगठनों, जो अपने घोषित मिशन में असफल रहे, से अलग। यह सब दैनंदिन जीवन की नई राजनीति के आगमन की ओर इशारा करते हैं। यह राजनीति किसी हिंसक क्रांति में विश्वास नहीं करती; उसका विश्वास ऐसी मुक्ति में है जिसे एक साथ हजारों मोर्चों के संघर्षों के माध्यम से उपलब्ध किया जाता है। सत्ता-केन्द्रों के भीतर छोटे-बड़े संघर्षों के माध्यम से इस तरह के संघर्षों के जरिये ही हम वर्ग-जाति और लिंग के वर्चस्व वाली मौजूदा व्यवस्था में अन्ततः क्रांतिकारी जनतांत्रिक समाजवादी रूपान्तरण ला सकते हैं। तब गाँव नहीं होंगे क्षेपण स्थान शहर के औद्योगिक कूड़-कचरे की। तब गाँव सत्ताभिलाषी नेताओं के लिए खरीदे गए वोट-बैंक नहीं होंगे। तब वे सस्ते श्रम और आर्थिक शोषण के असीम स्रोत भी नहीं होंगे और न ही उन्हें 'मेगा-विकास' के तमाम दुष्परिणामों को भुगतना पड़ेगा। गाँव तब शहरी उत्पादन के सिर्फ बाजार नहीं होंगे और न ही वहाँ 'मशरूमी कल्चर्' और पल्प साहित्य की दुकानें होंगी जो जन-चेतना को सुलाने का कार्य करती हैं।

प्रभावी तत्त्व की खोज

आधुनिक मलयालम कविता की सत्ता-मीमांसा

"अनिवार्य अनुभवों का एक रूपाकार होता है—अनुभव देश और काल का, आत्म और पर का, जीवन की सम्भावनाओं और संकटों का—जिसे संसार के नर-नारी महसूस करते हैं। मैं इस अनुभव के रूपाकार को 'आधुनिकता' कहूँगा। आधुनिक होना अपने को एक ऐसे वातावरण में पाना है जिसमें हम स्वयं को और दुनिया को रूपान्तरित करते हैं, जो हमें जोखिम उठाने, ताकत और आनन्द प्राप्त करने तथा अपना विकास करने का अवसर प्रदान करता है और इसके साथ ही उन सभी चीजों के विनाश का खतरा भी उत्पन्न करता है जो हमारे पास है, जिन्हें हम जानते-पहचानते हैं और जो कि वस्तुतः हम हैं। भूगोल और नृजातीयता की, वर्ग और राष्ट्रीयता की, धर्म और विचारधारा की सीमा-रेखाओं को आधुनिक वातावरण और अनुभव तोड़ डालते हैं। इस अर्थ में आधुनिकता पूरी मानवता को एक करनेवाला सूत्र कहा जा सकता है। यह एक विरोधाभासपूर्ण एकता है, विभेद में अभेद है; यह हम सभी को एक ऐसे भँवर में डाल देता है जिसमें निरन्तर बिखराव और पुनर्नवीकरण है, संघर्ष और अन्तर्विरोध है, अनेकार्थता और अवसाद है। आधुनिक होना एक ऐसे विश्व का हिस्सा होना है जिसमें, जैसा कि मार्क्स ने कहा, "यह सब कुछ जो ठोस है, हवा में विलीन हो जाता है!"

अपने युग-प्रवर्त्तक किताब 'ऑल दैट इज़ सालिड मेल्ट्स इन्ट् द एअर' (Verso London, 1983) में मार्शल बर्मन ने आधुनिकता के सार्वभौम अनुभव को इसी रूप में स्पष्ट करने का प्रयास किया है। आधुनिक जीवन के भँवर—उथल-पुथल के निर्माण में अनेक स्रोतों की भूमिका है। बर्मन की सूची में कुछ स्रोत इस प्रकार हैं : भौतिक विज्ञान की महान खोजें, विश्व की धारणा और उसमें हमारे स्थान के बारे में हमारी समझ में परिवर्तन, उत्पादन या औद्योगिकरण जो एक नए वातावरण की रचना करता है और सत्ता और संघर्ष के नवीन रूपों को जन्म देता है, तीव्र शहरी विकास, अत्यधिक जनसांख्यिकी उथल-पुथल, विभिन्न समाजों को एक साथ बाँधने वाला जन-संचार माध्यम, शक्तिशाली विस्तारवादी राष्ट्र-राज्य, पूँजीवादी विश्व-बाजार का अभूतपूर्व विकास और लोगों के जन-आन्दोलन जो वर्चस्ववादी ताकतों को चुनौती देते हैं कि लोगों का अपने जीवन पर कुछ तो अधिकार हो सके।

भारतीय मानसिकता पर आधुनिक अनुभव के इस आघात का असर कुछ देर से

हुआ। कविता में इसका प्रवेश कुछ धीमी गति से, संकोचपूर्ण और अचेतन ढंग से हुआ। लगभग सभी भारतीय भाषाओं में आधुनिकतावाद के उदय से पूर्व एक संक्रांति काल आया जिसमें पूर्व-आधुनिक रोमांटिक कल्पना ने आधुनिक संवेदना के प्रथम लक्षण को ढँक-सा लिया। यह मलयालम के सी. के. पिल्लइ और हिन्दी के निराला जैसे कवियों के बारे में भी सच है। उनके भीतर एक गहरा विभाजन समाहित था जिसने उन्हें आधुनिक अनुभवों को अतीत के सन्दर्भ में समझने के लिए बाध्य किया। भारतीय भाषाओं में तब भक्ति-आन्दोलन का प्रभाव पूरी तरह निःशेष नहीं हुआ था। तुलसीदास और तुकाराम, कबीर और मीराबाई, सूरदास और बलराम दास, कंब और पंपा, एकनाथ और एझुथच्चन, सरलादास और जगन्नाथदास जैसे सन्त कवियों को रोमांटिक उथल-पुथल ने कुछ देर के लिए दबा दिया था। कुमारन आसन, बेन्द्रे, वीरसालिंगम, केशवसुत, जयशंकर प्रसाद, इकबाल, सुब्रमण्यम भारती, टैगोर और नज़रूल इस्लाम जैसे कवि अनेक रूपों में भक्ति-परम्परा से सार तत्त्व ग्रहण करते रहे थे। उन्होंने औपनिवेशिक गुलामी के अनुभवों की जटिलता के साथ ही जातीय अर्द्धदासत्व की पीड़ाओं को भी व्यक्त करने की कोशिश की। ये साहित्यकार कभी गांधीजी की अहिंसात्मक आन्दोलन से प्रेरित-प्रभावित होते थे तो कभी बोल्शेविक क्रांति की सुदूर गड़गड़ाहट से भी। उनकी कविताओं में वर्चस्ववादी और अधीनस्थ सबाल्टर्न सन्दर्भों की टकराहट है। केशवसुत और कुमारन आसन जैसे कवियों के लिए धर्मों में निहित असमानता-धार्मिक भेदभाव औपनिवेशिक हमलों से भी कहीं अधिक गंभीर चिन्ता के विषय थे। उनकी कविताओं में एक विशिष्ट प्रामाणिकता है जो भारतीय अतीत के अंध गौरवगान और आजादी के घिसे-पिटे तरानों में शायद ही मिले, जिन पर उनके अनेकों समकालीन देशभक्त कवि फिदा थे। गांधी-युग का अन्त, नए शासन से बढ़ता मोहभंग, मूल्यों का विघटन, साम्यवाद के स्तालिनवादी भाष्य से मोहभंग, ग्रामीण समाज का बिखराव, शहरी नरक का विकास, औपनिवेशिक किस्म की शिक्षा से उद्भूत तनावों, धर्मों और विचारधाराओं के प्रति अनास्था और परिणामतः व्यक्तित्व-विघटन के खतरे ने कवि की विश्व-दृष्टि को ही रूपान्तरित कर दिया। इस बीच पश्चिमी साहित्य का अबाध प्रभाव जारी था, खासकर महायुद्धों के बीच और युद्धोत्तर वर्षों में। इन परिस्थितियों ने कवियों को बदलती संवेदना को व्यक्त करने के लिए नए मुहावरों की तलाश के लिए उत्प्रेरित किया। यह सभी भारतीय भाषाओं में एक ही समय और एक ही तरह से नहीं हुआ। फिर भी इस शती के छठे दशक तक जिन संस्कृतियों का सम्बन्ध अपनी परम्परा से विछिन्न हो गया उनमें कभी देखने और अनुभव करने की अपनी देशी पद्धति का बहुत गहरा बोध था। इन संस्कृतियों में संवेदनशील व्यक्ति को उस वक्त बहुत गहरा आघात लगा जब प्रौद्योगिकी समाज ने सुघटित आंतरिक जीवन के बोध को विनष्ट कर डाला। आधुनिक भारतीय कविता में यह प्रामाणिक व्यक्तित्व की खोज का आरम्भ था। गोपालकृष्णन् अडिगा, बी. एस. मारधेकर, मुक्तिबोध, सची राउतराय, विष्णु दे, अमृता प्रीतम, नवकांत बरुआ, दीनानाथ नादिम और अय्यप्पा मणिकर जैसे कवियों में हम इसे लक्षित कर सकते हैं।

इस बात से इनकार नहीं किया जा सकता कि भारतीय आधुनिकतावाद ने अपने अस्तित्व के तीन-चार दशकों के दौरान खुद अपनी एक परम्परा स्थापित की है। यह किसी भी तरह अखंडित नहीं है। वह विकास के विभिन्न चरणों से गुजरा है, उसमें संवेदना और अभिव्यक्ति शैली को लेकर अनेक नवोन्मेष और प्रयोग हुए हैं। इस आलेख में मैं अपनी चर्चा को सिर्फ मलयालम कविता में आधुनिक संवेदना के विकास तक सीमित रखूँगा क्योंकि अन्य परम्पराओं से मेरा परिचय केवल हिन्दी या अँगरेजी अनुवादों के माध्यम से हुआ है। आधुनिकतावाद के विश्लेषण में सर्वाधिक मददगार अवधारणा मेरी दृष्टि में 'प्रमुख' अथवा 'प्रभावी' है जिसका आविष्कार जुरिज टाइनजानोव ने किया और उसे लोकप्रिय बनाया रोमन जैकोबसन ने। 'प्रमुख' या 'प्रभावी' की व्याख्या किसी कलाकृति के केन्द्रीय अवयव के रूप में की जा सकती है; जो अन्य विद्यमान संघटक तत्त्वों को शासित, नियन्त्रित और रूपान्तरित करता है। यह 'प्रभावी' तत्त्व ही है जो किसी भी संरचना की सम्पूर्णता की गारंटी है...एक काव्यकृति एक संरचित तन्त्र है...कलात्मक युक्तियों का एक सुव्यवस्थित श्रेणीबद्ध पदानुक्रम। काव्यात्मक विकास इस श्रेणीबद्धता में एक विचलन है।

(देखें—ब्रायन मैकहाले द्वारा सम्पादित किताब : द पोस्ट-मॉडर्निस्ट फिक्शन' : लंदन, 1987 में शामिल लेख 'द डॉमिनैंट')

'प्रभावी' तत्त्व की अवधारणा का बहुआयामी अर्थ-सन्दर्भ है। खुद जैकोबसन ने इसका उपयोग न केवल व्यक्तिगत साहित्यिक पाठ (टेक्स्ट) तथा साहित्यिक तन्त्र के समकालिक और ऐतिहासिक संगठन के विश्लेषण में किया है अपितु सांस्कृतिक इतिहास और सामान्य रूप से वाचिक कलाओं तथा छंद तत्त्वों की व्याख्या में भी। प्रभावी तत्त्व अनेक हैं और विभिन्न प्रभावी तत्त्वों की पहचान विश्लेषण के स्तर, क्षेत्र और दृष्टि-बिन्दु पर निर्भर करती है। एक ही पाठ में विभिन्न प्रभावी तत्त्व हो सकते हैं; सवाल यह है कि हम पाठ (टेक्स्ट) के किस पहलू का विश्लेषण कर रहे हैं।

मिसाल के तौर पर छंदोबद्ध कविता में तुक, छंद, अथवा लय जैसे किसी एक 'प्रभावी' तत्त्व की भूमिका प्रबल हो सकती है; इसी तरह सांस्कृतिक इतिहास के किसी विशेष क्षण से सम्बन्धित दस्तावेज अपने समय के 'प्रभावी' तत्त्व से नियंत्रित होता है और किसी बेजोड़ पाठ-संरचना या कलाकृति में अपना ही विलक्षण प्रभावी तत्त्व हो सकता है। विभिन्न प्रभावी तत्त्वों का उभरना इस बात पर निर्भर करता है कि हम पाठ से किस तरह के सवाल उठाते हैं और किस प्रस्थान बिन्दु से। आलोचक विद्वानों ने आधुनिकतावाद के लक्षणों को सूचीबद्ध किया है। इनमें कुछ तो भाषाशास्त्रीय किस्म के हैं, जैसे कि अन्तराल, अर्थसंकेतक की केन्द्रीयता, विडम्बना का उपयोग, लाक्षणिक पद्धति आदि। आधुनिकतावाद के विभिन्न पक्षों को कुछ शीर्षकों के अन्तर्गत रखा जा सकता है, जैसे कि महानगरीयवाद, अमानवीकरण, निषेधवाद, आदिमतावाद, कामोद्दीपक शृंगार और प्रयोगवाद। इस तरह के प्रयास सुपरिचित हैं, इसलिए उन्हें यहाँ दुहराने की जरूरत नहीं है। कुछ तत्त्वों का उदय अथवा कुछ का विलोप—काव्य-विमर्श में यह प्रश्न

महत्त्वपूर्ण नहीं है। काव्य-व्यवस्था के विभिन्न संघटक तत्त्वों के बीच परस्पर सम्बन्ध में विचलन या परिवर्तन असल सवाल है; दूसरे शब्दों में परिवर्तनशील प्रभावी तत्त्व—'शिफ्टिंग डॉमिनैंट'।

आधुनिक कविता की सांस्कृतिक आलोचना के प्रयास में मैं अपना ध्यान सिर्फ एक परिवर्तनशील सत्ता मीमांसात्मक 'प्रभावी' तत्त्व तक सीमित रखूँगा और वह है—अस्मिता। एक सांस्कृतिक वस्तु के रूप में कविता को संकेत-चिह्नों के जरिये आत्म-उत्पादन का क्षेत्र समझा जा सकता है। अपनी अन्तिम कृति में मिशेल फूको ने आत्म-तकनीक पर, आत्म-उत्पादन की पद्धति पर ध्यान केन्द्रित किया है। कविता के जरिये अपने को अनेक रूपों में व्यक्त करने में कवि आनन्द प्राप्त करता है। कविता का पाठक इस आध्यात्मिक ड्रामे को अपनी तरह से पुनरानुभव के जरिये आनन्द प्राप्त करता है। आधुनिक कविता के विकास के दौरान अस्मिता के अर्थ में गंभीर परिवर्तन होते रहे हैं।

2

अन्य सभी भारतीय भाषाओं की तरह आधुनिक मलयालम कविता का पहला चरण भी व्यक्ति की अस्मिता की खोज से नियन्त्रित-प्रभावित था। मलयालम कविता की मुख्य परम्परा में—16वीं सदी की एझुथच्चन ('अध्यात्म रामायण' महाकाव्य के रचयिता) से लेकर पुनर्जागरण के महाकवि कुमारन आसन (1873-1924) तक व्यक्तिगत अस्मिता का सवाल एक समस्या के रूप में कभी प्रकट नहीं हुआ। व्यक्ति के आत्म को या तो ब्रह्माण्डीय आत्म (कॉस्मिक सेल्फ) के साथ अथवा सामाजिक आत्म के साथ जोड़कर देखा जाता था। कविता आध्यात्मिक अथवा सामाजिक उद्देश्य का एक अंग थी। ईश्वर स्वर्ग में था और कवि अपने 'कर्म' का जीवन जीता था। संसार सहज, सुघटित, सामंजस्यपूर्ण और अर्थों से भरा था। यह बात बैलोपिल्ली और एडास्सेरी जैसे कवियों जो कुमारन आसन के बाद के हैं, के बारे में भी सच है। परन्तु छंगमपुझा कृष्णा पिल्लई (1911-1948) जैसे कवि के लिए ईश्वरीय विधान का कोई अर्थ नहीं था। उन्होंने संसार के मिथ्या भाव और अपने 'आत्म' की अप्रामाणिकता को महसूस किया। अशुभ, बुरे विश्वास, विश्वासघात, अजनबीपन, अवसाद—उनकी कविता सत्तामीमांसात्मक मुद्दों की अनिष्टसूचक चेतावनियों (पूर्वाभास) से भरी पड़ी है। आधुनिक मानस पर इस तरह के सवालों की बौछार उनकी मृत्यु के एक दशक बाद ही हो सकी। 'शैतान जो गाता है' कविता अपनी अलग बुनावट और शैतानी बिम्बों के माध्यम से एक संशयात्मक और परम्पराविछिन्न दिमाग के अन्तर्विरोधों को पकड़ने की कोशिश करती है। आधुनिक कविता के प्रथम चरण ने 'आत्म' अथवा व्यक्तित्व के अभाव का अनुभव किया और प्रामाणिक व्यक्तित्व की खोज की ओर अग्रसर हुई। इस काल के अधिकांश कवि सुदूरवर्ती गाँवों से निकलकर शहरों में स्थानान्तरित हुए थे। शैशव का रमणीय काव्यात्मक परिवेश अब भी उनकी स्मृति में हरा था। इससे व्यक्ति शहरों की अनियंत्रित भीड़ में

खोता हुआ प्रतीत हुआ। उन्होंने अपने को एक ऐसी दुनिया में फिंका हुआ पाया जिसका कोई केन्द्रबिन्दु नहीं था।

अय्यप्पा पणिकर, एन. एन. कक्कड़ और माधवन अय्यप्पथ के लिए सभी नायक मर चुके थे। अय्यप्पा पणिकर की 'कुरुक्षेत्रम्' (1960) कविता इस विखंडित संसार को सही मुहावरे में रूपायित करती है। कवि इस समस्या को 'गीता' की तरह कुछ इस तरह से प्रस्तावित करता है : 'हे संजय! मुझे बताओ कि मेरे और पाण्डु के पुत्र जब कुरुक्षेत्र की पवित्र भूमि में युद्ध के लिए इकट्ठे हुए तो उन्होंने क्या किया?' एक दुखी अंधे आदमी का यह पुराना प्रश्न मानवीय पीड़ा और संघर्ष की रूढ़िवादी प्रस्तावना है। काव्य का प्रथम खण्ड अर्जुन के सत्तामूलक अवसाद को प्रस्तुत करता है जिसमें हैमलेट की तरह आधुनिक मनुष्य की चिन्ता और उद्वेग समाहित हैं : "कौन हूँ मैं? कौन हैं मेरे दोस्त और दुश्मन? मेरी नियति क्या है इस दुनिया में?" कविता का दूसरा खण्ड इस बात को रेखांकित करता है कि उक्त सवालों के उत्तर विभिन्न दार्शनिक सिद्धान्तों में नहीं मिलते। तीसरा खण्ड कल्पना के आर्केटाईप के साथ जीवन-अनुभवों से टकराता है और परम्परागत नैतिक प्रतिमानों को बासी और अवास्तविक समझते हुए अस्वीकार करता है। चौथा खण्ड अस्तित्व के भ्रम के प्रति, जिसमें हम केवल दर्शक भर हैं, आधिभौतिक समर्पण को व्यक्त करता है। पाँचवाँ खण्ड रहस्यात्मक सांत्वना को भी अस्वीकार करता है। तनावजन्य गीतात्मक अहं को शांति सिर्फ व्यक्तिगत आत्मोपलब्धि की प्रामाणिकता के दृढ़ आग्रह में ही मिलती है। बाजार का दृश्य-बिम्ब—जहाँ लोग 'खुद को बेचते-खरीदते हैं', जहाँ 'हड्डी मज्जा या सार तत्त्व को खाती है' और जहाँ चमड़ी हड्डियों का अहेर करती है—कविता का केन्द्रीय बिम्ब है। यह महज़ लूसीफेशियन नगर के प्रति कवि के रोमांटिक विरोध की अभिव्यक्ति-भर नहीं है अपितु यह उस पूँजीवादी संसद की क्रूर मरीचिका के विरुद्ध कवि का विद्रोह है जो मनुष्य को वस्तु में बदल देती है और मानवीय चेतना को विरूपित करती है—उसे उलझनपूर्ण यंत्रणा के ज्वार में फँसा देती है। सदस्यहीन होने की कसक, जो कवि के अलगावित मस्तिष्क के लिए सहज स्वाभाविक है, बहुत गंभीर हो जाती है क्योंकि 'विश्वास का चर्च' उसके लिए 'युगों की चट्टान बन जाता है' जहाँ 'पुरोहिती विधान अर्द्धरात्रि के अँधकार का वस्त्र पहनता है।' गीता जीवन्त क्षणों को संतुष्ट करने में असफल हो जाती है, चाणक्य की कूटनीति का घास भी मज़ाक उड़ाती है, देवता सोने चले जाते हैं और विचारधाराएँ युद्ध और आँसुओं की कर्णकटुता के बीच कलह को और बढ़ाती ही है। सांत्वना सिर्फ आत्म-प्रबोधन में—आन्तरिक ज्योति में निहित है : "यदि वस्तुतः किसी विलक्षण क्षण के लिए/हम सब सिर्फ़ मनुष्य बन सकें/अपने प्रिय सपनों की दिव्य नाभि पर!"

अय्यप्पा पणिकर के काव्य 'पुरुरवा' में प्रमथ्यु जैसी आत्मा वाला विषादग्रस्त नायक स्वर्ग के साथ अपने घनिष्ठ सम्बन्धों को पुनर्स्थापित करने के लिए तड़पता है। उर्वशी के साथ अपने रिश्ते के माध्यम से...उर्वशी जो गंधमादन पर्वत की उपत्यका में अब एक लता में तब्दील हो गई है। यहाँ पुरुरवा पुनः आधुनिक मनुष्य की अजनबी आत्मा है जो

अपने उस खोए हुए स्वर्ग की तलाश कर रहा है जहाँ मनुष्य और प्रकृति में गहरा तादात्म्य था। 'मृत्यु-स्रोत' कविता में कवि पाता है कि भविष्य मनुष्य को एक प्रेत की तरह घूर रहा है। 'मृत व्यक्ति ही सन्त और बुद्धिमान हैं/धरती की पवित्रता महज़ खोखली कहानी है'/इतिहास केवल 'वासना में उन्मादित चूहे-बिल्लियों का खेल' है। आक्रामक इतिहास के घिनौने शब्दाडम्बरों के बीच सिर्फ मृत्यु शीत ही सांत्वना देने वाली प्रतीत होती है। कवि का अलगावित आत्म एलिएनेटेड सेल्फ ही सीता प्रतीत होती है जिसे धरती माता ने पुनः अंगीकार कर लिया। कवि आशा करता है कि उसकी छाती पर रावण के मृत्यु-नृत्य के अन्त में वह लौट आएगी—जीवन्त प्रकृति के रस से पुनर्नवा बनी हुई।

'परिवार-आख्यान' में पणिकर अस्मिता के लिए अपने परिवार के इतिहास की ओर मुड़ते हैं। महान पूर्वजों ने मौजूदा पीढ़ी के लिए शायद ही कुछ छोड़ा हो जिस पर वह गर्व कर सके। नई पीढ़ी पड़ोस में भूख से मरती हुई लड़की का पेट नहीं भर सकती। वह झूठे नारों में—'आदमी की आत्मा को तल रही है।' दिन-रात कविता में कवि मानव-मस्तिष्क को 'एक व्यर्थ का कार्यभार' और विचार को महज़ 'युक्ति का चाल' बताता है। 'तिस पर भी मानव-चिन्तन अनथक खोजती है। हाईवे के साथ-साथ जहाँ दिन बहते हैं और झुग्गी बस्तियाँ, जहाँ रातें गँधाती हैं। जब इस व्यर्थ कार्यभार का अन्त होता है तभी जीवन का अन्त भी। सम्भव है, यह भी एक चाल हो'। अप्रामाणिक व्यक्तित्व की यही यंत्रणा एन. एन. कक्कड़ की 'पार्क में' तथा '1963' में देखी जा सकती है। 'पार्क में' कवि बेताल पर सवार यक्ष को देखता है जो अपने महल की सीढ़ियाँ चढ़ रहा है और संसार में जो भी सुन्दर है, उन सबका खून चूस रहा है। जब नगर में शाम एक सजी-सँवरी बूढ़ी वेश्या की तरह उतरती है तब कवि अपने आत्म को जमीन पर पड़े हुए एक फूल की तरह पाता है जो भीड़ के द्वारा कुचल दिया गया है। '1963' कविता में वह अपने कैलेंडर के पन्ने को अतीत में बहुत पीछे पलट देता है ताकि वह सिलवन झरने के पारदर्शी जल में अपनी जड़ों को देख सके। 'शहर में एक यक्ष' कविता में रवि वर्मा कालिदास के 'मेघदूत' के बहिष्कृत नायक के साथ अपना तादात्म्य कायम करते हैं। अपनी छोटी कविता 'किसी का अपना' में अपनी भिन्नता को वह इस प्रकार रखता है : "जबकि सबके घर पश्चिम की ओर हैं/मेरा घर पूरब की ओर है/जबकि हरेक बच्चे के पास एक अच्छी माँ है/मेरी माँ काली और बुरी है/जबकि हरेक आदमी तेज चल रहा है/मैं एक आलसी मस्तूल हूँ;/और जब वे खूब हँसते हैं/मैं हँस नहीं पाता!" विष्णु नारायण नम्बूदरी अपने एक मित्र के चित्र को देखकर इसलिए भयभीत हो जाते हैं कि जुलूस में शामिल लोगों का कोई चेहरा नहीं है और जुलूस के नेता एक दूसरे के कानों में कह रहे हैं, "कहाँ है आपका चेहरा!" तब कवि खुद आईने के पास दौड़ता हुआ जाता है और यह देखकर स्तम्भित रह जाता है कि उसके शर्ट-कॉलर के ऊपर भी कोई चेहरा नहीं है। (ह्वेअर इज़ द फेस?) एम. एन. पालूर के लिए ईश्वर एक सुल्तान है जो सूखे मानव-जीवन से भरा हुआ पाईप पीता है (कायर)। वह अपने को

बीसवीं सदी के एक सनकी कवि के रूप में पाता है जो नक्षत्रों के बीच फँस गया है और केवल एनासिन पर जिन्दा है। (एयरपोर्ट पर एक कवि) माधवन अय्यप्पथ शहर में विस्मित हैं : "मेरे आँसुओं को किसने चुराया? क्रिस्टल के बक्स में प्यार से सँजोए हुए आँसुओं को?" (बायोग्रैफिक नोट्स), वे अपनी तुलना एक एकाकी थरथराते हुए आदमी से करते हैं जो लाशों के पहाड़ पर खड़ा है और घड़ी की सुई को पीछे घुमाने की कोशिश कर रहा है (दुल्हन के चैम्बर में)।

अपने समय के मुख्य स्वर को व्यक्त करने के लिए सन् '60 के दशक के कवियों ने नए मुहावरों की खोज की। 'कुरुक्षेत्रम्' कविता में मिश्रित छंदों और मुक्त छंद का उपयोग हुआ है। 'पुनर्जीवन-प्राप्ति के इन्तजार में पालने में रखे हुए शव' जैसे जीवन्त बिम्ब यहाँ मिलते हैं। विडम्बना (आयरनी) का इस्तेमाल यहाँ प्रधान शैलीगत कार्यनीति के तहत हुआ है। उदाहरण के लिए इन पंक्तियों को देखें : "इस वैदिक विद्या को कौन पकाएगा? क्या हम इसे सरसों के तेल में तलें?" अथवा "नए स्वर्ग का जो स्वप्न हम देखते हैं, क्या वह कभी सच नहीं होगा? क्या विश्व-बैंक सच्चाई को जानता है?" माधवन अय्यप्पथ ने केवल छंदों का ही मिश्रण नहीं किया है अपितु गद्य और पद्य का भी। उनमें संस्कृत और अँगरेजी के उद्धरण अक्सर गुँथे हुए मिलते हैं। एम. गोविन्दन सहयोगी लयों, सानुप्रास वाक्य-विन्यास और मलयालम मुहावरों की सारगर्भित शैली का उपयोग करते हैं। साथ ही उन्होंने बच्चों की पहेलियों का भी इस्तेमाल किया है ताकि अर्थ और नानसेंस के बीच की अनिश्चित सीमा-रेखा पर विचरण किया जा सके। (उदाहरण के लिए 'परित्यक्त चीते ने एक बंडल घास खाया' अथवा 'बाँझ गाय ने यह देखकर साँढ़ बीज को निगल लिया।') शब्दों का खेल पणिकर में बहुत है; जैसा कि उनकी 'चोरी' कविता में : "डाकू मत कहो मुझे/जबकि मैं सिर्फ/सिर्फ़ एक चोर हूँ'' अथवा 'इंदन' कविता में : हमारे अंकल इंदन ने दाएँ पैर से बाएँ पैर की गन्दगी पोंछी/और फिर दाएँ से बाएँ पैर की और फिर बाएँ से दाएँ की और फिर'' इंदन बिना 'आई' (सेल्फ) के 'इंडियन' हो सकता है। और 'राइट' और 'लेफ्ट' (बायाँ-दायाँ) समकालीन राजनीतिक अर्थ-छायाओं से रहित नहीं है। कुनजुन्नी की तुक्तक शैली की कविताएँ हमारे समय के खोखले लोगों का मजाक उड़ाती हैं : "मुझे एक मैच दो/मुझे एक बॉक्स दो/मुझे एक बीड़ी दो/मुझे एक उँगली दो/मुझे होंठ दो/मुझे एक क़श का मजा दो।" अथवा "मेरे बेटे को अँगरेजी सीखनी चाहिए/अपने जन्म के क्षण से ही/और इसीलिए मैंने अपनी पत्नी की डिलीवरी/इंग्लैंड में ऐरेंज की है।"

3

सत्तर के दशक में 'प्रभावी' तत्त्व में बदलाव आया : सामाजिक-राजनीतिक व्यक्तित्व सामने आ गया। हालाँकि पहले की तलाश के चिह्न भी बने रहे। संवेदना का यह राजनीतिकरण एक संकट की देन था। भारत में एक नई वाम शक्ति का विकास,

महाराष्ट्र में दलित आन्दोलन जैसी सबाल्टर्न आन्दोलन की शुरुआत, कर्नाटक में बनदाया आन्दोलन, झारखण्ड आन्दोलन के रूप में जनजातीय जागरण, नारी-आन्दोलन, अफ्रीका और लातीनी अमरीका में रेडिकल राजनीति का उभार और आधुनिक कविता में एक राजनीतिक परम्परा की खोज जिसके प्रतिनिधि कवियों में मायकोवस्की, लुई अरागां, पाल एलुआई, पाब्लो नेरुदा, बर्टोल्ट ब्रेष्ट, नाजिम हिकमत, केसर वैलेजो, निकोलस गुलिएन, लिओयार्ड सेंघोर, डेविड डिओप और ऐमे सिजारे के नाम उल्लेखनीय हैं और जिनकी कविताओं का अनुवाद इस दशक में मलयालम में खूब हुआ। स्पष्ट रूप से तीसरी दुनिया की आधुनिकता का प्रवेश हुआ जिसमें निकानोर पारा की 'ऐण्टी पोयट्री' तथा नेरुदा की 'इमैच्योर पोयट्री' की अवधारणाओं की प्रेरणा सन्निहित थी। अमरीका के 'बीटल्स' और ब्रिटेन के भूमिगत कवियों ने भी इसमें अप्रत्यक्ष रूप से आवेग प्रदान किया।

यह आकस्मिक नहीं कि के. जी. शंकर पिल्लई की कविता 'बंगाल' (1972), जिसने नए ट्रेंड की शुरुआत की, पुनः कुरुक्षेत्र की युद्धभूमि में लौटती है। कुरुक्षेत्र इस वक्त भयानक वर्गयुद्ध का प्रतीक बन गया जिसके घटित होने की आशा थी। पूरी कविता धृतराष्ट्र के आत्मालाप के रूप में चलती है—उस अंधे राजा के आत्मसंवाद के रूप में जो वर्चस्ववादी वर्ग का प्रतिनिधि है और अवश्यंभावी सत्ता-विनाश के दुःस्वप्नों से पीड़ित है। "यह जलता हुआ ग्रीष्म मुझे एक विचित्र भय से भर देता है/यहाँ तक कि हवा का एक झोंका भी/सूखे पत्ते गरजते हुए उड़ेंगे/और अचानक उठेंगे चक्रवात और चूर कर देंगे/सभी पर्वतों को/जो रोकते हैं रास्ता।" राजा बंगाल में, युद्धभूमि में अपने परिचितों और कुटुम्बियों को लेकर चिन्तित हैं जहाँ से सांत्वना प्रदान करने वाली कोई भी खबर नहीं आ रही। वह डरता है कि उनकी नियति कहीं उस शासक की तरह न हो गई हो जिसका सिर पवित्र गंगा में एक मछुआरे के जाल में आ गया था। उसे लगता है कि ग्रीष्म का जलता सूरज उसके लिए अंत्येष्टि की चिता तैयार कर रहा है। जिस संजय के प्रति यह आत्मालाप सम्बोधित है, वह संजय नया बुद्धिजीवी है जिसे आने वाली आँधी का पूर्वज्ञान प्राप्त था। उसके द्वारा व्यक्त कठोर सत्य अंधे राजा को डंक की तरह लगता है। "मेरी नजर धुँधली हो गई है/मैं यहाँ से देख सकता हूँ सिर्फ/ट्रेन के इस कम्पार्टमेंट के अँधेरे प्रकोष्ठ को/खिड़की से दाएँ देखता हूँ मैं सिर्फ़/मृत्यु से भरी पर्वत-शृंखलाओं को...नदियों और भेड़ों के पतले नुकीले अस्थिपंजरों को/सभी दावाग्नि में जल गए.../सिर्फ आँख, मृतक, अशोकचक्र की तरह बाहर निकले हुए/सिर्फ अस्पताल में पड़े हुए अपने बच्चे को/सिर्फ़ गांधी टोपी का विरूपित पिछला भाग.../और खिड़की से बाएँ/सिर्फ़ परित्यक्त सिकता-तटों को/जिन पर बिखरी हुई लाशें बहकर किनारे लगीं/सिर्फ़ खाड़ी, अँधेरा प्रकाश-स्तम्भ बिना पहरेदार के/सिर्फ़ असहाय प्राचीन नाविक को/सिर्फ़ जलते हुए रेगिस्तान में अपने ऊँट को।" वह देखता है कि अग्नि-शिखा की तेज लिये हुए काली उठ खड़ी हुई है। 'बंगाल' कविता में एक उप-पाठ भी निहित है और वह है कविता के आसन्न रूपान्तरण पर एक टिप्पणी। धृतराष्ट्र मृत्यु के सौदागरों और

बंजरभूमि (वेस्टलैंड) के अंध गायकों का उल्लेख करता है। संजय के भाषण का सन्दर्भ युवा-कवियों को अपनी कविता को मशाल में बदल देने के लिए और शासकों को उनका असली चेहरा दिखाने के लिए उत्प्रेरित करता है।

मिथक अथवा आद्य-बिम्बों के क्रांतिकारी उपयोग, नाट्य और आख्यान तत्त्वों के मिश्रण, गतिशील लय और टेक जो अंधे राजा के आतंक को पकड़ने में कामयाब हैं, राजनीति और कविता के इतिहास का अन्तर्ग्रथन आदि के कारण 'बंगाल' कविता ने समूचे दशक की युवा कविता के स्वर को प्रभावित किया। शंकर पिल्लई की 'आनन्दन' कविता भारतीय मध्यवर्ग की मानसिकता का अन्तर्वीक्षण करती है; उनकी 'शान्ति' कविता घर, दफ्तर और सड़कों की शान्ति में क्रांति की प्रत्याशा देखती और 'बाल्डनेस' कविता सत्य से डरने वाले बुद्धिजीवियों पर चोट करती है। तीनों ही कविताएँ आजादी के बाद पैदा हुई पीढ़ी की निराशा और क्रोध को रूपायित करती है। कदम्मानित्ता रामाकृष्णन की 'अंतिम चित्र', 'जंगली', 'कितरात-कथा' तथा 'कुराकी (सँपेरे की पत्नी)' जैसी कविताओं में भारतीय वास्तविकता को उन उत्पीड़ित वर्गों और जनजातियों के परिप्रेक्ष्य में चित्रित किया गया है जो हाशिए पर फेंक दिए गए हैं। इन वर्गों की आशा-निराशा को व्यक्त करने के लिए कवि ने नवीन ध्वन्यात्मक लोक-छंदों और मुहावरों की खोज की है। 'बेटे के प्रति' कविता में वह अपने पुत्र से कहता है कि उसे महज नागरिक नहीं बल्कि मनुष्य बनना है और अपने पिता की विरासत का स्मरण रखना है जिन्होंने काली चट्टान में चन्दन का पेड़ रोप दिया था ताकि वह चट्टान टूट सके। पिता अब भी काली चट्टान के विषदंत में फँसे हैं। एक अन्य सहयोगी भावबोध की कविता 'डोन्ट ड्रिंक द ब्रेस्ट-मिल्क, चाइल्ड' में कवि बच्चों को पूतना के जाल में न फँसने की सलाह देता है जिसने हर चीज को जहरीला बना दिया है। सकरासूद अब भी जीवित है अपने सहस्रों चक्रों से काला धुआँ छोड़ता हुआ और कालिंदी का पानी पूरी तरह जहरीला हो चुका है। 'रूपान्तरण' शीर्षक कविता में अट्टूर रवि वर्मा एक मृत नौकरानी के प्रतिशोध की प्रतिमूर्ति में बदल जाने का भयानक स्वप्न देखते हैं। पहले वह गोबर-गणेश थी, झाड़ू या बदबूदार झाड़न। कवि उसके भटकते प्रेत को एक मशीन में एक आदमखोर बाघिन में विखण्डित-रूपांतरित करना चाहता है। वह उसकी जीभ को उस भूखे भेड़िए के कंठ में बदल देता है जो शिकार की टोह में है। "उसकी भयानक भूख को क्या मैं जंगल की आग बना दूँ/जो नगरों और बस्तियों को जला कर राख कर देता है और उसकी मंत्रणा से/संध्या के झुटपुटे में आकाश से झरते हैं रक्त और जीव/और उसके शाम को क्या मैं सूर्य में उड़ेल दूँ जो जलाता है उपजाऊ खेतों को?" एम. गोविन्दन भी उन लोगों का पक्ष-पोषण करते हैं जो बुद्ध को बहिष्कृत करके माधो की लाल किताब पढ़ते हैं। 'कुरुक्षेत्र की ओर' और 'जीवन-मृत्यु' जैसी कविताओं में वे सहज क्रांति का स्वप्न देखते हैं। 'जहर-गीत' और 'अलविदा' ('द पॉयजन सांग' और 'फेयरवेल') जैसी कविताएँ जातीय बोली-बानी में शक्तिशाली व्यंग्योक्तियाँ हैं। 'अलविदा' कविता में देश के लोग

यह प्रस्ताव रखते हैं कि गांधीजी को एअर इंडिया के एअर टाइट पैकेट में बन्द करके बाहर भेज दिया जाए ताकि वे फिर कभी अपनी शहीदभूमि में वापस न लौट सकें। इस बीच जुलाई, 1975 में देश में आन्तरिक आपातकाल की घोषणा हुई। इमरजेंसी के दौर में आधुनिक मलयालम कविता ने प्रतिरोध की अपनी शैली विकसित की। सत्तर के दशक में कविता की मुख्य प्रविधि में भी बदलाव आया—कविता प्रगीतात्मक से नाटकीय संरचना की ओर बढ़ी। अब उसने व्यक्तिगत और निजी के पुराने मोह से अपने को मुक्त कर लिया था। ओजस्वी, निष्कपट और खड़ी भाषा कविता का स्वाभाविक एवं उपयुक्त माध्यम बन गई। इस बीच कविता में कई गद्य रूपों (प्रोज़-पैटर्नस)—रेहूटॉरिकल (वक्तृत्व) और व्यंग्योक्ति से लेकर शास्त्रीय और जातीय बोली-बानी तक—का विकास हुआ। व्यंग्य-विडम्बना भी स्पष्टतया राजनीतिक रूप लेकर आई। सेंसरशिप के दिनों में एम. गोविन्दन ने ईश्वर से प्रार्थना की कि वह उसे नरक में वापस बुला ले इससे पहले कि कोई उसे उसके शब्द और सिर के बीच चुनाव करने के लिए बाध्य करे (प्रार्थना)। अय्यप्पा पणिकर ने तब के प्रधानमंत्री द्वारा चलाए गए विभिन्न क्रांतियों की तुलना एक ही माजूफल के कड़वे हिस्से से की। 'मुझे मत मारो प्रिय मम्मा/मैं इस माजूफल को ग्रहण करूँगा/चाहे हरा हो, सफेद हो या लाल (गॉल नट)।' अपनी एक कविता 'पैसेज टू अमेरिका' में उन्होंने महाद्वीप के नक्शे की तुलना एक हाथ की हथेली से की जिसमें समस्त पहाड़ और रेखाएँ थीं सिवाय हृदय-रेखा के। अट्टूर रवि वर्मा ने अपने कॉलेज को एक कैंसरग्रस्त शरीर के रूप में देखा जिसका इलाज किसी भी सर्जन के पास नहीं था (कैंसर)।

4

आधुनिक मलयालम कविता के तृतीय चरण में, जो अब भी जारी है, सामाजिक-राजनीतिक व्यक्तित्व की खोज को एक नया मोड़ मिला है; क्षेत्र और भाषा ने तेजी के साथ वर्ग की जगह ले ली है। 'प्रभावी' तत्त्व ने क्षेत्रीय-भाषायी रूप अख्तियार कर लिया है, अक्सर सबाल्टर्न आग्रहों के साथ जो पिछले चरण से ही लिया गया है। अट्टूर रवि वर्मा की कविता 'पांडी' को देखें। एक आदमी काम की तलाश में गाँव के आम और इमली के पेड़ों और चाँदनी रातों को छोड़कर शहर चला जाता है। वह वहाँ वर्षों रहता है। एक होटल में काम करता हुआ विविध प्रकार के स्वादिष्ट व्यंजन ग्राहकों को परोसता है। एकान्त क्षणों में गाँव के फूल स्मृति में हांट करते हैं; यद्यपि रसोईघर की महक और प्लेटों की खनक से उसकी इन्द्रियाँ आक्रान्त हैं। एक दिन होटल का मालिक मर जाता है। सभी चीजों से पुराना रस और स्वाद भी गायब हो जाता है। पुराने ग्राहकों का आना बन्द हो जाता है। अब होटल में नए प्रकार के व्यंजन प्रकट होते हैं; नए नौकर-चाकर और नए प्रकार के ग्राहक। शहर में तीस वर्षों तक रहने के बाद अब वह आदमी अपने गाँव वापस लौटता है। उसके जान-पहचान के लोग—उसके सम्बन्धी, पड़ोसी, दोस्त और दुश्मन सभी गायब हो चुके हैं। पेड़-पौधे और पशु उसे नहीं पहचानते। खाली पहाड़ियाँ,

नदी-नाले, उलझन-भरे तारे—सभी उसे भूल चुके हैं। वह आदमी याद करने की कोशिश करता है कि उसने क्या खो दिया है। तभी उसे मन्दिर से ढोलक की आवाज सुनाई देती है। ढोल नए थे लेकिन ढोल बजने की रिद्म—उसकी लय में अब भी वही अस्मिता बरकरार थी। वह उसमें खुद को पहचान लेता है। कविता का आदमी कवि के 'आत्म' का ही दूसरा पक्ष है। होटल के स्वरूप में बदलाव कविता की संवेदना में परिवर्तन की ओर संकेतित करता है। कविता का निष्कर्ष इस बात की ओर संकेत करता है कि जो भी हो, कम-से-कम एक चीज लगी रह जाती है और जारी रहती है : क्षेत्र और भाषा की बुनियादी छाप।

अस्सी के दशक में मलयालम के आधुनिक कवियों ने आसन्न क्रांति के भ्रम से अपने को मुक्त कर लिया और आत्मनिरीक्षण के एक नए चरण में प्रवेश किया। आरम्भिक आधुनिकतावाद के आत्मरति के आवेगों में अब वे वापस नहीं लौट सकते थे। इसलिए अब वे सामूहिक अवचेतन का संगीत सुनने लगे—अपने क्षेत्रीय विशिष्ट रूपों में। यह संवेदना के विउपनिवेशीकरण की खोज था—अपनी जड़ों की ओर लौटना था; निःसंदेह, प्रत्यक्षीकरण की एक नई प्रविधि के साथ। आधुनिक मलयालम काव्य में इस क्षेत्रीय अस्मिता को दर्शाने के लिए ही मैंने छह कवियों का एक संकलन 'Nervavazhical' (1987) तैयार किया। इस संकलन की भूमिका में कहा गया है कि क्षेत्रीय सांस्कृतिक अस्मिताओं की खोज को राजनीतिक अलगाववाद के प्रश्न से नहीं जोड़ा जाना चाहिए। क्षेत्रीय संस्कृतियाँ व्यापक भारतीय संस्कृति के ही प्रामाणिक और जीवन्त रूप हैं। अप्रामाणिक और विभिन्न दर्शनग्राही तमाशा नहीं है, जैसा कि मीडिया उन्हें प्रदर्शित करता है। भूमिका में यह भी कहा गया है कि साम्राज्यवाद-विरोधी राष्ट्रीय-लोकप्रिय संस्कृति का विकास ही भारत की जनता की एकता की गारंटी है। इसके साथ ही उसमें यह चेतावनी भी है कि रेडिकल राष्ट्रवाद सांस्कृतिक पुनरुत्थानवाद कदापि नहीं बन सकता और अस्मिता की खोज के प्रश्न को अतीत का गौरवगान नहीं समझा जाना चाहिए। केरल की संस्कृति अपनी प्रकृति में मूलतः बहुजातीय और बहुधार्मिक है। उसकी विरासत में सबाल्टर्न सुधार-आन्दोलन के साथ राष्ट्रीय और समाजवादी आन्दोलन भी शामिल हैं। क्षेत्रीय परम्पराओं की खोज का प्रश्न अपनी संस्कृति को औपनिवेशिक प्रभावों से मुक्त करने की जरूरत का ही एक हिस्सा है। सभी अन्तर्राष्ट्रीय और अखिल भारतीय तत्त्वों से नई कविता को परहेज करने की जरूरत नहीं है क्योंकि इनमें से कुछ तत्त्व इसके अपने विकास के लिए अनिवार्य हैं। प्रयोग और नवोन्मेष के प्रति भी हमें अपने को खुला रखना चाहिए। राष्ट्रीय लोकप्रिय परम्पराओं के साथ ही समसामयिक आशा-आकांक्षाओं को भी अवश्य अभिव्यक्ति मिलनी चाहिए—नवीन बोधात्मक प्रविधि और शैलीगत विविधता के साथ।

आठवें और नवें दशक के प्रारम्भ में कविता इस सामान्य आधार-वाक्य को ग्रहण करती प्रतीत होती है। ठेठ, टिपिकल केरलीय विषयवस्तु में उभार आया है; फिर भी, उसे संकीर्ण अर्थ में एथनोसेंट्रिक नहीं कहा जा सकता। के. जी. शंकर पिल्लई की कविता

'कदम्ब वृक्ष की भूमि में कोई कदम्ब नहीं' का उदाहरण लें। कवि अपने गाँव के नाम 'कदम्बवनदु' के साथ खेल करता है जिसका अर्थ कदम्ब की भूमि है। उसकी माँ उसे बताती है कि उसकी जन्मकुण्डली के अनुसार उसका वृक्ष कदम्ब है। वह अपने वृक्ष की खोज करता है परन्तु स्वप्न में ही उसे देख पाता है—कालिन्दी नदी के किनारे खड़ा कदम्ब का एक पेड़। गाँव में वह पेड़ कहीं नहीं है। वर्षों बाद वह शहर जाता है और वहाँ किसी पार्क में वह कदम्ब का एक बड़ा वृक्ष देखता है—"निस्तेज, कुम्हलाया हुआ और संकल्प-रहित, एक बूढ़े पुलिसमैन की तरह—सीने पर अपने नाम का एक टिन-प्लेट चिपकाए।" कविता का यह निराशाजनक अन्त इस बात को संकेतित करता है कि जब तक हम अपने व्यक्तित्व को खोज पाते हैं तब तक वह विरूपित, बहिष्कृत, जराजीर्ण और नपुंसक हो चुका होता है। 'कोचीन के वृक्ष' कविता में शंकर पिल्लई केरल की संस्कृति के क्रमिक विघटन को दर्शाते हैं। कोचीन के वृक्षों का स्वप्न-चित्र इस कविता का केन्द्रीय बिम्ब है। टीपू सुल्तान और वास्को डि गामा के आने के पहले से जो वृक्ष सड़क के किनारे कतारों में शानदार खड़े होकर पथिकों को छाया देते हैं, वे केरल के खोए हुए अतीत की याद दिलाते हैं जब जीवन बहुत सरल, आस्थापूर्ण और सन्तुलित था। बाद में वृक्ष-मूर्तियों, लैम्प-पोस्टों अथवा इमारतों में बदल गए—माल, बाजार और व्यापार के युग को उद्घाटित करते हुए। कवि से पहले के लोगों ने खोई हुई हरियाली और सामंजस्य को वापस लाने की कोशिशें कीं; परन्तु अब उनके पगचिह्न चिमनी के धुएँ में नजर नहीं आते। वृक्षों की जगह चिमनियों ने ले ली है। कविता का अन्त धुएँ के भयावह चित्र के साथ होता है जो सब कुछ को ढँक लेती है—कवि की दृष्टि को भी। कवि 'हमारी आजीवन जलती चिता' की ओर संकेत करता है जिसे हमने 'बहानेबाजी की कच्ची लुकाठी के द्वारा सुलगाया है।' एक विडम्बनात्मक नोट के साथ कविता समाप्त होती है : "जगने के लिए जल्दबाजी न करो/अब भी समय है!" उनकी हाल ही में लिखित कविताएँ—'विभिन्न मुद्राओं के चित्र', 'दर्शक', 'गदहों की भूमिका में घोड़े', 'चिड़िया को मत चाहो' तथा 'मुड़ा हुआ आकाश'—उत्तर-आधुनिकतावादी दौर में मीडिया के हमलों और संस्कृति के बढ़ते हुए व्यावसायीकरण की पृष्ठभूमि में केरल के जीवन का आलोचनात्मक परीक्षण करती है। 'द रिटर्न', 'चेंजिंग हाउस' तथा 'महाबली वाक्स अमंग रूइन्स' जैसी सच्चिदानन्दन की कविताएँ इस बात की खोज करती हैं कि केरल के जीवन में क्या खो गया है और क्या टिकाऊ है। उन्होंने एझुथच्चन से लेकर बैलोपिल्ली तक केरल के कवियों, केरल की भाषा ('मलयालम'), केरल के लिजेंडरी नायकों (पझास्सी राजा से लेकर नारायण गुरु तक) और धान, नारियल तथा काली मिर्च (जीपर) जैसी केरल की वनस्पतियों पर भी कविताएँ लिखी हैं। ये सारी कविताएँ प्रकृति, इतिहास और संस्कृति के सन्दर्भ में केरल की विशिष्ट अस्मिता की पहचान कराती हैं।

मलयालम कविता में इस अस्मितापरक खोज को एक नया आयाम मिला—लेखिकाओं के द्वारा। इस सन्दर्भ में विजयलक्ष्मी, सावित्री राजीवन, वी. एम. गिरिजा आदि कवयित्रियों के नाम उल्लेखनीय हैं। उन्होंने स्त्रियों के उत्पीड़न से सम्बन्धित

यथार्थ को अभिव्यक्ति दी है। घर में सर्कस के पशु की तरह स्त्रियों को किस तरह पालतू बनाया जाता है, इस यथार्थ की अभिव्यक्ति विजयलक्ष्मी की 'पशु-पालक' में हुई है। मिथकों में तो नारी को दया अथवा शक्ति की देवी बना दिया गया है लेकिन दैनंदिन यथार्थ में वह रसोईघर की मशीन बनकर रह गई है। (देखें : सावित्री राजीवन की 'प्रतिमा' कविता) कभी-कभार स्त्री की अस्मिता को प्रभावित करने के लिए मिथकों और पुराने आख्यानों को भी उलट दिया गया है और इस तरह चरित्रों का पुनर्परीक्षण सम्भव हो सका है। उदाहरण के लिए विजयलक्ष्मी की 'कौशल्या', 'ययाति के प्रति' अथवा 'बढ़ई की लड़की' और सावित्री की 'चन्द्रिका' बालमणि अम्मा और सुगत कुमारी की परम्परा की होकर भी ये कवयित्रियाँ उनसे बहुत आगे निकल गई है; इस अर्थ में कि वे पितृसत्ताक समाज के पक्षपोषक मूल्यों पर प्रश्नचिह्न लगाती हैं; ताकत और हिंसा पर आधृत पुरुष-निर्मित संसार को प्रेम और करुणा के संसार में तब्दील कर उसे नए सिरे से सँवारना चाहती हैं।

आधुनिक मलयालम कविता के विकास का एक अन्य दिलचस्प पहलू है और वह है—आधिभौतिक आत्म की वापसी और असीम के साथ उसके सम्बन्ध का निरूपण। यह आध्यात्मिकता निश्चय ही कुछ भिन्न प्रकार की है। यह किसी भी अर्थ में पुनरुत्थानवादी नहीं है। यह ब्रह्माण्डीय यथार्थ (कॉस्मिक रियलिटी) को आधिभौतिक विस्मय के साथ देखना है। बालाचन्द्रन की कविता 'चेंज ऑफ माइंड' की अन्तर्वस्तु में—आख्यानात्मक टोन में सहज स्वाभाविक आध्यात्मिकता है; डी. विनयचन्द्रन की कविताओं में भक्ति की एक शक्तिशाली अन्तर्धारा है। कदम्मानित्ता रामाकृष्णन् की 'देवी-स्रोत' जैसी कविताओं में भी यह बहुत स्पष्ट है। सच्चिदानन्दन ने तो क्रांतिकारी आध्यात्मिकता वाले भारतीय सन्त कवियों—जैसे कि कबीर, मीरा, तुकाराम, नामदेव, अक्का महादेवी, बासव, ललद्य और अंदाल पर कविताओं की एक शृंखला ही लिख दी है। 'सबरी' और भक्ति के रूपों से सम्बन्धित अय्यप्पा पणिकर की कविताएँ भिन्न परिप्रेक्ष्य में ससीम-असीम के सम्बन्धों की सम्भावना पर विचार करने के लिए प्रेरित करती हैं। इस प्रवृत्ति को एक स्तर पर सार्वभौम सामंजस्य (यूनीवर्सल हारमनी) की पारिस्थितिकी (इकोलोजिकल) पुनराविष्कार से जोड़कर देखा जाना चाहिए और दूसरे स्तर पर, समतावादी आदर्शों के गैर-ब्राह्मणीय जागृति (जैसे कि दलित आन्दोलनों) से। आध्यात्मिकता यहाँ स्वयं को रूढ़िवादी अतीत से मुक्त कर लेती है और साथ ही पुनरुत्थानवादी विचारधारा से भी और विश्व तथा मानव-भविष्य के लिए एक संजीवनीदायिनी शक्ति बन जाती है।

देह का अतिक्रमण
कमलादास की कविता के बारे में

भारत में स्त्री-काव्य की अपनी एक विशिष्ट परम्परा है। यह परम्परा यहाँ की आदिम जनजातियों के स्त्री-गीतों से शुरू होती है। छठी शती ईसा पूर्व में पाली भाषा में रचित बौद्ध भिक्षुणियों के गीत मिलते हैं। अंदाल और अउवैयर जैसी तलिल संगम कवयित्रियाँ, 17वीं तथा 18वीं शती की मीराबाई, रत्नाबाई, ज्ञानबाई, अट्टकुटी मोल्ला, अक्क महादेवी, मुड्डुपलानी, महलक बाई चंदा और सांसिया होसान्नम्मा जैसी मध्ययुगीन भक्त कवयित्रियाँ हो गई हैं। स्त्री-कविता की यह परम्परा कमलादास की माँ बालमणि अम्मा तक पहुँचती है। अँगरेजी में लिखनेवाली भारत की कवयित्रियों का लेखन जिस परम्परा को निर्मित करता है, उसमें कमलादास भी शामिल हैं। वह अनेक अर्थों में इस महान परम्परा से सम्बद्ध हैं। कमलादास की बहुचर्चित कविता 'ऐन इन्ट्रोडक्शन' उन निजी एवं सामाजिक संघटक तत्त्वों को पूर्णतः व्यक्त करती है जिनसे भारतीय अँगरेजी कविता निर्मित होती है।

अपनी कविता में कमलादास ने अपनी आत्मकथा भी लिख दी है। वह कोई औरत या 'स्त्रीत्व का अवतार' नहीं है; अगर वह कुछ हैं तो एक भारतीय कवयित्री हैं—अँगरेजी में लिखने वाली। कमला उस वक्त सामने आती हैं जब भारतीय अँगरेजी कविता रोमांटिक और रेहटॉरिकल परम्पराओं से नाता तोड़ रही थी, जब निसिम इजेकेल और ए. के. रामानुजम जैसे उनके समकालीन पुरुष कवि अपनी कविताओं में गहरे, अर्थगर्भित और व्यंग्यात्मक मुहावरों के लिए कठिन संघर्ष कर रहे थे और जयन्त महापात्र अपने समय के दुख और आक्रोश के साथ अपनी कविता को जोड़ने का प्रयत्न कर रहे थे। वह एक 'स्त्री-कवि' हैं—अपने स्त्रीत्व के प्रति पूर्णतः जागरूक—अपने पारिवारिक, सामाजिक दायित्वों और अपेक्षाओं के प्रति सचेत। के. आर. श्रीनिवास आयंगर के अनुसार वह एक आक्रामक व्यक्तिवादी हैं मगर फिर भी सामाजिक सचेतनता और राजनीतिक जागरूकता की कमी नहीं है उनमें, इसे कोई भी सचेत पाठक लक्षित कर सकता है। अनेक परम्पराएँ उन्हें विरासत में मिली हैं : केरल की क्षेत्रीय सांस्कृतिक परम्पराएँ, अखिल भारतीय परम्परा और क्षेत्रीय परम्परा के भीतर जाति-प्रदत्त उनकी एक विशिष्ट मातृक पृष्ठभूमि और साथ ही मालाबार प्रदेश की एक विशेष पृष्ठभूमि भी जहाँ उनका बचपन बीता। काव्य के क्षेत्र में भी वे दो परम्पराओं को धारण

करती हैं; एक मलयालम काव्य की परम्परा है जिसकी जड़ें प्राचीन तमिल संगम काव्य और मध्ययुगीन लोककाव्य में बहुत पीछे जाती हैं और दूसरी, भारतीय अँगरेजी काव्य-परम्परा जो हेनरी डेरोजिया और तोरू दत्त से शुरू होती है। उनके परिवार में ही कविता रचनेवाली दो हस्तियाँ थीं—बालमणि अम्मा—उनकी माँ, और नलपट्ट नारायण मेनन—उनके मामा। बचपन की शिक्षा उन्हें घर पर ही मिली। विश्वविद्यालय की शिक्षा उन्हें नहीं मिली। उन्होंने दो भाषाओं में लेखन किया। उनकी अधिकांश कहानियाँ और संस्मरण मलयालम में हैं और अधिकांश कविताएँ अँगरेजी में। उनकी कविता के विकास में इन्हीं सब बातों की प्रत्यक्ष-अप्रत्यक्ष भूमिका है।

'ऐन इन्ट्रोडक्शन' एक ऐसी बहुस्वर रचना है जिसके शब्द-विन्यास में अर्थ के अनेक स्तर समाहित हैं। प्रारम्भिक पंक्ति 'मैं राजनीति नहीं जानती' में एक अस्पष्ट और अर्थगर्भित टोन है जो समाज में नारी की उपेक्षित स्थिति की देन है। ऊपर से यह अज्ञान की स्वीकृति है परन्तु इसके भीतर एक विडम्बना छुपी हुई है और वह यह है कि समाज औरतों से राजनीति करने की आशा नहीं करता। वह राजनीति की स्वामिनी कभी नहीं रहीं; उसकी शिकार जरूर रहीं और इसलिए सत्तातन्त्र के नेताओं से उन्हें कोई मतलब नहीं था। कवयित्री अपने को राष्ट्रीयता, रंग, जन्मस्थान और भाषा में रखकर देखने की कोशिश करती हैं। 'भाषा जिसमें वह सपने देखती है' जैसी पंक्ति फिर इतनी अर्थपूर्ण है कि उसकी अनेक व्याख्याएँ सम्भव हैं : उनका अर्थ कल्पना, स्त्री-भाषा, अँगरेजी अथवा मलयालम, मातृभाषा कुछ भी हो सकता है। अँगरेजी के चुनाव को भी वह यह कहकर औचित्य प्रदान करती हैं कि उसका उपयोग वह अपनी पसन्द खब्त और खुशी के कारण कर रही हैं। वह उनके भीतरी इंस्टिक्ट की आवाज है जैसे कि शेर की गर्जना अथवा कौए की काँव-काँव। अपने बचपन की डरावनी स्मृतियों को भी वे याद करती हैं जब वे वृक्षों से अपने को अलगाने का प्रयास करती हैं : इस परिदृश्य में मौसम के बादलों और वर्षा का भी उपयोग किया गया है। किशोरावस्था की चर्चा के सन्दर्भ में नारी-देह ने कृति (टेक्स्ट) पर खुद अपने को अंकित किया है। पुरुष-आक्रमण के प्रथम साक्षात्कार को भी वे याद करती हैं जो उन्हें आँधी में उखड़ते वृक्षों की भयानक दुनिया के समान प्रतीत होता है। अंगों के उभार, बढ़ते केशों, वक्ष और पेट का दयनीय बोझ तथा 'सैड वुमैन बॉडी' आदि के सन्दर्भ स्त्री-अनुभव के दैहिक आधार को स्पष्ट करते हैं; स्त्री की शारीरिकता को अक्सर 'फिमेल टेक्स्युअलिटी' का पर्याय समझा जाता है।

कहा जाता है कि स्त्रियाँ अपने शरीर में सांस्कृतिक लिपियों का दुख भोगती हैं। लेखिकाओं की तुलना पुराआख्यान की उन स्त्री-योद्धाओं से की गई है जो समर-भूमि में इसलिए गईं कि उनके माता-पिता ब्लेड के नुकीले नोक से उनके शरीर पर बड़ी सुन्दर पंक्तियाँ लिखा करते थे। ब्लेड की नुकीली धार कितनी आतंककारी थी! स्त्री खुद एक टेक्स्ट—एक पाठ है और यह इस बात की व्याख्या है कि लेखिकाएँ क्यों अपने लेखन में आत्मस्वीकृतिमूलक पद्धति (कन्फ़ेशनल मोड्स) को तरजीह देती हैं। (जो भी हो, देह के अन्तर पर बल देना खतरनाक हो सकता है क्योंकि औरतों के विरुद्ध लिंग-भेद का

आधार भी वही है; इसलिए एक विडम्बनात्मक टिप्पणी यह है कि स्त्रियों के साहित्यकर्म या व्यक्तित्व को उनके 'लेखन के शरीर में देखा जाना चाहिए, शरीर के लेखन में नहीं।') स्त्री अपनी देह को नहीं बदल सकती; इसलिए कवयित्री उसका पहनावा बदल देती है और पुरुषों की नकल करने की कोशिश करती है। मगर परम्परा की पुकार उसे पुनः साड़ी पहनने के लिए बाध्य करती है, साड़ी यहाँ परम्परा या रीति का प्रतीक बन जाती है। उसे फिर स्त्री के रोल में खींच लिया जाता है : पत्नी, रसोई बनानेवाली, सिलाई-कढ़ाई करनेवाली, नौकरों से झगड़नेवाली। जेंडर रोल क्लास रोल में बदल जाता है। बुजुर्ग उसकी दुनिया को निषेधों से भर देते हैं, अब वह माँ-बाप के लिए 'एमी' है, मित्रों के लिए 'कमला' है और अपने पाठकों के लिए 'माधवकुट्टी' (मलयालम में कवयित्री का उपनाम)। रीति से विचलन यहाँ विकृति अथवा मानसिक बीमारी समझा जाता है। उसकी दुखी और प्रताड़ित आत्मा प्रेम की खोज में भटकती है; उतावली नदी और प्रतीक्षारत समुद्र की प्राकृतिक उपमाएँ उस मूल वृत्ति की ओर इशारा करती है जो उसके भीतर की स्त्री को हाँक ले जाती है। उसकी व्यक्ति-सत्ता के कई आयाम उभरते हैं—प्रेमी की प्रिया, नगर रात्रि में शराब पीनेवाली, वह जो प्रेम करती है, लज्जा महसूस करती है, पापी, सन्त, प्रेम में प्रवंचित। ये सारे आयाम कविता के अन्त में एक साथ बाँध दिए गए हैं जहाँ कवयित्री के अहं का दूसरों में विलयन हो जाता है—आत्मसाक्षात्कार के क्षण में। मर्द का अहंकार कवयित्री को 'म्यान में बन्द तलवार की तरह' मालूम पड़ता है—आक्रामक, उद्धत, अनन्य और ऐकान्तिक दूसरों में विलयन से पहले कवयित्री को एक क्षण के लिए अपनी अस्मिता अलग मालूम पड़ती है। उसे लगता है कि सभी के दुख-दर्द और खुशियाँ एक समान हैं। अन्ततः वह अपने अहंकार का विसर्जन कर देती हैं। इस खोज का सामाजिक के साथ-साथ आधिभौतिक आयाम भी है। दोनों भिन्न तरीकों से उनकी कविता में विकसित होते हैं और शरीर और शरीर से परे की आध्यात्मिक राजनीति का निर्माण करते हैं।

2

मुझे इसमें सन्देह है कि क्या हम सचमुच लिंगभेद की पहचान और स्त्री को केन्द्र में रखकर कृति के अध्ययन का कोई देशी रास्ता विकसित कर पाए हैं? यह एक सामान्य उत्तर-औपनिवेशिक परिस्थिति का अंग है, जहाँ संस्कृति, दृष्टिकोण तथा अभिव्यक्ति पद्धति में गैर-उपनिवेशीकरण की प्रक्रिया पर चोट पहुँचती है और उसे अनेक कारकों—जिनमें नव-उपनिवेशवादी हमले शामिल हैं—द्वारा दबा दिया जाता है। आज वि-उपनिवेशीकरण की किसी भी चर्चा में हमें बहुत सावधान रहना है क्योंकि इस विचार को व्यवहारतः पुनरुत्थानवादी विमर्श ने उड़ा लिया है और आज आर्य स्त्रीत्व के वैदिक आदर्श के नवोन्मेष, पातिव्रत्य का गुणगान, पिता, पति और पुत्र पर स्त्री की निर्भरता और यहाँ तक कि सती-प्रथा का गौरव-गान बहुत हो रहा है। विलियम जोन्स जैसे

पूरबवादियों और क्लारिस्से बादेर जैसे भारतविदों ने प्राचीन भारतीय स्त्री के धैर्य और तपस्विनी रूप का आदर्शीकरण किया था और आधुनिक स्त्री के 'ऐंद्रिक पतन' को गर्हित बताया था। भारतीय राष्ट्रवादी इतिहासकारों ने भी उन्हीं जर्जर आदर्शों को बचाने का आह्वान किया था; उनकी चिन्ता जेम्स मिल जैसे उपयोगितावादियों, कैथरिन मायो जैसे आलोचकों और इवान गोलिकल्स के आरोपों का उत्तर देने की थी जिन्होंने हिन्दू धर्म पर प्रहार किए थे। उन्हें उन साम्राज्यवादियों को भी उत्तर देना था जो भारत के नैतिक पतन को अपने औपनिवेशिक शासन को वैध ठहराने का एक अवसर मानते थे। स्पष्टतः गैर-उपनिवेशीकरण का अर्थ किसी रूमानी स्वर्णिम अतीत की वापसी नहीं है। हमारी चर्चा के विशेष सन्दर्भ में इसका अर्थ भारत में स्त्री-अस्मिता के निर्माण की जटिलताओं की वस्तुगत समझ है। हमारी दृष्टि में जेंडर अथवा स्त्री अस्मिता भी अन्य विरचनाओं की तरह भारत में अतिनिर्धारित है; जैसे कि वर्ग, जाति, धर्म, क्षेत्रीय संस्कृति, भाषाएँ, विशिष्ट संस्कृति, टैबूज़, वैवाहिक विधान, सेक्सुअल सम्बन्ध, विरासत, गाँव और शहर के अन्तर्विरोध, सामन्ती नैतिक मूल्य और देशी-विदेशी मीडिया की नई भूमिकाएँ।

साहित्यिक सैद्धान्तिकी में इसका अर्थ है : पितृसत्ताक मानदण्डों को चुनौती देना, लिंगभेद पर आधृत सर्जनात्मक और आलोचनात्मक विमर्श का विखंडन, साहित्यिक रचनाओं में व्यक्त स्त्रीत्व की भारतीय सन्दर्भ में व्याख्या, ऐसे विचारधारात्मक विन्यासों का उद्घाटन जो किसी काल-विशेष में किसी कृति की उपेक्षा या स्वीकृति के कारक बने, विचारधारा के औपचारिक तत्त्वों का विशिष्ट वातावरण और क्षेत्रीय परम्पराओं से सम्बन्ध-निर्धारण, अनुभव के सांगठनिक सिद्धान्त के रूप में लिंग (जेंडर) या स्त्री की पहचान और अपने इतिहास में सामाजिक, जातीय और अवधारणात्मक परिवर्तन के साथ स्त्री-अभिव्यक्ति के रूपों का सम्बन्ध-निरूपण। मिसाल के तौर पर भक्तिकाल में आध्यात्मिक अभिव्यक्ति की खोज में घरेलू बिम्बों और द्वन्द्वात्मकता का प्रयोग; औपनिवेशिक सुधारवादी काल में नवीन, जागृत मध्यवर्गीय स्त्री-विषयवस्तु के निर्माण हेतु वर्चस्ववादी विमर्शों का रणनीतिक इस्तेमाल; प्रगतिशील साहित्यिक दौर में लिंग-वर्ग के रिश्ते के उद्घाटन हेतु नवीन अभिव्यंजना-शैली एवं रेहटॉरिकल कार्यनीति का निर्माण; अथवा हाल के घोषित स्त्रीवादी साहित्य में देह-बिम्बों का इस्तेमाल, स्त्री की दासता का विरोध, स्त्रीत्व की विशिष्टता पर बल और स्थापित मान्यताओं का खुला विरोध।

पश्चिमी स्त्रीवाद—चाहे वह मार्क्सवादी हो या उदारवादी, लेस्बियन हो या अमरीकी या फ्रेंच—के मुद्दों और अनुभवों को स्त्रीवादी आलोचना की जो किस्में स्वाभाविकता प्रदान करती हैं, वे आसानी से अकादमी द्वारा आत्मसात् कर ली जाती हैं और सत्तातन्त्र से जुड़ जाती हैं। भारत के गंभीर परिदृश्य में सार्थक हस्तक्षेप के लिए यह जरूरी है कि हम अपने सामाजिक सन्दर्भ में आत्म, लिंग, ज्ञान, सामाजिक सम्बन्धों और संस्कृति को पुनर्परिभाषित करें। इस प्रक्रिया में हमें रैखिक, सौद्देश्यवादी, श्रेणीबद्ध और द्विअंगी (बाइनरी) चिन्तन से मुक्त होना होगा। हमें पश्चिमी स्त्रीवाद द्वारा प्रदत्त आलोचनात्मक प्रक्रियाओं और वैचारिक रूपों के जकड़जामों के प्रति भी सचेत रहना है क्योंकि पश्चिमी

प्रतिरूप से भारतीय लेखिकाओं को समझने में उनसे ज्यादा मदद नहीं मिल सकती, यद्यपि मूलभूत जैविक और पूर्व-भाषिक स्तरों की कुछ समानताओं को समझने में वह अवश्य सहायक हैं। सिर्फ़ पश्चिमी स्त्रीवाद के सार्वभौम सिद्धान्तों से बिठोवा के प्रति ज्ञानबाई के भक्तिमय आत्मनिवेदन को नहीं समझा जा सकता और न ही मीरा और रैदास अथवा बसवन्ना और अक्क महादेवी के सम्बन्धों को समझा जा सकता है। सुगत कुमारी ने मुक्तिकारी कृष्ण के बारे में बन्दिनी देवकी का जो स्वप्न-चित्र खींचा है अथवा कमलादास में प्रेम और इन्द्रियातीत्व की जो अवधारणा है—उसे भी हम सिर्फ़ पश्चिमी स्त्रीवाद के सहारे नहीं समझ सकते।

कमलादास, इस तरह, पूर्णतः भारतीय मालूम पड़ती हैं। अपने प्रेमी को वह कृष्ण के रूप में देखती हैं, उत्पीड़ितों के प्रति उनमें मुक्तिकारी करुणा है, शरीर से बाहर निकलकर अध्यात्म के क्षेत्र में विचरण करने की कोशिश है।

कविता में कमला का सरोकार निरन्तर व्यापक होता हुआ दिखता है। स्त्री-अस्मिता के प्रारम्भिक व्यामोह से बाद में वे अपने को मुक्त कर लेती हैं और उत्पीड़ित मानवता के सम्पूर्ण हिस्सों तक अपनी सहानुभूति का विस्तार करती हैं—उपेक्षित, वंचित और गरीब लोगों तक, अल्पसंख्यकों, न्याय के लिए लड़ने वालों, स्त्रियों, बच्चों, बेकार नौजवानों, युद्ध और उत्पीड़न के शिकार लोगों तक। वह 'गेट तोड़कर दूसरों के सपनों के क्षेत्र में घुस जाती हैं' और अनुभव करती हैं कि वे 'करोड़, करोड़ों लोगों में शामिल हैं/अचानक एक साथ—विरोध के नारे लगाते हुए।' इस प्रतिबद्धता के बावजूद वह अपनी आन्तरिक निजता की आवाज को अनसुनी नहीं करतीं; उन्हें लगता है कि 'अन्य यात्राएँ कितनी आसान हैं/और अन्तर्यात्रा कितनी मुश्किल, लम्बी और दूरारोह/शालीन...' यह दुर्गम आन्तरिक यात्रा 'तुम्हें कदम-दर-कदम/खून के अतार्किक अहंकार से/बाहर ले जाती है/हाँ, अस्थिमज्जा से बाहर/दर्द के अदृश्य निवास में'। अब वह समझ जाती हैं कि दैहिकता के प्रति हमारा व्यामोह गलत था :

यदि सिर्फ
मनुष्य की आँख देख सकती
शीतित शरीर से परे,
जलती चिता की द्रुत दावत और फिर उसके पार
मातम करते लोगों की स्तंभित मुद्राएँ, तब
मृत्यु कहाँ—एक अर्थहीन शब्द
जहाँ जीवन का अन्त है, वहीं प्रारम्भ भी
वही शक्तिमान सातत्य
ज्ञानी अक्सर उसे ईश्वर कहते हैं?

आत्म और अन्यों के प्रति यह दुहरी प्रतिबद्धता ही कमला के सम्पूरकता के काव्यशास्त्र का भाष्य करती है और उनके रचना-संसार को सम्पूर्णता प्रदान करती है जो

सातवें-आठवें दशक की रूढ़िबद्ध नारीवादी कविता में दुर्लभ है। शरीर के साथ अत्यधिक कन्सर्न, पुरुष-विरोधी आक्रामक मुद्राएँ और जड़ मुहावरों से भरी हुई आत्मस्वीकृतियाँ सातवें-आठवें दशक की नारीवादी कविताओं की विशेषताएँ हैं।

3

इसका मतलब यह नहीं कि कमला की कविता स्त्री-अस्मिता का पूर्णतया अतिक्रमण करती है और टैगोर की तरह कुछ भव्य सार्वभौम विमर्श को संरक्षण देती है। वे 'घर के एकान्त में बन्द स्त्री' बनने से इनकार करती हैं। अभिव्यक्ति से वंचित कर दी गई 'मूक स्त्री' भी वे नहीं बनना चाहतीं। वे एक स्त्री प्रोमिथियस हैं—भाषा चुरानेवाली, वर्चस्ववादी मातृसत्ताक विमर्श की कैद से बाहर निकलने की अभिलाषा के घोषणा-पत्र के साथ। स्त्री-पुरुष के द्वित्व विलोम के आधार पर दुनिया को बाँटने का विरोध वे इसलिए करती हैं कि उससे न केवल वास्तविक विभेदों—वर्ग, जाति, राष्ट्र, नस्ल आदि पर आधृत विभेदों का अपवर्जन होता है अपितु प्रामाणिक प्रेम की सम्भावना भी खत्म हो जाती है। इस जागरूकता के साथ वे अपनी माँ और उस पीढ़ी की अन्य लेखिकाओं के करीब हैं जो बिना किसी ठोस सैद्धान्तिक सहायता के सिर्फ अनुभव और सहज ज्ञान के बल पर स्त्री होने की पीड़ा को पहचान सकीं और नफ़रत और हिंसा के प्रति समर्पण से इनकार किया। 'स्त्री पुरुष की सृष्टि है'—इस तरह के मिथकों को उन्होंने अस्वीकार किया जबकि पौराणिक आख्यानों में इस पर बार-बार बल दिया जाता रहा है : 'देवी भागवत' में नारायण अपनी जाँघ से उर्वशी और अन्य सुन्दरियों की सृष्टि करते हैं, 'द बुक ऑव जेनिसिस' में ईश्वर ने मनुष्य के अकेलेपन को दूर करने के लिए आदम की पसलियों से स्त्री की रचना की, ओविद की 'मेटामॉरफसेस' में पाइगमैलियन हाथीदाँत की एक स्त्री-प्रतिमा बनाता है और फिर अपनी इच्छाशक्ति से उसमें जीवन डालता है। एक स्त्री की पैदाइश को लेकर मनुष्य शर्मिंदगी महसूस करता है। स्त्री की 'रचना' करके और उसके ऊपर शासन करके वह इस अपयश को दूर करने की कोशिश करता है। हालाँकि शासन और शोषण के तरीके युगानुरूप बदलते रहे हैं। औरतों को बाध्य किया जाता है कि वे अपने शरीर पर सांस्कृतिक कशाघात के निशान ग्रहण करें। देवदासी की तरह स्वयं को भेंट या चढ़ावे के रूप में अर्पित करके वे कला और जीवन की दूरी को मिटा देती हैं। कमलादास की कविता में निहित खुलेपन, आत्मस्वीकृतियों तथा व्यक्तिगत और काव्यगत एकीकरण को इसी सन्दर्भ में समझा जा सकता है। वे छुपाने के बजाय व्यक्त करती हैं, संकेत करने के बजाय व्याख्या करती हैं। रूपक और अलंकार उनकी कविताओं में बड़े सहज ढंग से आते हैं। अपनी चेतना की तात्कालिक स्थितियों के प्रति ईमानदारी के चलते वे रेडिमेड दार्शनिक पद्धतियों का अतिक्रमण कर जाती हैं।

पुरुष-शासित समाज में स्त्री की जो आश्रित स्थिति है, वह उन्हें दुर्बल तो करती

है लेकिन इससे लेखिकाओं को एक विचित्र लाभ भी मिलता है : अपने विमर्श में किसी निश्चित, फिक्स्ड अथवा निरंकुश विषय को वे कम महत्त्व देती हैं। उनके अनुभव उन्हें बाध्य करते हैं कि वे अस्पष्ट और अनगढ़ विषय चुनें—निरन्तर विकसित होता हुआ और स्वयं में प्रयोगात्मक।

पितृसत्ताक समाज में स्त्रियों की भूमिका मूलतः निषेध की है। समाज में उनकी जो स्थिति है, उसके कारण जिन चीजों को पूर्ण, परम, सुनिर्मित और स्थापित समझा जाता है, उनका वे निषेध करना चाहती हैं। उनका लेखन-कार्य व्यवस्था के निश्चित नियमों और मानदंडों को तोड़ डालता है। कमलादास सचेत रूप से भले ही राजनीतिक न हों, भले ही वह यह कहती हों कि 'मैं राजनीति नहीं जानती' मगर उनकी कविता के राजनीतिक आयाम से इनकार नहीं किया जा सकता। उनकी कविताएँ एक ऐसे संसार की अभिलाषा को जरूर व्यक्त करती हैं जहाँ चीजें कुछ अलग तरह से होंगी और जहाँ किसी को वंचित नहीं किया जाएगा। वह अपनी उस आभिजात्यवादी महान दादी माँ का मजाक बनाती हैं जिन्होंने उससे कहा कि दुनिया का प्राचीनतम खून उन्हीं की रगों में बहता है—'खून जो पतला, स्वच्छ और सुन्दर है,' जबकि गरीबों और नव-धनाढ्यों का खून 'दलिया की तरह गाढ़ा और गड्ढे के समान गंदला होता है।' (ब्लड)। उनकी 'नानी' शीर्षक कविता निर्मम राजशाही पर एक अभियोग-पत्र है जो एक गरीब स्त्री के सम्मान के साथ खिलवाड़ करती है और उसे मरने के लिए विवश करती है। बड़े दर्द के साथ कवयित्री महसूस करती है कि सामन्ती समय के समृद्ध रंगमंच पर गरीब जन मसखरे, गंवार की भूमिका में थे जब उनके पूर्वजों ने राजशाही को दिन में पाला-पोसा और रात में निम्न जाति के असामियों की बहू-बेटियों के साथ सोए। उन बहू-बेटियों को कभी गला दबाकर तालाबों में फेंक दिया गया। उनकी मृत देह ही अब तालाबों में कमल और लिलि के फूलों के रूप में जल के ऊपर उठ आई हैं (ऑनर)। कवयित्री अपने अतीत के प्रेतों से पीछा छुड़ाना चाहती है और पीढ़ियों के पाप से अशुद्ध हो गए अपने खून को शुद्ध करना चाहती है।

राज्यसत्ता-नियंत्रित हिंसा और युद्ध के विरोध में भी कमलादास ने कविताएँ लिखी हैं। यह सामन्ती और पितृसत्ताक हिंसा के विरुद्ध उनके संघर्ष का ही विस्तार है। 'टॉयज़' कविता में उनका अभियोग-पत्र सुस्पष्ट है : 'असफल हैं नए किस्म के वे लोग जो आते हैं/देशभक्ति के नारों के साथ बोने के लिए मृत बीज/असफल हों उनके कृत्य/असफल हों उनके गर्वीले पूर्वज/जो विलाप करते हैं मुँह फाड़कर/अनुष्ठान के अन्त में।'

उनकी 'स्मोक इन कोलंबो', 'द सी एट गाले फेस ग्रीन' तथा 'आफ्टर जुलाई' जैसी कविताओं में श्रीलंका में तमिलों का जातिसंहार सामूहिक हिंसा के रूप में विकसित होता है जिसे वह कोलंबो में पूर्ववर्ती विध्वंस की पुनरावृत्ति के रूप में देखती हैं : 'उठ खड़ा हुआ हिटलर मृतकों के बीच से/उसने माँग की/वाह-वाह के साथ पुनः करतल ध्वनि/उसने पुकारा/तगड़े आर्य खून को, अनर्थकारी/शराब जो मनुष्य को पाप-मुक्त करता है और/पूर्व मित्रों की हत्या का अधिकार देता है/काले द्रविड़ ने अपने तीन साल के बच्चे

को डाल दिया/उसकी गोद में...' इन पंक्तियों में ऊपर से जो दिखता है, उससे कहीं गहरा अर्थ छुपा है क्योंकि वे एक अन्य मिथकीय युद्ध की स्मृति जगाती है : श्रीलंका में गोरे राम और काले रावण के बीच संघर्ष की स्मृति। यह कमलादास के काव्य में गोरे (आर्य) और काले (द्रविड़) के बीच का आरकेटाइपल संघर्ष बन जाता है और उनकी कविताओं में बारम्बार आता है। अपने सन्दर्भ में वे 'नट ब्राउन स्किन' (शॉपर एट द कॉरनेल्स, कोलंबो) का जिक्र करती हैं अथवा खून में किसी दोष का : 'जिसने हमें देश में हीनतर बनाया/सामान्य रक्तिम में कुछ मटमैलापन/हमारे गैर-आर्य उद्‌गम को प्रकट करता हुआ' (ए सर्टेन डिफेक्ट इन द ब्लड?); परन्तु उनकी सहानुभूति चमड़े के वर्ण से परे चली जाती है। इसका एक प्रमाण 'दिल्ली-1984' जैसी कविता भी है जहाँ वे इन्दिरा गांधी की हत्या के बाद निर्दोष सिक्खों के ऊपर सत्ता-संचालित आतंकवाद का निर्भीक विरोध करती हैं। 'इफ डेथ इज़ योर विश' जैसी कविता में सभी तरह के आतंकवाद की निन्दा बहुत प्रच्छन्न है : 'अगर आप मौत चाहते हैं तो हत्या करना/एक आसान खेल है', फिर वे नफ़रत की ताकतों के उभार पर विलाप करती हैं : 'हमने ईश्वर की तरह शादी की मगर सिर्फ़ हत्यारे जने/हरेक माँ अपने ही दुश्मन को स्तन-पान कराती है/और नफ़रत पहले पहल ममतालु सीने में फलती-फूलती है...' (डाउटर ऑव द सेन्चुरी)

4

स्त्री की भाषा, उसकी सेक्सुअलिटी की तरह ही, विकेन्द्रित होती है और एक अर्थ में अनाकार और अव्यवस्थित। वह किसी अस्तित्व को भीतर से रूप देना चाहती है ठीक वैसे ही जैसे कि वह किसी बच्चे को अपनी देह में वहन करती और उसे साँचे में ढालती है। वह अनेकरूपा है : उसकी भाषा सैकड़ों जिह्वाओं से बोलती है। उसे एकरूपता वहाँ दिखती है जहाँ पुरुष को सिर्फ़ अन्तर्विरोध दिखता है। वह किसी पर शासन करना नहीं चाहती—खुद पर भी नहीं। चेतना की इस स्थिति को कमलादास ने 'सेन्सुअस वुमैन' कविता में व्यक्त किया है : 'सागर की अपार/प्रेमविह्वलता आक्रान्त करती है रक्त को, बाड़ों के बीच/जीवन-मृत्यु की स्थिति मुरझाती,/और कीलें ठुकीं/परमेश्वर का सुखद सलीब धारण करती है वह/शाश्वतता की घंटाघड़ी सुई रहित।' जो भी हो, कमला उक्त विभेद को गौरवान्वित नहीं करतीं; वे समझती हैं कि पितृसत्ता की तरह ही मातृसत्ता भी लिंग-असमानता को बढ़ावा देती है। पुरुषविहीन संसार की कल्पना वे नहीं कर सकतीं। उसमें निहित राधाकृष्ण के प्रथम सच्चे आलिंगन में ही घुल जाती है और वह कृष्ण से कहती है कि उनका शरीर उसका समपार्श्व (प्रिज़्म) है, उनकी श्यामलता उसे अन्धा कर देती है और उनके प्रेम के शब्दों से 'समझदार दुनिया के तमाम कोलाहल बन्द हो जाते हैं' (कृष्णा) वह कृष्ण से कहती है कि राधा और गोपियों की भटकती आत्माएँ यमुना नदी के किनारे कदम्ब वृक्षों पर किसी दिन लौट आएँगी—'शुद्ध शारीरिकता से चमगादड़ की तरह लटक जाने के लिए।' (राधा-कृष्ण) वह स्वीकार करती है कि 'और अब मैं तुम्हें

प्यार करती हूँ/लहराती संकरजातीय कुतिया की तरह/मेरा जीवन, मेरा सारतत्त्व/तुम्हीं में निहित है...' (लव) पुरुष के प्रति नारी का सहज सम्मोहन, पवित्र और पूर्ण प्रेम की उसकी चाह जो सेक्स के आनन्द से ऊपर की चीज है, एक मोहभंग कि पुरुष सिर्फ़ उसकी देह को चाहते हैं—इसी भावनात्मक त्रिकोण के भीतर कमला की कविता में नर-नारी सम्बन्ध चित्रित हैं। वे लिंगभेद के तर्क से बाहर निकलना चाहती हैं और 'स्त्री-जाति' से 'स्त्री' के मिथ को अलग करना चाहती हैं।

पितृसत्ताक मिथकों का स्त्री-लेखन में उच्छेद किया जाता है। कवयित्रियों ने यह कार्य दो तरह से किया है—या तो मिथकों में संशोधन करके अथवा उन्हें नकार करके। कमला दूसरी श्रेणी की है। मगर राधा-कृष्ण के आकस्मिक मिथक सन्दर्भ के, जिसका उल्लेख ऊपर हुआ है, अलावे भी मिथकों के कुछ सन्दर्भ उनकी कविताओं में मिलते हैं। वह जीवनानुभवों के आधार पर मिथकों का विखण्डन करती हैं। 'द ओल्ड प्लेहाऊस' कविता में कायान्तरण की मिथकीय अवधारणा का उपयोग वे विवाह के परम्परागत मिथक को तोड़ने के लिए करती हैं : 'तुम मुझे पत्नी कहते हो/तुम्हारी चाह में शर्करा घोलने/ठीक वक़्त पर विटामिन प्रदान करने/की शिक्षा मुझे मिली थी/सिकुड़ती हुई/तुम्हारे विकराल अहंकार के नीचे मैंने जादुई रोटी खाई/और वामन बन गई/मेरी इच्छा मेरा विवेक खो गया...' ऐतिहासिक अतीत को गौरवान्वित करने से वह इनकार कर देती हैं; उनकी नॉस्टैल्जिया व्यक्तिगत अतीत से सम्बन्धित प्रेम और कोमलता के क्षणों तक ही सीमित रहती है और इस तरह पुनरुत्थानवाद के सभी रूपों से उनका स्वाभाविक विरोध प्रकट होता है। वे पितृसत्ताक मूल्य-व्यवस्था को अस्वीकार करती हैं जो अहंवाद, सत्ता-लोभ, विस्तारवाद, हीरो-कल्ट, क्रूरता, युद्ध, मनुष्य और प्रकृति के अंध शोषण, बुद्धि के दुरुपयोग, भावना और संवेदनशीलता के ऊपर तर्कबुद्धि के आधिपत्य पर आधृत है। इसके साथ ही उन्हें इस अस्वीकृति को एक ऐसी भाषा में व्यक्त करना पड़ता है जो अब भी पुरुषप्रधान आग्रहों को लिए हुए है। यह स्थिति अनिवार्यतः उनकी कविता में एक द्वैध-वृत्ति को जन्म देती है। इससे भाषा के प्रति ही एक अविश्वास पैदा होता है अथवा इसमें वे अपने को सहज महसूस नहीं करतीं। 'शब्द पक्षी है' में वह कहती हैं, 'अपना बसेरा बनाने के लिए वे कहाँ उड़ गए हैं/पंख थके हुए/धुँधलके में छुपते हुए?' (वड्र्स आर बड्र्स) फिर उन्हें शब्द पाप की तरह लगते हैं :

शब्द तब पाप है
न इससे बेहतर न बदतर
निष्फल नदियाँ पतली जैसे कि रजत-धागे
गुलाबों में तराशे नाखून
मार्का-छाप मवेशी अन्तिम लम्बी यात्रा पर
अतीत के गुजरते हुए पर्वत
और जेबरा-क्रॉसिंग पर बच्चों का खून।

शब्द को वह घर से जोड़ती हैं जहाँ पाप का देवता और 'तेज हत्यारे चाकू' हमारे इन्तजार में हैं। मनुष्य, ईश्वर और शब्द तीनों मिलकर जैसे स्त्री के विरुद्ध षड्यन्त्र रचते हुए प्रतीत होते हैं। इनके खिलाफ़ अपने संघर्ष के परिणामों के प्रति कवयित्री सचेत है : 'कल वे मुझे बाँध सकते हैं उन जँजीरों में/जो मेरी कायरता से अधिक मजबूत हैं/बलात्कार कर सकते हैं वे संगीनों के साथ/लटका सकते हैं फाँसी पर मेरे सन्देहों के कारण...' (टुमौरो)

5

कमलादास की हाल की कविताओं में बुढ़ापा, मृत्यु और न-कुछ (नथिंगनेस) बारम्बार आते हैं। वह महसूस करती हैं कि 'इस उम्र में अब मेरे घर कोई नहीं आने वाला।' (वुमैन्स शट्टल्स) 'ए कास्क ऑव नथिंग' में वे कहती हैं : 'आँख बन्द करने पर मैं कुछ नहीं देखती।/कान बन्द करने पर कुछ नहीं सुनती। कुछ नहीं, कुछ भी नहीं/भीतर या बाहर/निवास करता है न-कुछ/अन्दर एक शूल की तरह/सिर्फ़ एक वही सार है/जिसे मानवीय पंजर अन्तर्विष्ट कर सकता है।' 1980 की गर्मियों में उन्हें सिर्फ एक आवाज़ सुन पड़ती है, 'मारो-मारो'। 'शायद शहरी हवा की/विद्वेषी कीमिया ने/इसे हमें दिया है, सुवर्ण को/सीसे में बदलकर/इसलिए सुपरिचित चिन्ताकुल हाथों ने मिट्टी को बिगाड़ा/और शीघ्रता के साथ एक मृत्यु-से बनाया...' (समर, 1980)। वे महसूस करती हैं कि उनके रक्त के 'सूर्य-विरंजित मुहाने' पर अचानक सूखा पड़ गया है और उन्हें विस्मय है कि वे मर रही हैं या जी रही हैं; उनकी सभी हरकतों में दोनों की छायाएँ हैं। उनके अनुसार, मृत्यु जीवन का अँधेरा पक्ष है और वह समानान्तर चलती है। वे मौन में प्रवेश करेंगी 'इस भीड़ भरी पृथ्वी पर बिना कोई निशान छोड़े'—'अपनी चिड़िया की उड़ने की आवाज़' को लिए हुए। 'सैकड़ों ग़लतफ़हमियों' को भी वह अपने साथ ले जाएँगी जिन्होंने उनके रिश्तों को बर्बाद किया। (डेथ इज सो मीडियाकर) उन्हें बोध होता है कि विकास, महानगरों के नीचे बहने वाले गन्दे नाले की विरक्ति है, जो सड़ियल कूड़े को भी स्वीकार कर लेता है।

देहिकता के क्षरण के साथ निरन्तर टकराव कवयित्री को बाध्य करता है कि वह मृत्यु के बाहर आध्यात्मिक अवस्था में झाँक सकें। परम्परागत धर्म से इस आध्यात्मिकता का कुछ भी लेना-देना नहीं है। उन्हें विश्वास है कि आत्म-स्वीकार (कन्फेशन) के द्वारा, अपनी भीतरी परतों को छीलकर वे आत्मा के करीब पहुँचती हैं—'परम निरपेक्षता की अस्थियों' तक। ('कम्पोजीशन')। दैहिक प्रेम इस भूख को सन्तुष्ट नहीं कर सकता, वह इसे जानती हैं, जैसा कि वह 'द ओल्ड प्लेहाऊस' में कहती हैं कि प्रेम को भी जरूर खत्म होना है : 'आत्मा से अलग होकर/मेरा शरीर रिक्त होगा/शरीर से अलग होकर/आत्मा रिक्त होगी।' (द सूसाइड)। उन्हें शरीर एक फंदा-एक कैद की तरह प्रतीत होता है। वे शरीर की बाधाओं पर विजय पाना चाहती हैं ताकि नदी अपने समुद्र से मिल सके।

(एडवाइज़ टु फेलो-स्विमर्स)। इस दृष्टि से 'अनामलाइ पोएम्स' का विशेष महत्त्व है। यहाँ कमला देह से परे के प्रेम में अपनी पूरी आस्था व्यक्त करती हैं :

आप जिसे जानते हैं उससे महत्तर प्रेम भी है
वह तुम्हारे इन्तजार में है जहाँ अन्ततः रास्ते का अन्त है
धैर्य इसका लोकप्रसिद्ध है; नहीं है इसके लिए
निरुद्देश्य चिन्ताएँ या कि लालसाएँ
जिनका अन्त निर्वेद में है

(अनामलाइ पोएम्स)

महत्तर प्रेम सत्य से साक्षात्कार कराता है, वह आपको मृत्यु के पार एक अन्य गर्भाशय में ले जाता है जो आलोड़ित करता है 'आपके कायान्तरित पूर्णता के स्वागत के लिए।' इस प्रकार कमलादास का सम्पूर्ण काव्य प्रेम की महत्ता की घोषणा है—उस प्रेम की जो देह के माध्यम से अभिव्यक्त होते हुए भी देह को अतिक्रमित करता है।

चन्द्रशेखर कंबार की विलोम की कविता

मुझे साँस में भर लेने दो गंध
अपने पूर्वजों की, सोचने दो
और दुहराने दो उनकी जीवन्त आवाज़
इससे पहले कि मैं डूब जाऊँ
नींद की अतल और उदात्त गहराई में
मुझे सीख लेने दो जीना

लेपॉल्ड सेडॉर सेंगॉर द्वारा पाँचवे दशक के आसपास लिखी गई 'नाइट ऑव साइन' की उपरोक्त पंक्तियों में तीन महादेशों में फैले उस समय के अश्वेत लोगों की जातीय पहचान हासिल करने, उसकी रक्षा करने, उसका उल्लास मनाने और उसे नवीनता और मजबूती देने की सामूहिक इच्छा प्रतिबिंबित होती थी। एक कविता के जरिये यह उनके अन्दरूनी जीवन की अव्याख्यायित इच्छा की अभिव्यक्ति थी। भारतीय कविता में इस तरह की अभिव्यक्ति साठ और सत्तर के दशक में उस समय घटित होना शुरू हुई जब क्षेत्रीय, वाचिक, अब तक हाशिए पर रही और हास्यास्पद मानी जाने वाली कविताओं ने राष्ट्रीय, लिखित, मुख्यधारा की यशस्वी और गंभीर कविता का स्थानापन्न बनना शुरू किया। यह परिवर्तन सौन्दर्यशास्त्रीय और राजनीतिक दोनों था। इससे अनेक भारतीय भाषाओं में शहरी, अहंवादी, अंधकारपूर्ण 'उच्च' आधुनिकतावाद का विघटन आरम्भ हुआ।

विघटन की यह प्रक्रिया कभी नव वाम के उदय के साथ तेलुगू और मलयालम की अतिवादी कविताओं को लेकर आगे बढ़ी तो कभी इसने गुजराती और मराठी की तरह की एक नई लोक आध्यात्मिकता का विकास किया। शीघ्र ही इससे दलित कविता और स्त्रीवादी कविता जैसी नई समतोन्मुखी धाराएँ आ जुड़ीं। इन सबने साथ मिलकर एक नवीन अग्रोन्मुखी प्रवृत्ति का आरम्भ किया जिसे प्रमुख आधुनिकतावादी संवेदना के विरुद्ध तीव्र सामाजिक चेतना और सौन्दर्यशास्त्रीय विद्रोह ने शक्ति प्रदान की। इस आधुनिकतावादी संवेदना में बाहर से ताज़ा हवा आने के सभी रास्ते लगभग अवरुद्ध हो चुके थे। चन्द्रशेखर कंबार की कविता समकालीन काव्य-संवेदना में आए इस प्रमुख परिवर्तन की प्रवर्तक और साझीदार रही है। इस परिवर्तन को कालक्रमानुसार, और विशेषकर भारतीय सन्दर्भ में उत्तर-आधुनिकतावादी कहा जा सकता है। कंबार के कवि के भिन्न स्वभाव की जानकारी उनके कविता-संग्रह 'मुगुलु' में संकलित उनकी बेहद

आरम्भिक कविताओं से मिलने लगी थी। बाद के संग्रहों—'हीलातेने केला' (1964), 'तकरारिन-वरु' (1970), 'सविरादा नेरालु' (1979), 'बेल्लिमीनू' (1989) और 'अक्काकु हडुगेले' (1994) में उपरोक्त विभेद स्वयं को परिभाषित करने लगा था। 'एवारेगिना हीलातेने केला' (1994) नामक उनका काव्य-संग्रह उन्हें अनुभवों और छवियों की निजी दुनिया के ऐसे सर्जक के रूप में प्रस्तुत करता है जो काफी कुछ लोककथाओं और मिथकों से लेता है। यह वह क्षेत्र है जो कन्नड़ के नवोदय और नव्य आन्दोलनों के बावजूद अनन्वेषित ही रह गया था। हाशिए से मुख्यधारा के आधुनिकतावाद की दुनिया के भीतर कंबार रूप, विषय और चिंतना की आश्चर्यजनक विविधता रचते हैं।

कंबार की 'खिलाड़ी राजा और विदूषक' शीर्षक कविता उनकी विपर्यय की काव्यशैली का प्रतिमान बनती है। कविता में विदूषक अपनी पोशाक, रटी-रटाई विनोद क्रीड़ाएँ और अपनी पहचान तक भूल जाता है। वह अपना चेहरा अपठनीय और संदिग्ध बना लेता है। वह दर्शकों के समक्ष राजा की भंगिमा बनाकर चलता है। वह 'राजा की पोशाक में विदूषक के शब्द पहन लेता है', चबा-चबाकर और दाँत पीसकर उच्चारण करता है तथा बहुत ही धीमी आवाज में सत्ता के सभी सम्भव अक्खड़पन के साथ बोलता है। लोग खुशी-खुशी उसका प्रभुत्व स्वीकार कर लेते हैं, उल्लास के साथ। उसके समक्ष नाचते और सर नवाते हैं। जब राजा पार्श्व से झाँकता है तो वह उसकी ओर इशारा करके लोगों से उस मसख़रे का मज़ाक उड़ाने के लिए कहता है। लोग उसके आदेश का पालन करते हैं और मजाक उड़ाते हैं। जब विदूषक जाने लगता है, दर्शक उसे राजा का सम्मान देते हुए खड़े हो जाते हैं। और, जब वास्तविक राजा प्रवेश करता है तो वे ठहाके लगाने लगते हैं, सीटियाँ और तालियाँ बजाने लगते हैं—मानो विदूषक प्रवेश कर रहा हो। राजा बताता है कि वह उनका शासक है, लेकिन लोग चिल्ला-चिल्लाकर उसे विदूषक कहते हैं। ऐसे मौके पर नाटक-निर्देशक, कवि प्रवेश करता है और दर्शकों से गंभीरता बनाए रखने की अपील करता है। वह बताता है कि नाटक का अभीष्ट यह नहीं था। लेकिन दर्शक उसकी बात नहीं सुनते, उसे बेवकूफ कहते हैं और चुप करा देते हैं।

कविता की काया अपने अन्दर कम-से-कम चार विपर्ययों को समेटे हुए है—विदूषक का राजा बनना, राजा का विदूषक बन जाना, दर्शक जो अब तक चुपचाप देख रहे थे उनका हस्तक्षेप करना और यह निर्णय करना कि कौन क्या है और इस तरह अपने हाथों में नाटक की बागडोर सँभाल लेना तथा भूमिका बदलने और दर्शकों के अनुमोदन पर नाटक-निर्देशक का हाशिए पर फेंका जाना और उसे चुप रहने के लिए विवश किया जाना। यह बहुपरतीय संधियोजन अतिवादी निहितार्थों से भरा हुआ है। विदूषक हास्यास्पद है और हाशिए पर है। बुद्धि और खुशी नादिरशाही के दास बन गए हैं और उन्हें दिल बहलाने वाला मसख़रा बनाकर सत्ता के गलियारों और राजनीति के महलों में छोड़ दिया गया है। विदूषक यहाँ समाज के वंचित तबकों का प्रतिनिधित्व करता है जिन्हें सत्ता ने हमेशा बेवकूफ बनाया है। इन वंचित लोगों में किसान और कामगार हैं, दलित और विभिन्न जनजातियाँ हैं, अल्पसंख्यक और महिलाएँ शामिल हैं। यही लोग संस्कृति

के वास्तविक निर्माता और पोषणकर्त्ता हैं। ये ही असली नायक हैं लेकिन इन्हें बौद्धिक बहसों और वास्तविक जीवन में शायद ही कभी उचित पहचान दी गई है। राजा तभी तक राजा बना रह सकता है जब तक कि जनता चुप है और पहल करने से इनकार करती है। यहाँ जनता अपनी पहचान विदूषक से करती है और राजा बनानेवालों को, निर्देशक और नेपथ्य में चल रही विभिन्न राजनीतिक नाटकबाजियों के मुख्य चालबाज को पूरी तरह अप्रासंगिक बना देती है। कविता में राजनीतिक स्तर पर जो कुछ घटित होता है—विदूषक का राजा का विकल्प बनना, तानाशाह का मित्र बन जाना और सामन्तवाद का विकल्प लोकतन्त्र का बनना—वह सब क्रांति से कम नहीं हैं। कविता की लाक्षणिकता शब्दों के मुकाबले संकेतों से ज्यादा प्रखर होती है—विदूषक का राजा बनने के लिए अपने क़रतब और अपनी पोशाक भूलना तथा अपनी बेवकूफों जैसी पहचान से मुक्त होना ऐसे ही संकेत हैं। उसकी निर्भीक मुद्रा, पीठ पर हाथ बाँधकर उसका दृढ़तापूर्वक चलना, शाही आकृति, शब्दों का अक्खड़पन, चबा-चबाकर और दाँत पीसकर उच्चारण करना और धीमे स्वर में प्रभुता के साथ बोलना उसे वास्तविक राजा बनाते हैं। वह यह भूमिका कुशलता के साथ अदा करता है। राजा और विदूषक के बीच शुद्ध रूप से केवल पोशाक, हावभाव और मुद्राओं का अन्तर है। जनता भी अभिनेताओं और चरित्रों को स्वीकृत अथवा अस्वीकृत करने के लिए सर नवाने, नाचने, सीटी बजाने, करतल ध्वनि करने और ठहाके लगाने जैसे संकेत इस्तेमाल करती है।

शुद्ध सौन्दर्यशास्त्रीय स्तर पर राजा की जगह विदूषक द्वारा ले लिए जाने में गंभीरता की जगह हास्य के आ जाने की सूचना मिलती है। यह विस्थापन इस बोध का परिणाम है कि जिसे गंभीर बनाकर पेश किया जा रहा था वह वस्तुतः बनावटी गंभीरता थी और अब समय आ गया है कि हम हास्य को उसके अन्तर्विरोधों के साथ जीवन की विडम्बनाओं के अवबोधन के रूप में गंभीरता से लेना शुरू करें। व्यंग्योक्ति को यहाँ क्षणिक सजावटी सामग्री के रूप में नहीं, वरन् कविता की केन्द्रीय नीति के रूप में, जीवन और घटनाओं की एक शैली के रूप में लिया गया है। उदास रोमांटिक और विकृत आधुनिक की गंभीरता यहाँ ठहाके का कारण बनती है और गुरु-गंभीर विदूषक की शक्ल अख़्तियार कर लेता है। व्यंग्योक्ति यहाँ जीवित रहने के लिए एक रणनीति है और हास्य जीने का एक तरीका।

लेखक को चुप कर देने के प्रसंग में उसकी मौत का बिम्ब देखा जा सकता है। पाठकों और दर्शकों के कमान सँभालते ही पुनर्निर्माण की प्रक्रिया पर लेखक का कोई नियन्त्रण नहीं रह जाता—जनतांत्रिक साहित्य का बाहुल्य लेखक की शक्ति को क्षीण कर देता है। यहाँ हमें याद रखना चाहिए कि लेखकीय विचारधारा का अन्त और हास्य महत्त्वपूर्ण तत्त्व हैं। हमारे सन्दर्भ में उत्तर आधुनिकता को स्तरीय और स्तरहीन कला तथा गूढ़ और लोकप्रिय साहित्य का फ़र्क मिटने में देखा जा सकता है। रोमांटिक साहित्य में इसकी कोई आस्था नहीं है। यह साहित्य के नगरीकरण के फलस्वरूप अनुभव और अभिव्यक्ति में आई दुरुहता को भी स्वीकार नहीं करता। यह लोगों की बजाय उनकी

अलग-अलग दुनियाओं के बारे में ज्यादा बताता है और उनकी सीमाओं और द्वंद्वों की पड़ताल करता है। यह उपभोक्ता-संस्कृति की प्रकृति के अनुरूप किए जानेवाले मानकीकरण और प्रमुख जीवन-मूल्यों तथा कला-मूल्यों के वैश्वीकरण से लड़ता है।

भारतीय सन्दर्भ में इस कविता के विदूषक को वाचिक और लोक के प्रतिनिधि के रूप में भी देखा जा सकता है। पारम्परिक रूप से विदूषक भी सीधा-सादा देहाती और गँवार किसान ही है जिसे शहरी आभिजात्य वर्ग असभ्य मानता है और खिल्ली उड़ाने वाली नज़र से देखता है। बिम्बात्मक दृष्टि से वह समाज और संस्कृति के असाहित्यिक अंग का, सभ्यता के पिछवाड़े का प्रतिनिधित्व करता है। राजा लिखित, नागर और शक्ति-सम्पन्नों का प्रतिनिधि है। दूसरे शब्दों में कहा जा सकता है कि राजा महान परम्परा, राजपथ और मार्गी का प्रतिनिधित्व करता है जबकि विदूषक गौण परम्परा, गलियों और देसी का प्रतिनिधित्व। प्राच्यवादियों ने महान परम्परा को—भारत की लिखित, शास्त्रीय और संस्कृत परम्परा को—प्राथमिकता दी। लिखित साहित्य उनके लिए पूजनीय था। वे यह सोच भी नहीं सकते थे कि भारतीय संस्कृति में साहित्य के कई रूप मौजूद हैं और उनमें से एक कर्मकांड भी है। इस नज़र से देखने पर कविता में गाँव शहर से कमान लेता हुआ दिखाई देता है। अगर इस परिवर्तन का राजनीतिक निष्कर्ष निकालना चाहें तो कह सकते हैं कि गाँवों ने शहर को घेर लिया है। ये सभी स्तर एक साथ मिल कर विलोम के काव्यशास्त्र की इमारत खड़ी करते हैं। यही कंबार का अभीष्ट भी है। विलोम की इस प्रक्रिया में पाश्चात्य प्रभाव नहीं है; बल्कि यह भारतीय काव्य की श्रमण परम्परा से निकला और पुष्पित-पल्लवित हुआ है। योगेश्वर जैसे संस्कृत कवियों और अश्वघोष, नागार्जुन, आर्यदेव, शान्तिदेव, वसुबंधु, उब्बिरी, सुमंगलमता, भाकी सरीखे बौद्ध और जैन कवियों में इस श्रमण काव्य-परम्परा का विस्तार हुआ है। यह विस्तार बासव, महादेवियक्का, अल्लामा, दासीमय्या, अंडाल और नाम्मलवर से लेकर कबीर, मीरा, नानक, तुकाराम, नामदेव, ज्ञानदेव, लालदेव, बाबा फ़रीद, बुल्लेशाह, मीर दर्द, शाह अब्दुल लतीफ और सुलतान बहू तक ही नहीं बल्कि उससे आगे अनेक प्रगतिशील कवियों और समकालीन दलित, महिला और जनजातीय कवियों की कविताओं में भी लक्षित किया जा सकता है।

चन्द्रशेखर कंबार के समग्र रचना-कर्म का केन्द्रीय काव्य तत्त्व कतिपय भिन्न तरीके से काम करता है। उदाहरण के लिए, 'लोककथाओं का राक्षस' शीर्षक कविता देखिए। पहले यह राक्षस राजकुमारियों का अपहरण और नायक से युद्ध करता था। उसका नाम 'गरजने वाली हँसी' था। उसकी कथा का न तो कोई आरम्भ था और न ही अन्त। लेकिन अब सात समुन्दर सूख गए हैं, पहाड़ों पर खड़े वन धराशायी हो गए हैं, रहस्यमय महल, तोते के पिंजड़े और मीठे-रसीले फलों के पेड़ सब-के-सब बिला गए हैं। अब तो उनकी कहानियाँ भी नहीं कही जातीं। राक्षस के पास अब अपने बड़े-बड़े दाँत साफ करने, तालाब में नहाने और अपने सिंघों को फूलों से सजाने के अलावा और कोई काम नहीं बचा है। इस तरह उसका घटनारहित जीवन गुजर रहा है। उसे अब हमारे जीवन

से निकाल बाहर कर दिया गया है। हम उसे हँसाना तो दूर, मुस्कुराहट भी नहीं दे सकते। अब इस तथाकथित सभ्य दुनिया में आत्माओं का व्यापार होता है। इसके राज्य में बाजार-भाव के उतार-चढ़ाव का बोलबाला है। दूसरी तरफ, राक्षस हमारे जीवन का एक अंग था। जीवन में उसकी उपस्थिति बहुत ही मानवीय थी। राजकुमारी के साथ उसकी छेड़छाड़ में नायक से परास्त होकर काव्यात्मक न्याय का पाठ पढ़ाने में और दुबारा अपनी कथा सुनाए जाने तक चुप पड़े रहने में इस मानवीयता को समझा जा सकता है। लेकिन अब हमारे पास राक्षस के बदले आसमान में छलाँग लगानेवाला और स्टारवार का संचालन करने वाला रोबोट है। एक बार अमरीकी लोगों ने एक कहानी सुनाई जिसमें एक रोबोट और एक राक्षस था। रोबोट ने राक्षस की बेतरह पिटाई की और उसे भागकर लोककथाओं की शरण लेनी पड़ी लेकिन सभ्य समाज ने उसे लोककथाओं से खींचकर फ्रेम में जड़ा दिया और एक संग्रहालय में रख दिया। अब उसने रोबोट के साथ-साथ बच्चों की तरफ भी देखना छोड़ दिया है। क्योंकि उसे लगने लगा है कि बच्चे रोबोट की ही सन्तान हैं। 'लोककथाओं का राक्षस' शीर्षक यह कविता अपने कलेवर में प्रतीकात्मक रूप से दुखान्त विस्तार लिए है। यथार्थ जीवन से राक्षस का गायब होना, रोबोट से लड़ाई में उसकी अपमानजनक हार, लोककथा में छिपने की कोशिश, अंततः उसका संग्रहालय की वस्तु में बदल दिया जाना और कभी उसके प्रशंसक रहे बच्चों का रोबोट में बदल जाना—आधुनिकीकरण और वैश्वीकरण के दौर में ये सब मनुष्य की नियति की ओर इशारा करते हैं। यह केवल वाचिक और दृश्य परम्परा की विलुप्तप्राय देसी संस्कृति का ही शोकगीत नहीं है बल्कि मनुष्य के तेजी से मशीन में बदलते जाने पर गाया जाने वाला शोकगीत है। राक्षस के इलाके पर आक्रमण करनेवाला बाजार, औद्योगिक पूँजीवाद और लालची उपभोक्ता संस्कृति का प्रतिनिधित्व करता है। ये दोनों मिलकर हमारी यथार्थ दुनिया को घेर लेते हैं और हमसे हमारी सर्वाधिक प्रिय स्मृतियाँ, सपने और कल्पनाएँ छीन लेते हैं। बाजार संस्कृति के भयंकर दुष्परिणाम हैं। सांस्कृतिक स्मृति और देसी कल्पनाशक्ति की क्षति के साथ-साथ अवचेतन मन का विज्ञापन की चकमक दुनिया के समक्ष आत्म-समर्पण। बाजार संस्कृति की मानक नीतियाँ और कृत्रिम छवियाँ झूठ को स्थापित करती हैं। संस्कृति का उद्योग लोक और देसी संस्कृति की उपेक्षा नहीं करता। यदि उसने इनकी उपेक्षा कर दी होती तो सम्भवतः ये बच भी जातीं। लेकिन वह तो इन्हें विदेशों में निर्यात करने योग्य कलाकृतियों में बदल देता है जो अमीरों के ड्राइंगरूम में और मृत्यु-पर्व मनाने वाले संग्रहालयों में सजाने के काम आती हैं। लोककथाओं के दोस्त सरीखे राक्षस और हमारी संस्कृति के स्वाभाविक और विलक्षण उल्लास को संग्रहालयों में ठेल दिया जाता है। फिर उनकी जगह हृदयहीन मशीन मानव—रोबोट ले लेता है जो हँस भी नहीं सकता, केवल अपने मालिक का आदेश पालन कर सकता है और युद्ध कर सकता है। साम्राज्यवादी पूँजी की बदौलत रोबोट में जो धात्विक शक्ति भर दी गई है उससे वह राक्षस को परास्त कर देता है। अपमानित और परास्त राक्षस भागकर लोक-कथाओं की शरण में भी नहीं

जा सकता क्योंकि वाचिक कथाओं की जो हरीतिमा हमारे जीवन को सदैव घेरे रहती थी और उसे आश्रय देती थी, वह अमरीका से आयातित नई हृदयहीन संस्कृति द्वारा धराशायी कर दी गई है। इसी तरह स्वार्थ और मुनाफे के लिए हमारे वास्तविक वन भी गिरा दिए गए हैं। फ्रैंकेस्टीन, गोलेम, स्पाइडरमैन या बैटमैन की तरह रोबोट नवीन सांस्कृतिक उपनिवेशवादी शक्तियों द्वारा नियंत्रित और संचालित वह दुष्टात्मा है जो हमारी सभी प्रिय चीजों को पराजित कर देने के लिए कृत-संकल्प है। वह हमसे हमारा जीवन-दर्शन, हमारी इच्छाएँ, हमारी दृष्टि सब जीत लेना चाहता है। यह हमारी सभ्यता की स्मृतियों को लुप्त कर देना चाहता है, हमारी मातृभाषाओं को मार डालना चाहता है और हमारे गीतों को मौन कर देना चाहता है। इस तरह वह हमारी जीवन-शैली और विचारों को बदल डालना चाहता है ताकि बगैर हमारे कुछ सोचे पश्चिम की नकल के लिए दबाव डाला जा सके। संक्षेप में, यह रोबोट सम्पूर्ण साम्राज्यवादी सांस्कृतिक कार्यक्रम का प्रतीक बन जाता है। हमारे घरों में प्रवेश करने वाला प्लास्टिक का खिलौनेवाला हरेक फ़ौजी और बन्दूक या टेलीविजन पर बहुराष्ट्रीय कम्पनियों का उत्सव मनानेवाला हरेक विज्ञापन उसका खुफिया एजेंट है। वह चुपचाप हमारे जीवन और हमारी संस्कृति में प्रवेश कर रहा है और हमारी सभ्यता की आखिरी उम्मीद को—हमारे बच्चों को—पथभ्रष्ट कर रहा है। कविता में राक्षस की स्थिति तब बहुत ही त्रासद हो जाती है जब वह अपने अज़ीज़ दोस्त और प्रशंसक बच्चों की ओर देखने से भी इनकार कर देता है, क्योंकि उसे लगता है कि ये बच्चे रोबोट के ही बच्चे हैं। इस तरह 'लोककथाओं का राक्षस' शीर्षक कविता एक राष्ट्र की अपनी संस्कृति से जुड़ी चिन्ताओं का प्रतिनिधित्व करती है। यह चिन्ता आर्थिक और सांस्कृतिक वैश्वीकरण के वेश में संस्कृति के पश्चिमीकरण की प्रक्रिया को अवरुद्ध न कर पाने के बोध से पैदा हुई है।

'हंपी की चट्टानें' शीर्षक कविता 'लोककथाओं का राक्षस' का विस्तार है। यहाँ चट्टानें वस्तुतः जमी हुई स्मृतियाँ हैं, आदिम अनुभवों की टेढ़ी-मेढ़ी आकृतियाँ हैं, चिलचिलाती धूप की प्यास हैं। ये वे भैंसें हैं जो तैरना नहीं जानतीं। ये शिव की तीसरी आँख से निकली ज्वाला हैं। ये वे कथाएँ हैं जो कहे जाने की प्रतीक्षा में हैं—मुक्ति के इन्तज़ार में बैठी अहल्या है। ऐसे पत्थर हैं ये जो शिवलिंग तो क्या, चाहकर भी शिव का कोई अंग नहीं बन सकते। ये चट्टानें दुनिया से बात करना चाहती हैं, माँ और बच्चे दोनों से दोस्ती करना चाहती हैं। ये अपने अतीत से कटी दुनिया की स्मृतियाँ जगाना चाहती हैं या कहें कि उन्हें बदले के लिए प्रेरित करना चाहती हैं। वे अविजित स्वतन्त्रता का भी प्रतीक हैं। वे आसमान में सरपट उड़ जाने की इच्छा करनेवाले जंगली घोड़े हैं। कविता का विलोम यहाँ निर्जीव पत्थरों में जान डाल देता है, स्मृतियों को सपनों में बदल देता है और मौन को वाणी दे देता है। ये पत्थर लोककथाओं के राक्षस की दुनिया के हैं जिन्हें राक्षस की तरह ही फ्रेम में जड़कर संग्रहालय में रख दिया गया है। चट्टान जमे हुए स्वप्न हैं जिन्हें पर्यटकों को दिखाने की वस्तु बना दिया गया है।

कंबार की 'काला ईश्वर' और 'वह बूढ़ा आदमी' शीर्षक कविताओं का बूढ़ा

आदमी किसी दूसरी दुनिया से आया हुआ लगता है—एक ऐसी प्रदीप्त दुनिया से जो पुरातन की दीप्ति से भरा हुआ है। 'काला ईश्वर' शीर्षक पहली कविता में यह बूढ़ा आदमी सीधे अंतरिक्ष से उतरता है। छाया-सी पदचापवाला यह बूढ़ा आदमी माँ सी कोमलता और अबूझ आकृति लिए है। कवि से वह प्रकाश का इस्तेमाल दुनियादारी से इतर करने के लिए कहता है और उसके कंधों पर चाँद का भारी ग्लोब रख देता है। यह ग्लोब भारी और भारी होता जाता है और जैसे ही कवि उसे खिसकाकर एक कंधे से दूसरे कंधे पर रखना चाहता है, वह पानी में गिर पड़ता है। चाँद लाचार है, तैर नहीं सकता। इसलिए वह एक अदद आसमान और तारों की प्रतीक्षा में पानी की तलहटी में पड़ा रहता है। ऐसी स्थिति में कवि प्रकाश की प्रतीक्षा कर रहा है कि वह आए और उसका मार्ग आलोकित करे। कविता के विलोम का यह एक प्रतीकात्मक उदाहरण है। दूसरी कविता में यह बूढ़ा आदमी अपने दाँत चमकाता हुआ और बच्चों को बेधने वाली तीक्ष्ण नज़र से देखता हुआ लौटता है। उसकी नज़र में 'दूसरी दुनिया का प्रकाश' है। दोनों ही कविताओं में यह बूढ़ा आदमी एक ऐसी दुनिया से आया प्रतीत होता है जिसे हम बहुत पहले खो चुके हैं। यह दुनिया लालित्य, आनंद और ज्ञान से भरी हुई दुनिया थी जो हमारे मौजूदा समय में अप्राप्य है। बूढ़े आदमी ने हमारी स्मृतियों से पुनर्जन्म लिया है। वह किंवदन्तियों और लोकोक्तियों के क्षेत्र से आया है। सूक्ष्म विश्लेषण करने पर हमें यह आभायुक्त व्यक्तित्व बासव और कबीर के आराध्य के रूप में दिखाई देते हैं जो बुनकरों, दर्जियों, कुम्हारों, ईंट गढ़नेवालों, किसानों, फेरीवालों तथा अधूरी समानता और खोए हुए भाईचारे के आराध्य हैं। लेकिन शूद्रों के ईश्वर का आगमन 'मेहमान' नामक एक अन्य कविता में होता है। इस कविता में विस्मरण की छाया से मुक्त पैरों में नुपूर की खनखनाहट के साथ एक नटखट, विनोदी, सुन्दर बच्चा उपस्थित होता है। बूढ़े आदमी की भूमिका यहाँ बदल गई है। वह यहाँ मेज़बान के रूप में दिव्य अतिथि की प्रतीक्षा कर रहा है। बच्चा एक झिलमिलाहट दिखाकर ग़ायब हो जाता है और बूढ़ा आदमी उसकी वापसी की आस लगाए रात-दिन इन्तजार करता रहता है—उसका शरीर बाती बन जाता है और उम्मीद का दीया। वह एक मन्दिर बनने की प्रक्रिया में था लेकिन आख़िर में यह भौचक्का रह जाता है—समझ नहीं पाता कि अतिथि कौन है और कौन मेज़बान। उसे मालूम है कि वह दिव्य आवाज़ का उत्तर दे रहा है, लेकिन उत्तर देनेवाली यह दिव्य आवाज़ है किसकी? कविता के अन्त में मनुष्य और ईश्वर का यह विपर्यय बहुत ही प्रतीकात्मक है। दो शब्द एक-दूसरे में प्रवेश करते हैं, निस्सीम में सीमाबद्ध समा जाता है। इसके बावजूद स्वामी के पीछे जो स्वामी है, वह रहस्य ही बना रहता है। जब कोई पात्र खुद को नाटककार से मुक्त घोषित कर देता है, मंच से नीचे उतर सर्जक के पास बैठ जाता है, दर्शकों के मौन रहने पर भी हँसता है, तालियों की जरूरत न होने पर भी तालियाँ बजाता है और उजड्ड की तरह पेश आता है (जो पात्र मैंने तैयार किया) तो इस तरह का रहस्य विलोम की कविता का एक अनिवार्य अंग प्रतीत होता है।

'दो पेड़' और 'दर्पण, अरे दर्पण!' शीर्षक कविताओं में 'प्रतिछवियों' के विलोम के

विभिन्न रूपों के कारण पानी और दर्पण विलोम के काव्यशास्त्र को अभिव्यक्ति प्रदान करते हैं। 'दो पेड़' शीर्षक कविता एक वास्तविक वृक्ष और झील में उसकी प्रतिछवि के बारे में है। अगर कोई व्यक्ति इन दो पेड़ों में से एक पर चढ़ता है तो वह दूसरे पर उतर रहा होता है। ऊपर चढ़नेवाला व्यक्ति स्वर्ग जा पहुँचता है जबकि झील में नीचे उतरने वाला व्यक्ति उसकी तली में। अब वास्तविक वृक्ष और उसकी प्रतिछवि का एक-दूसरे से सम्मिलन नहीं होता। विलुप्त हो गई ज़मीन की तलाश में किसी न किसी को झील के तल में पहुँचना ही होगा। इस निष्कर्ष से पूरी कविता आलोकित हो उठती है और पेड़ काल के आर-पार जानेवाले रास्ते बन जाते हैं। यहाँ अतीत और भविष्य का उद्गम एक ही स्रोत से होता है लेकिन हमने उनको जोड़नेवाली कड़ी गुम कर दी है। इन दोनों का सम्बन्ध पुनर्स्थापित करने के लिए हमें न केवल अपनी ज़मीन की तलाश करनी होगी, बल्कि उसे हासिल भी करना होगा। इन पेड़ों को यथार्थ और कल्पना के प्रतिनिधि के रूप में भी देखा जा सकता है। इनका सम्बन्ध-विच्छेद कर देने से आधुनिक जीवन का मनोजगत बेचैनी से भर गया है। विलुप्त ज़मीन वह है जहाँ लोककथाओं का राक्षस रहता है और जहाँ से तेजोमय वृद्ध आदमी और तारे जैसी आँखों वाला दिव्य बच्चा हमारे पास आया करता है। 'दर्पण, अरे दर्पण!' शीर्षक कविता में कवि एक बार फिर यथार्थ और उसकी प्रतिछवि में खो गया है। वह निर्णय नहीं कर पाता कि वास्तविक कौन है—वह या दर्पण में उसकी प्रतिछवि? यदि दर्पण का काँच टूट जाए तो उसके टुकड़े पिघलकर एक-दूसरे में समा सकते हैं। लेकिन इसके बावजूद हमारी स्मृति और अनुभव में उनका टूटकर अलग होना मौजूद रहेगा। 'श्रीसांपिगे' शीर्षक नाटक का एक गीत इस उहापोह के साथ समाप्त होता है कि आदमी और छाया का संवाद वास्तविक है या महज़ एकालाप?

कविता प्रेयसी की आँखों को जंगल के दो गहरे तालाबों में बदल सकती है (तुम्हारी आँखों में)। 'देखो किस तरह उलटी दिखाई देती है हमारी दुनिया वहाँ।' विपर्यय की इस दुनिया में मछुआरे का जाल मछली नहीं, बल्कि डूबनेवालों के हृदय निकाल लाता है। तालाब में फिरकनी मारती एक मछली सूर्य को हिला सकती है और आसमान को ढहा सकती है। लेकिन यह गोलार्द्ध तभी तक अक्षुण्ण रहता है जब तक हम अपनी आँखें खुली रखते हैं। एक बार पलक झपकी नहीं कि सब विलुप्त हुआ। उसके बाद आप अपनी आँखें एक नई दुनिया के लिए खोल सकते हैं। प्रेम यहाँ विभ्रम और यथार्थ के बीच एक समझौता है—अविश्वसनीय पर विश्वास करने का समझौता। लेकिन 'हमें कोई आज़ादी नहीं' शीर्षक कविता में यह समझौता टुकड़े-टुकड़े हो जाता है। यहाँ प्रेमिका अपनी सारी स्मृतियाँ खो देती है और अपनी पुरानी तस्वीर में खुद को ही पहचान नहीं पाती। अतीत का कोश उसके उन्माद की अग्नि को बिसरा देता है और एक निर्जीव छाया में बदल जाता है। स्मृति-लोप यहाँ आजादी के लोप का प्रतीक है। इस काव्यशैली में ईश्वर हमेशा सर्व-शक्तिमान नहीं होता। उसे मनुष्य की भक्ति और उसकी जीवित रहने की इच्छा की जरूरत पड़ती है (मंदार वृक्ष)। यहाँ कल्पना अपना कायान्तरण करती

है। इस कायान्तरण के परिणामस्वरूप शिव का घाव पृथ्वी बन सकता है (वही कविता)। कोई दुखी प्राणी यदि शिव का आह्वान करे तो एक चिड़िया आकर गाने लगती है। उसके गाने से रँगे हुए पेड़ों पर किसलय दल फूट पड़ते हैं और चतुर्दिश हरियाली पसर जाती है (एक कलाकार की कथा)। 'जल' शीर्षक कविता में एक वैकल्पिक विश्व की कल्पना है जहाँ समानान्तर रेखाएँ मिलती हैं और एक-दूसरे में विलीन हो जाती हैं; जहाँ खण्डहरों पर लताएँ पुष्पित होती हैं। पानी की दुनिया तर्कों और जानलेवा लड़ाइयों से मुक्त है। इसकी अपनी अलग ज्यामिति है जिसमें केन्द्र वहाँ है जहाँ हम अपनी उँगली रखते हैं और परिधि वहाँ जहाँ हम रेखा खींचते हैं। इसके कई केन्द्र और अनन्त व्यास हैं। कवि यहाँ एक मुक्त दुनिया का सृजन करता है जो बहुकेन्द्रीय, निस्सीम और बहुस्वर है। एक ऐसी दुनिया जो सत्ता की पंगु बना देनेवाली जोड़-तोड़ से मुक्त है। पानी विश्व बन जाता है जैसे दुनिया बन जाती है पानी।

'काला लड़का' शीर्षक कविता में लड़के की सौम्य और अदृश्य उपस्थिति उसके स्वामी को अशान्त कर देने वाली, डरावनी और अपराध-भाव उत्पन्न करनेवाली उपस्थिति में बदल जाती है। यह ऊपर वर्णित कायान्तरण का ही एक और उदाहरण है जो एक राजनीतिक कविता में स्वाभाविक रूप से घटित होता है। यह मूक को विद्रोही बना देता है। ऐसा ही एक और कायान्तरण 'माँ गंगा' शीर्षक कविता में भी होता है जब कवि गाँव के तालाब को गंगा में बदलकर देखता है। गंगा, जो मिथकों और स्मृतियों की जननी है, आस्थाओं का केन्द्र है, चारों लोकों में फैले हुए कर्मकाण्ड की जगह है। यह गंगा निःसन्तानों को सन्तान देनेवाली दिव्य शक्ति है, यह ताँबे को सोने में बदल देती है और दलित स्त्री को ईसा मसीह को पानी पर चलते हुए देखने की सामर्थ्य देती है। इसका तल मोतियों और बेशकीमती पत्थरों से भरा हुआ है। इस तली में पहुँचनेवाले लोग ईश्वर बन जाते हैं। इसमें जिन लोगों की मृत्यु होती है उनकी आत्माएँ चमगादड़ की तरह पेड़ों पर लटकती रहती हैं और गंगामाई के खजाने की रक्षा करनेवाली फौज में शामिल हो जाती हैं। कविता का तालाब वस्तुतः ग्रामीण भारत के अवचेतन में व्याप्त विश्वासों, किंवदन्तियों, मूर्तियों और प्रतिकृतियों से भरा हुआ है। कवि के दादा इसी दुनिया के निवासी हैं। अब वह बरगद का एक मोटा पेड़ हो गए हैं जिसकी शाखें चिड़ियों से भरी हुई हैं (मेरे दादाजी)। इन्हीं चिड़ियों में एक वह मोर भी है जिसके प्रेम में माँ देवी गिरफ़्तार हो जाती हैं। यह मोर उस लोक का मोर है (मोर, मोर)। माओ जैसे क्रांतिकारियों की मृत्यु के बाद रोशनी की एक लौ रह जाती है जिसे कवि अपनी देशज कल्पना से पीले ईश्वर में बदल देता है। यह पीला ईश्वर कैलाश से नीचे उतरने वाला है। अतः उसने टूटी हुई आत्माओं से अपना रथ तैयार किया है जिसे दस अवतारों के घोड़े खींचेंगे (माओ-त्से-तुंग)। 'वह चाँद का शिकार करने चला' शीर्षक कविता का लड़का भी इसी असम्भव की दुनिया से आता है। यह लड़का परियों के देश में कभी न मुर्झानेवाली मुस्कान लाने की प्रतिज्ञा करता है लेकिन स्वप्नलोक की भूलभुलैया में अपना मार्ग खो बैठता है। विलोम की यह काव्यशैली 'आत्मचित्र' शीर्षक कविता में भी है। इस

कविता में कवि चित्रकार को लोहे की सलाखोंवाले पिंजड़े का चित्र बनाने और उसमें चिड़िया के उड़कर आ बैठने तक प्रतीक्षा करने के लिए कहता है। जैसे ही चिड़िया अन्दर आए, उसे जल्दी से कुछ काली लकीरें खींचकर पिंजड़े को बंद कर देना है। अगर चिड़िया को हरियाली मिले तो वह पिंजड़े के अन्दर से ही गा सकती है। चित्रकार उसकी चोंच को घाव की तरह खोलता है। यह सब अयोध्या में होता है जिसका निहितार्थ अविस्मरणीय है। कवि की यही कल्पना फूलों की बातचीत और जड़ों का मौन सुनती हैं (आवाज़)। ये जड़ें सूर्य वृक्ष के फल—प्रकाश—की निरर्थक प्रतीक्षा कर रही हैं (सूर्यवृक्ष)। शहरों के प्रति कवि की घृणा गाँवों के उसके आदर्शीकरण का ही विस्तार है। शहर को वह आत्माओं के बाज़ार के रूप में देखता है। यह एक ऐसा नर्क है जहाँ ईंटें बढ़ते-बढ़ते इमारत बन जाती हैं और एक पियराई मुस्कान के साथ आसमान में छेद करने लगती हैं। कंबार भी द्वि-आधारी कवि हैं—देसी और नागर, प्राचीन और आधुनिक, पूर्व और पश्चिम, लोक और समकालीन जैसे दो आधारों को विपरीतार्थक सन्दर्भ में देखने वाले कवि। उनमें अपने छूटे हुए घर की सघन स्मृति है और उनके सरोकार साधारण होते हुए भी भावपूर्ण हैं। अगर उन्हें इसका विकल्प दिया जाए तो वह अतीत में राक्षस के साथ लोककथाओं में रहना चाहेंगे। 'केवल शिव जानते हैं' शीर्षक कविता में उनका केन्द्रीय अन्वेषण सीधी अभिव्यक्ति पाता है। इस कविता में वह कहते हैं :

किसी ने तोड़ लिए हैं फूल
हमारे सपनों में खिले फूल
कहाँ है गीत जिसने
हरियाली के मोह में डुबो दिया था हमें?
जहाँ हमारी इच्छाएँ तैरा करती थीं वह
तालाब भी सूख गया है
हमारे सब गीत
अधोलोक में दफ़न हो गए हैं।

कंबार के रचनाकर्म की समग्र कोशिश उन दफ़न गीतों को अधोलोक के अन्धकार से निकालकर प्रकाश और उम्मीद की दुनिया में पुनर्स्थापित करना है।

(कंबार की चुनी हुई कविताओं के अँगरेजी अनुवाद की भूमिका)

धारा के विरुद्ध
ए. के. रामानुजन की कविताओं में स्मृति की भूमिका

कवि ए. के. रामानुजन की तुलना भारतीय भाषाओं के उन महान कवियों से करना अनुचित होगा जो सहजतापूर्वक शुद्ध सौन्दर्यशास्त्र से नीतिशास्त्र और राजनीतिशास्त्र तथा सूक्ष्म विश्व से बृहद विश्व की यात्रा कर सकते थे; जिनकी कविताएँ लोगों और अपने वर्तमान को किसी मिशनरी आतुरता के साथ संबोधित करती थीं तथा जो स्वतन्त्रता व समानता के महान संघर्षों और आन्दोलनों का परचम उठाए चलती थीं। रामानुजन न तो परिस्थितिवश और न ही अपनी पसन्द से ऐसे किसी शिक्षक, प्रवर्तक या भविष्यद्रष्टा की भूमिका निभा पाए जैसा नाम्मवलर जैसे तमिल या बासव जैसे कन्नड़ कवियों ने जिनका उन्होंने अनुवाद किया था; अपने-अपने समाज में निभाया था। कन्नड़ कवि के रूप में वह गोपालकृष्ण अडिगा, बेंद्रे और पी. टी. नरसिम्हाचार जैसे अपने महान पूर्ववर्ती कवियों की छाया के नीचे दबे रहे और एस. आर. इक्कुन्डी और चन्द्रशेखर कम्बार जैसे अपने समकालीन कवियों जितनी तवज्जो भी उन्हें नहीं मिल पाई। इसकी एक वजह परम्परा को चुनौती देनेवाली उनकी मनोवृत्ति भी हो सकती है जो अनेक कन्नड़ कवियों से बिल्कुल अलग थी। बहरहाल, यह बात अँगरेजी के एक भारतीय कवि के रूप में उनके महत्त्व को कम नहीं करती—एक ऐसे प्रवर्तक कवि के रूप में जिसने अपने पूर्ववर्ती कवियों की अलंकृत, भड़कदार, शब्दाडंबरयुक्त और अतिरंजनापूर्ण काव्य-शैली को आडंबरमुक्त आधुनिक साँचे में परिवर्तित किया और कविता रचने के लिए भावुकता अतिशयोक्ति से दूर रहकर अभिव्यंजना, न्यूनोक्ति, व्यंग्योक्ति, वस्तुपरकता और सुस्पष्टता की प्रतिरणनीति अपनाई। यह कविता शैलीमुक्त तथा विचारशील कविता है। रामानुजन के समकालीन कवियों—निस्सीम एजेकिएल और केकी एन. दारूवाला ने भी इसी तरह की काव्य-शैली को अपना आदर्श बनाया। आज अँगरेजी में लिखनेवाले किसी भी अन्य भारतीय कवि की तुलना में भारतीय भाषा परम्पराओं से वह सम्भवतः अधिक प्रभावित हैं। रामानुजन की कविताओं के गठन पर सबसे अच्छा वक्तव्य खुद कवि ने दिया है :

> "अँगरेजी और मेरी विधाएँ मुझे मेरा बाह्य आकार—भाषायी, छंदोबद्ध, युक्तियुक्त और अनुभवों को आकार देने के दूसरे ऐसे तरीके उपलब्ध कराती हैं, और भारत में मेरे आरम्भिक तीस वर्ष, मेरी अक्सर होनेवाली

यात्राएँ और गाँव-कस्बों के दौरे; कन्नड़, तमिल साहित्य, प्राचीन कालजयी साहित्य तथा लोकसाहित्य के साथ मेरी तन्मयता मुझे मेरा वास्तविक अर्थ, आंतरिक प्रकार, बिम्ब और प्रतीक देते हैं। वे एक-दूसरे से अनवरत रूप से जुड़े हुए हैं और अब मैं यह नहीं कह सकता कि कहाँ से क्या आता है।"

रामानुजन की कविताओं का स्वरूप भारतीय मिथकों, इतिहास, संस्कृति, विरासत, स्थान-वर्णन और पर्यावरण के असंख्य धागों से तैयार होता है। वह कहते हैं, "मैं अपना विशेष नर्क केवल हिन्दू मस्तिष्क में ही पा सकता हूँ और मुझे इसकी तलाश अवश्य करनी चाहिए।" चिदानन्द दास गुप्ता ने, जिन्होंने एक दशक पूर्व रामानुजन का साक्षात्कार लिया था, उनकी 'स्वदेश आबद्ध दृष्टि' पर टिप्पणी करते हुए लिखा—विदेशों में रह रहे भारतीय लेखकों का भारतीय अनुभव, बल्कि अनुभवों का अविकल भंडार जो वे अपने अंतस्थल में लिए फिरते हैं, उन्हें वे समय-समय पर निकालते हैं, उन पर पुनर्विचार करते हैं और वर्तमान अनुभवों के साथ उनका संसर्ग कराते हैं। यही तत्त्व रामानुजन की कविताओं का पोषण करता है।

बहरहाल, रामानुजन आक्रान्त भारतीय नहीं हैं। केकी दारूवाला का अवलोकन सही है कि : उन्होंने कभी भी न तो अपने निर्वासन की घनघोर घटा फैलाई, न ही अपने अप्रवासी जीवन का कविता के औजार के रूप में भावुक किस्म की नोस्टैल्जिया के वर्णन के लिए दोहन किया अथवा न ही कभी अकेलेपन के रोष-भरे घिनौने गीत लिखे। वस्तुतः वह भारत से कभी अलग हुए ही नहीं। उन्होंने दो भिन्न संस्कृतियों को दोहरे संसाधन के रूप में देखा, हालाँकि वह उस मानसिक अवस्था के दबावों से भी मुक्त नहीं हो पाए जो लगातार उन्हें अपने आपसे सवाल करने के लिए बाध्य कर रही थी। केकी दारूवाला रामानुजन के साथ जुलाई, 1992 में हुई एक निजी बातचीत का हवाला देते हैं जिसमें रामानुजन ने दक्षिण भारतीय कविता के प्रति अपने मोह के बारे में बताया था। यहाँ रामानुजन ने यह भी स्वीकार किया था कि यदि उन्हें एज़रा पाउंड, जॉन डोन या शेक्सपीयर के सॉनेट का ज्ञान न होता तो वह उन कविताओं का चयन कभी न कर पाते जिनके उन्होंने अनुवाद किए हैं। खासतौर से पाउंड से उन्हें शास्त्रीय तमिल कविता को भिन्न आलोक में देखने में मदद मिली। चीनी कविता के पाउंड के अनुवाद उनके मॉडल रहे। उनकी अपनी कविता में भी पश्चिम और पूर्व की अनुगूँजें हैं जिनमें वह दोनों संस्कृतियों के बीच चकित कर देनेवाले संपर्क-सूत्र ढूँढ़ निकालते हैं—उदाहरण के लिए, उपनिषद् और फ्रायड की अवधारणा के बीच एकसूत्रता। यद्यपि वह हमेशा किन्हीं ऐसे निजी सन्दर्भों से फूटता है जो व्यंग्योक्ति अथवा छोटी और भावनाविहीन छवियों के उपयोग से अवैयक्तिक बना दिये गए हों। भारतीय अतीत की ओर उनका रुख उत्सवधर्मी कतई नहीं है। वह परम्परा को एक भौतिकतावादी अथवा तर्कवादी की तरह संदेह की नजर से देखते हैं और प्रायः उसका मज़ाक उड़ाते हैं। उनके यहाँ अतीत खोए हुए स्वर्ग की कामना के रूप में शायद ही कभी आता हो, वरन् यह बालसुलभ भय और चिन्ता के रूप में, बेतुके कर्मकांड, गरीबी, बाढ़, मृत गायों, दम्भी चाचियों और दुख भोग

रहे माता-पिता के रूप में आता है। परिवार के प्रति मोह उनके यहाँ फिर भी बना हुआ है और कविता-दर-कविता वह वहाँ लौटते हैं; लेकिन कभी भी हमें यह महसूस नहीं होता कि वह अपने छूटे हुए वास्तविक परिवार या अपने अतीत में लौट जाना चाहते हैं। उनकी कविता 'श्रद्धांजलि' देखिए :

पिता जब गुजरे
छोड़ गए धूल
कागज भरी मेज़ पर
ऋण और बेटियाँ
एक विस्मित कर देने वाला पोता
जिसका नाम संयोग से उनके नाम पर था
हमारे बढ़ने के दौरान
एक झुकता हुआ घर
पिछवाड़े के झुके हुए नारियल-वृक्ष पर
ज्वलनशील किस्म का होने के कारण
वह अच्छी तरह जले
दोनों शिराओं पर चिता में
पूर्व की भाँति आसानी से

इस बेहद असंवेदनशील और कटु प्रस्तुति के बाद वह आगे बताते हैं कि कैसे पिता ने अपने बेटों के लिए केवल कुछ आधी जली रीढ़ की हड्डियाँ ही छोड़ीं ताकि "वे उन्हें डरते हुए चुनें और पुरोहित के बताए अनुसार पूरब की ओर मुँह करके रेलवे स्टेशन के करीब तीन नदियों के संगम में फेंक आएँ।" तफसील की यह अचूक दृष्टि, जो रामानुजन की सभी कविताओं की खासियत है, व्यंग्योक्ति बन जाती है जब वह मद्रास के एक समाचार पत्र में छपी श्रद्धांजलि की उन दो पंक्तियों का जिक्र करते हैं जो उन्हें उन ठोंगों पर मिल जाती हैं जिनमें वह 'नमक, धनिया और गुड़' खरीदकर लाते हैं। श्रद्धांजलियों वाले ये समाचार पत्र "ठीक चार हफ्तों बाद गली के कबाड़ी को किलो के भाव बेच दिए जाते हैं जो उन्हें उन छोटे-छोटे परचूनियों को बेच देता है'' जिनसे कवि 'नमक, धनिया और गुड़' खरीदता है। रामानुजन उन्हें मजे के लिए पढ़ते हैं। उन्हें उम्मीद है कि उन्हें वे पंक्तियाँ फिर मिलेंगी। वह कविता यों समाप्त करते हैं—"और वह हमारे पास छोड़ गए/एक बदली हुई माँ/और उससे भी ज्यादा/एक सालाना कर्मकांड।" निजी अनुभव से, इस अलगाव से ऐसा लगता है मानो कवि खुद को अभिनय करते हुए देख रहा है अथवा व्यंग्योक्ति के भीतर अपने मनोभाव छुपा रहा है। इस नकाब को भेदने के बाद ही कवि के उस तनाव को महसूस किया जा सकता है जहाँ से उसकी कविता फूटकर निकलती है।

'स्ट्राइडर्स' में संकलित 'माँ के लिए यद्यपि अन्य' शीर्षक कविता में कवि एक छोटे कद के आदमी को दरवाजे पर एक हृष्ट-पुष्ट स्त्री की ओर मुड़ते और उसे छोड़ते हुए

देखता है जो 'हाइड पार्क स्ट्रीट पर/मलबा-गाड़ी की बगल में' अपनी चाबियाँ टटोल रही है। वह अनुमान लगाता है कि "सम्भवतः वे आपस में लड़े हैं/और इससे भी बुरा यह कि सम्भवतः वे लड़े ही नहीं।" यह एक आकस्मिक अलगाव-सा लगता है और कवि चहलकदमी करता हुआ बढ़ता है 'मानो उसे कुछ हुआ ही नहीं/न ही मुझे।' फिर एक स्मृति के सहारे वह इसे पूरा करते हैं :

कुछ खुला अतीत में
और मैंने सुना कुछ बन्द हुआ
भविष्य में चुपचाप
माँ के काले स्तम्भों वाले उन्नीसवीं शताब्दी के
मौन खड़े मकान के
भारी दरवाजों की तरह
जो उसकी शादी में
पिता को दहेज में दिया गया था।

'अन्य चीजों के बीच माँ का सामान' शीर्षक कविता में यह नकाब लगभग पारदर्शी हो जाता है जब कवि को मुड़े हुए ब्लैकबोन वृक्ष पर माँ की युवावस्था की 'रेशमी और सफेद पँखुरी' की गन्ध मिलती है। इससे कवि को बारिश से बिलखते बच्चे के पास दौड़कर जाती माँ की छवि याद आती है। कविता का अन्त कवि के उस दुख से होता है जिसे वह तब-तब भोगता है जब-जब माँ की "चार संवेदनशील उँगलियाँ रसोईघर के फ़र्श से चावल का एक दाना उठाने के लिए मुड़ती हैं।"

'निराशा की परम्परा', 'साँप', 'नदी', 'भय-सूची की प्रविष्टियाँ', 'चिन्ता', 'झूले पर चचेरा भाई', 'आत्म-चित्र', 'स्मृति-लोपी राजा नहीं' और 'विस्तृत परिवार' जैसी कविताओं में कवि "अपने साथ अपना अतीत स्मृतियों और नियमों की आन्तरिक दुनिया की तरह लिए चलता है जो वर्तमान में चिन्ता, भय और नवीन अन्तर्दृष्टि बनकर फूट पड़ते हैं।'' स्मृतियाँ, भविष्य, परिवार और अपराध-बोध किस प्रकार ग्रन्थित हैं, इसे 'भय-सूची की प्रविष्टियाँ' शीर्षक कविता में देखा जा सकता है :

मैं अपने बच्चों को प्यार करूँगा
अन्तहीन
और उन्हें अनन्त क्षति पहुँचाऊँगा
छत पर खड़े झंकवैया भूत की तरह
अतीत की मौजूदगी के
हर तरह के प्रमाण ढूँढते हुए।

लेकिन कवि को मालूम है कि उसके पास इस कष्टदायी निरन्तरता से बचाव का कोई रास्ता नहीं है। हम निरन्तर परिवर्तनशील होते हुए भी उसी प्रकार अतीत का एक

हिस्सा हैं जिस प्रकार किसी बढ़ रहे फल का उत्स पूर्व के पेड़ों और बीजों में छुपा होता है। 'ब्यौरों के बारे में कविता' हमें बताती है :

कभी-कभी आप गिन सकते हैं
पेड़ के एक-एक सन्तरे
लेकिन गिनना असम्भव है
एक सन्तरे में छिपे
पेड़।

कभी-कभी रामानुजन इतिहास जैसे महत्त्वपूर्ण विषय को बेवकूफाना बना देते हैं। वह 'इतिहास' शीर्षक कविता में पारिवारिक गपशप भर देते हैं और कर्मकांड, परम्परा और समारोहों को श्रेष्ठता प्रदान करने की कोशिशों को असली रूप दिखा देते हैं। उनकी कविता में संस्कृति और परम्परा प्रायः स्वेच्छाचारी और अविश्वसनीय प्रतीत होते हैं। 'बड़े घर के छोटे प्रतिबिम्ब' शीर्षक कविता में वह यीट्स के अपने पुश्तैनी मकान के प्रति पूजाभाव की प्रवृत्ति को उलट देते हैं। मकान यहाँ परम्परा और इतिहास का रूप धर लेता है :

कभी-कभी मैं सोचता हूँ कि कुछ भी
कभी भी जो इस घर में आया
बाहर नहीं जाता।

इस घर में प्रवेश करते ही नए विचार भी परम्परागत बन जाते हैं। घर को छोड़कर जानेवाली सभी चीजें इसे लौटा दी जाती हैं; दुनिया के किसी भी युद्धक्षेत्र से मृत सम्बन्धियों के शव भी इसे लौटा दिए जाते हैं। यह घर हर चीज को आत्मसात् कर लेता है लेकिन स्वयं नहीं बदलता। अंततः यह घर भारत का प्रतीक बन जाता है।

अनादर का यही भाव उनकी 'लॉर्ड मुरुगन से प्रार्थना' जैसी कविताओं में भी है जिसमें वह छठी इन्द्रिय के अधिष्ठाता मुरुगन से प्रार्थना करते हैं कि वह हमें हमारी पाँचों ज्ञानेन्द्रियाँ लौटा दे, हमें हमारी प्रार्थनाओं से आजाद करे और 'संस्कृत और दन्तकथाओं की रात के बदले लन्दन की गोल मेजों वाली अनेक सुबह' दे। यही मिजाज 'दूसरी दृष्टि' शीर्षक कविता का है जिसमें वह एक विदेशी द्वारा दी गई दूसरी दृष्टि के प्रति उदासीन है और 'अपनी पहली तथा इकलौती दृष्टि' को फिर से प्राप्त कर लेना चाहते हैं। वह प्राच्यविदों द्वारा तैयार की गई भारत की न केवल भाववादी और आध्यात्मिक, वरन् सम्पूर्ण आदर्शवादी छवि को खारिज करते हैं तथा परम्परा-सम्बन्धी निरर्थक आत्मश्लाघा के बदले आसन्न यथार्थ को प्राथमिकता देते हैं। 'खोई-पाई गई कालजयी कृतियाँ' शीर्षक अपने आलेख में रामानुजन स्वयं 'लॉर्ड मुरुगन से प्रार्थना' के उद्‌गम के बारे में बताते हैं :

मैंने महसूस किया कि संस्कृत स्वयं और वह सब जिसका यह प्रतिनिधित्व करती है, अनुपस्थित और लगभग अपंग हो गए हैं। इनकी कोई समर्थ उपस्थिति नहीं है, इसलिए भविष्य को एक नए अतीत की आवश्यकता है।

सम्भवतः यही कारण है कि वह तमिल और कन्नड़ की क्लासिक कृतियों के अनुवाद की ओर प्रवृत्त हुए ताकि संस्कृत की महान परम्परा से भिन्न एक वैकल्पिक लघु परम्परा की खोज की जा सके। अतः इसमें अचरज की कोई बात नहीं यदि उन्हें ब्राह्मणवादी और जातिवादी परम्परा से विद्रोह कर उसी दार्शनिक अन्तर्दृष्टि का उपयोग करनेवाले भक्त कवियों ने आकर्षित किया जिन्हें ब्राह्मणगण सामाजिक असमानता को वैध साबित करने के लिए इस्तेमाल करते थे। इसी तरह रामानुजन को अतीत के उन धर्मनिरपेक्ष कवियों ने भी आकर्षित किया जिन्होंने अपनी पाँचों ज्ञानेन्द्रियों के ज़रिये यथार्थ की नैसर्गिक प्रत्यक्ष दृष्टि अर्जित की थी। किसी कल्पनीय अतीत अथवा निश्चित दुनिया में वापसी के मुकाबले एक खास किस्म के अनुभव के प्रति उनके रुझान को 'द सेकेंड साइट' (दूसरी दृष्टि) शीर्षक संग्रह की 'स्मृति लोपी राजा नहीं' जैसी कविताओं में भी देखा जा सकता है जहाँ वह 'गोल घूरती आँखों वाले साबुत रोहू की चिकने धातु जैसी सुन्दरता और मछुआरे की धड़कती टोकरी में चाँदी के शल्कों' को देख कर संतुष्ट हैं—बगैर यह जानने की कोशिश किए कि मछली के पेट में बिनसिंझी अँगुलि-मुद्रा और घुमंतू राजा की किंवदंतियों का वन है या नहीं। (प्रत्यक्षतः यहाँ कालिदास की 'शकुन्तला' का सन्दर्भ है)। 'विस्तृत परिवार' शीर्षक कविता में वह अपनी तुलना अपने दादा से करते हैं। दादा की तरह ही वह गाँव के जगने से पहले नहा लेते हैं लेकिन उनकी गंगा शुष्क क्लोरीन का जल है, शिकागो का नग्न बल्ब उनका वैदिक सूर्य है। अपने पिता की तरह पीठ पर साबुन मलते हुए वह कहावतों के बारे में सोचते हैं; माँ की तरह धीमी आवाज में आते भजन सुनते हैं हालाँकि यहाँ वह जापानी में है और अपनी ही तरह से एक गन्दे तुर्की तौलिये से वह अपने शरीर को पोंछ कर सुखाते हैं। उनमें कई विशेषताएँ अपने बेटे और बेटी की तरह भी हैं और अपने अजन्मे पोते की तरह अज्ञात विशेषताओं की वह तलाश करते हैं। उन्हें यह भी मालूम है कि उनका भविष्य कई और लोगों पर निर्भर करेगा जिन्हें अभी आना है और जिन्हें वह शायद कभी भी पसन्द न कर पाएँ। कभी-कभी कवि यह भी महसूस करता है कि समय ने उनके साथ छल किया है क्योंकि विवाह योग्य उम्र हो जाने के कारण प्रेम की जगह शादी-सम्बन्धी दलीलों ने ले ली है।

रामानुजन के यहाँ अतीत को लेकर किसी किस्म का आत्मतोष नहीं है। निरन्तरता की उनकी अनुभूति हमेशा तनाव से घिरी हुई है। अपने बचपन का एक खेल देखते हुए वह मानव जाति की एकता का भी अनुभव करते हैं। यहाँ यह खेल जर्मनों और अफ्रीकी लोगों द्वारा खेला जा रहा है। लेकिन युद्ध का ख्याल उनके इस एकता-बोध में तब व्यवधान उपस्थित करता है जब वह कहते हैं कि सब लोग खेल में शामिल हैं, बशर्ते कोई बम (या पोलो) उनकी इहलीला समाप्त न कर दे (उनकी कन्नड़ कविता 'कुंतोबिल्ला' का आर. सी. शर्मा द्वारा किया गया अनुवाद देखें)। 'समीपस्थ उपनिषद्' शीर्षक एक अन्य कविता में कवि अमरूद के पेड़ की एक डाल पर बैठे दो पक्षियों को देखता है जिनमें से एक भूख-प्यास के मारे एक फल पर चोंच मार रहा है जबकि दूसरा उसका शरीर, उसकी आँखें निहार रहा है। समीप के छोटे-से एक परिवार का यह प्रत्यक्ष अनुभव

करने योग्य दृश्य उसे अपने आप में एक उपनिषद प्रतीत होता है। प्राचीन पवित्र ग्रन्थों की बनिस्बत जीवन की ऊष्मा से अनुप्राणित वर्तमान के एक क्षण को कवि द्वारा पसंद किए जाने का यह एक और उदाहरण है। उनकी कन्नड़ कविता 'जब ध्यान काम आता है' में महादेवियक्का की ओर संकेत भी आयरनी से मुक्त नहीं है। यहाँ अखरोट के पत्तों और तने से बने कागज़ और मेज़ की तुलना मनुष्य के पैरों और सिर से की गई है जिन्हें सन्त कवि ने मन्दिर के स्तम्भ और कंगूरा कहा है। कविता की समग्रता में प्रकृति पर मानव-हिंसा की आलोचना करते हुए यह आयरनी सघन हो उठती है। रामचन्द्र शर्मा ने ठीक ही कहा है कि रामानुजन ने कन्नड़ के अपने पहले कविता-संकलन से ही दुनिया को अनुभव करने और अभिव्यक्त करने का एक वैकल्पिक मार्ग सुझाकर कन्नड़ कविता की आत्मसन्तुष्ट प्रवृत्ति को झकझोर दिया था। ऐसी ही चीज विपर्यय रूप में उनकी शिकागो की कविताओं में घटित होती है। यहाँ वह 57वें डोरचेस्टर (शिकागो जेन) में ट्रैफिक लाइट को नारंगी रंग का होता देखकर जंगल में लगी आग और हिमालय की फेनिल नदी की कल्पना करने लगते हैं। इसी तरह 'मृत्यु और अच्छे नागरिक' में वह शिकागो में अपनी अन्तिम क्रिया के बारे में सोचते हैं जहाँ उनके शरीर पर कीटनाशक दवाइयों का लेपन कर उसे फौलादी जाल में बन्द कर दिया जाएगा और इस प्रकार उन्हें प्रकृति से अलग कर दिया जाएगा।

परम्परा के प्रति रामानुजन का दृष्टिकोण पुनरुत्थानवादी बनने को तत्पर हमारे अनेक कवियों की तरह न तो उत्सवधर्मी है, न ही अधिसंख्य प्रवासी कवियों की तरह नॉस्टैल्जिया से ग्रस्त। वह नैरंतर्य को स्वीकार करते हैं लेकिन उसकी तार्किकता पर सवाल भी उठाते हैं। उनकी कविता भारतीय लेखन की उस विनीत, दरिद्र, प्राच्योन्मुख धारा के खिलाफ़ विद्रोह करती है जो पवित्र, अनोखा, नॉस्टैल्जियाग्रस्त, अहानिकर रूप से गीतात्मक और मधुर स्वर वाला है। ऐसा इसलिए, क्योंकि उन्हें ज्ञात है कि जीवन और समाज की वास्तविक गति ने मधुर स्वरों के प्रशांतक प्रभाव के चीथड़े कर दिया है। हमारा वर्तमान इतना क्षुब्ध करनेवाला है कि यह हमें आत्मसंतुष्ट होकर पड़े रहने और अपनी ही ठकुरसुहाती करने की मुद्रा में अतीत का गौरवगान करने की इज़ाज़त नहीं देता। यहाँ रामानुजन शासन द्वारा समर्थित भारतीय साहित्य की पुरातनपंथी धाराओं को चुनौती देने के लिए परम्परा के अपने ज्ञान का विध्वंसक इस्तेमाल करते हैं। उनके लिए स्मृति छवियों, अनुभवों, भय और चिन्ताओं का एक समृद्ध स्रोत तो है लेकिन वह इसमें डूब जाने से इनकार कर देते हैं। वह इसका उपयोग किसी समसामयिक सन्दर्भ को प्रदीप्त करने अथवा रूढ़िवादियों द्वारा महिमामंडित सम्बन्ध, कर्मकाण्ड या विश्वास की तार्किकता पर सवाल करने के लिए करते हैं।

(लेडी श्रीराम कॉलेज, नई दिल्ली में आयोजित सम्मेलन में दिया गया व्याख्यान, 1993)

●●●